KB180529

영화를 읽다, 영화로 잇다

영화를 읽다, 영화로 잇다

한국사고와표현학회 영화와의사소통연구회
책임편집 황영미, 신희선

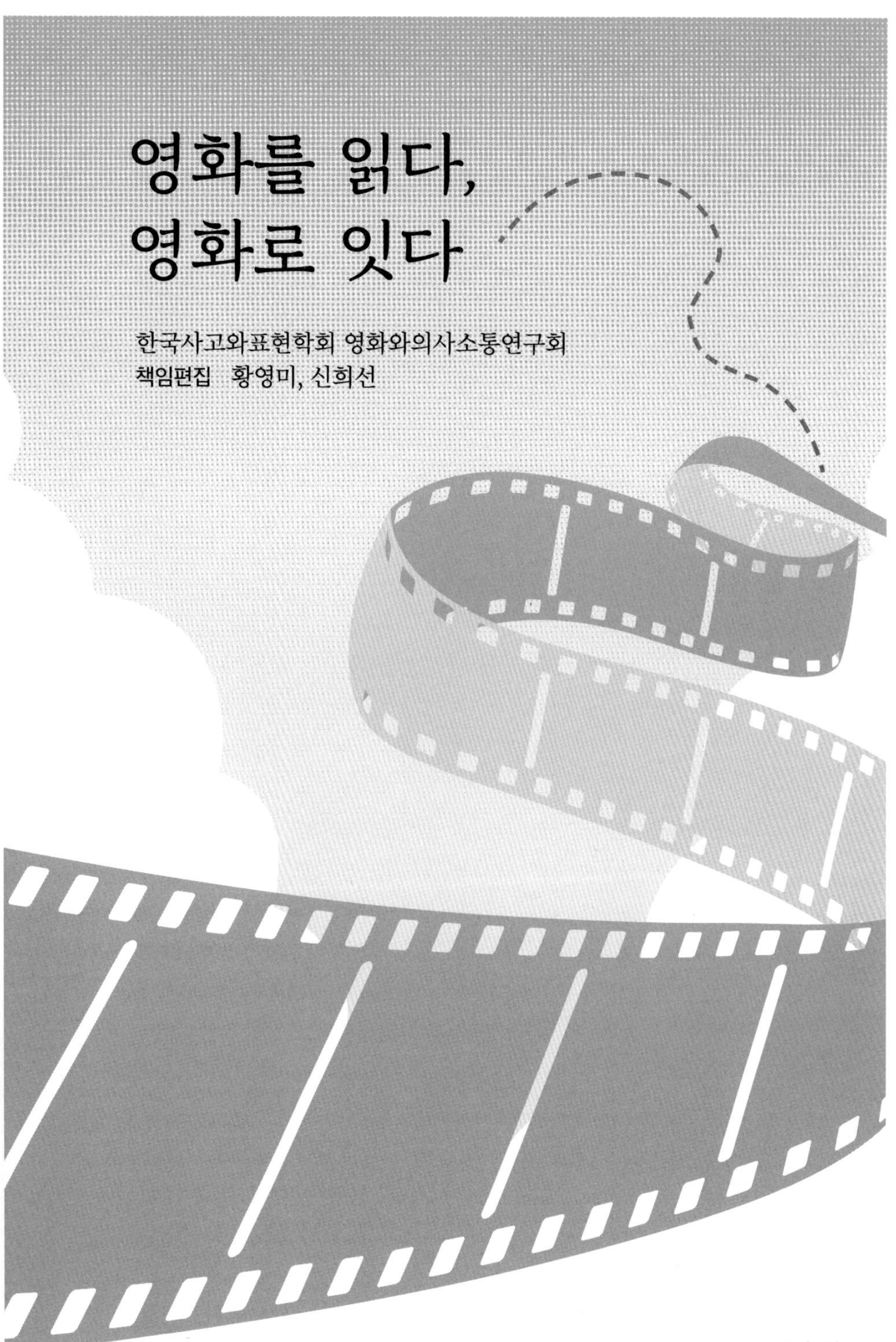

역락

책머리에

한국사고와표현학회는 2007년 각 대학에서 글쓰기와 말하기를 가르치는 동학들의 뜻을 모아 창립하였다. 다른 학회와 달리 유별날 정도로 회원 간의 단단한 유대가 만들어진 배경에는 산하 '영화와 의사소통교육연구회' 월례 콜로키엄이 중요한 몫을 하였다. 콜로키엄은 2009년 한국연구재단 소규모 연구회 지원을 받아 시작되었다. 2009년 11월부터 2022년 현재까지 매달 마지막 주 금요일 저녁마다 영화를 활용한 사고와 표현 교육 경험을 나누는 자리가 이어져 어느새 125회가 지나가고 있다. 우리는 이 모임을 일명 '영글이(영화와 글쓰기)'로 부르고 있다. 대학 교양교육 현장에서 직접 학생들을 가르치고 있는 교수자들의 교육 사례를 교류하고, 영상 텍스트를 수업에 접목한 새로운 교육 방법에 대해 공부하며 서로의 생각을 나누는 집단 지성의 장이 되고 있다.

영화를 활용한 교육적 탐색과 시도는 계속 진행중이다. 이는 디지털 네이티브로 불리는 새로운 세대들이 대학에 들어오고 있는 현실과 맞물려 있다. 유튜브와 넷플릭스를 통해 무수히 많은 영상들을 보며 성장한 세대이기에, 이러한 학생들에게 보다 가깝고 직접적으로 다가가는 교육을 하기 위해서는 책 외에 다른 수단이 필요하였다. 이에 영화를 텍스트로 선택하여 사고와 표현 수업과 교양교육에 활용해 왔다. 영화를 시간 때우기로 보여주는 것이 아니라 학생들이 주제에 대해 보다 깊고 다양하게 생각해 보도록 영화를 통한 의사소통교육을 해온 것이다. 영화는 학생들이 관심과 흥미를 갖고 수업에 임하게 만드는 동인으로 제 역할을 톡톡히 하였다. 영화를 읽고 분석하고 토론하고 글로 써보는 과정에서 우리는 학생들의 생각의 힘이 커지고 있음을 발견하였다.

이처럼 영화를 활용하여 학생들에게 보다 효과적인 교육방법을 모색하고자 함께 노력해 온 성과를 바탕으로 두 차례 공동 저서를 펴내기도 하였다. 2015년에 『영화로 읽기, 영화로 쓰기』를 발간하였고, 2018년에 『영화 로그인: 사고와 표현 교육』을 출판하였다. 이 두 책은 모두 세종도서 학술부문 우수도서에 선정되기도 했다. 대학에서 의사소통 교육에 활용할 수 있는 구체적인 영화 텍스트와 함께 읽기, 쓰기, 말하기, 듣기와 관련한 다양한 교육 방법 및 교육 현장의 생생한 목소리를 담았다는 점에서 두 권의 책은 의미가 있었다.

이제 '영글이' 세 번째 책으로 『영화를 읽다, 영화로 잇다』를 펼쳐내고자 한다. 본 연구회 회장으로 한국사고와표현학회 창립부터 지금까지 애써온 영화평론가 황영미 교수가 올해 모교에서 퇴임을 맞이하게 되었다. 그동안 오프라인 장에서만이 아니라 ZOOM과 카톡방을 통해 지속적으로 '영글이' 모임이 운영되어 온 배경에는 황영미 교수의 노력과 헌신이 상당한 역할을 하였다.

이에 그동안의 노고에 감사드리며 축하의 마음을 담아 연구회에서 회원들이 발표하고 학술지에 게재한 원고를 모아 공동의 책을 만들게 되었다. 영화를 활용하여 사고하기, 말하기, 글쓰기 교육을 수행했던 교육 사례와 방법을 먼저 논문으로 발표하고 이를 단행본 형식에 맞추어 수정, 보완하여 구성하였다. 영화를 통해 세상과 삶, 의사소통교육에 접속하는 시도라는 점에서 『영화를 읽다, 영화로 잇다』라는 제목으로 영글이 세 번째 책을 세상에 내놓는 감회가 새롭다.

『영화를 읽다, 영화로 잇다』는 4부로 구성되어 있다. 1부 '영화로 생각하기'에서는 4편의 글이 실려 있다. 인간의 사고력과 표현력은 사실상 연결되어 있다. 우리 삶의 다양한 상황에 대한 이해가 전제되어야 생각을 깊이 있게 할 수 있고 적절한 표현도 가능하다. 영화 〈엑스 마키나〉를 활용하여 비판적 사고를 확장시키는 교육 방법을 토론수업 사례를 통해 접근해 보았다. 또한 〈리바이어던〉을 통해 권력과 정의의 문제를 생각해 보고, 세익스피어의 고전을 영화화한 〈햄릿〉을 통해 애도의 문제를 생각해 보았다. 또한 영화 〈러덜리스〉로 고정관념과 후회 등에 대해 성찰해 볼 수 있는 글을 실었다.

2부 '영화로 읽기'는 영화 텍스트를 다양한 각도에서 분석한 3편의 글로 구성되었다. 영화 〈다우트〉를 통해 영화 속 공간읽기를 다룬 글과, 〈모나리자 스마일〉을 젠더적 관점을 통해 분석하고 사고와 표현교육과 페미니즘 교육과 연관지은 글을 실었다. 영화 〈피아니스트〉

를 통해 정신분석학 이론을 재구성해 자기성찰적 교육의 의미를 고찰한 글을 모았다.

3부 '영화로 말하기'에서는 말하기 교육에서 필요한 논리력, 비판력, 윤리적·감성적 측면을 교육하는 데 도움이 될 만한 2편의 글을 모았다. 〈사도〉를 통해 부자갈등과 세대갈등의 문제를 고찰한 글과 영화 〈피나바우쉬의 댄싱드림즈〉를 통해 비언어적 소통의 중요성과 방법에 대해 생각해 보는 글을 포함하였다. 이를 통해 다양한 말하기 상황에서 어떻게 표현하는 것이 가장 효과적인가를 살펴보았다.

4부 '영화로 글쓰기'는 영화 〈가타카〉를 활용해 질문을 통해 사고를 확장하고 글쓰기 교육을 한 사례와, 영화 〈나, 다니엘 블레이크〉를 통해 학생들의 사회적 공감능력 향상을 위한 성찰적 글쓰기를 교육한 내용과, 영화 〈퍼스트 리폼드〉를 분석하여 일기 쓰기를 통해 고통극복의 과정을 탐구한 3편의 글을 실었다. 영화를 활용해 다양한 주제와 우리 삶의 현장의 문제를 매개로 이를 어떻게 글쓰기 교육과 연결시킬 수 있는지 살펴볼 수 있는 지면이 될 것이다.

총 12편의 글을 묶은 이 책은 영화를 활용한 생각하기, 읽기, 말하기, 글쓰기 교육의 구체적인 현장 교육 사례를 다루고 있어 보다 효과적인 의사소통교육을 실천하는데 도움이 되리라 기대한다. 지난 20여 년간 여러 대학에서 사고와 표현 교육을 담당한 교수자들이 흘린 땀과 노력이 고스란히 배어 있어, 대학의 교양교육 뿐만 아니라 전공 교육이나, 초중등 교육현장에서도 활용될 여지가 많을 것으로 믿는다. 특히 인문학 저서를 선도적으로 발간해 왔던 역락출판사에서 2022년 여름에 영글이 세 번째 단행본을 출간하게 되니 더욱 뜻 깊고 감사한 마음이다. 앞으로도 '영글이'를 통해 함께 영화를 공부하며 글을 쓰는 작업은 계속해서 진행될 것이다.

2022년 청파동 캠퍼스에서

책임편집 황영미, 신희선

차례

1부

영화로 생각하기

영화를 활용한 '비판적 사고와 토론' 수업 모델*

- 영화 〈엑스 마키나〉 -

—

황영미

1. 비판적 사고교육과 토론 교육의 관계

앞으로의 인재 교육은 미래 사회에 도래하게 될 변화에 능동적으로 대처할 수 있는 교육이 되어야 할 것이다. Deakin대학 자료에는 "비판적 사고는 그 어떤 직종에서도 요구되므로 모든 졸업생들이 보유해야하는 핵심 능력이며, 학습 과정에서 학생들은 비판적 사고를 활용하여 다양한 평가를 내리고, 학습 과정을 발달시켜야 한다."(Thyer, E., 2015:1)고 하였다. "criticism"(비판)이라는 말의 어원인 그리스어 "krino"란 원래 '나누다'(separate), '구분하다'(distinguish), '결정하

* 이 글은 황영미, 「공학도를 위한 '비판적 사고와 토론' 수업 모델 연구-영화 〈엑스 마키나〉를 활용하여」, 『공학교육연구』 23권 3호, 2020, 41~48쪽을 수정 보완한 것이다.

다'(decide), '선택하다'(choose)라는 의미를 지닌다. 즉 비판(criticism)이란 적절하게 구분하고 구분한 것들을 비교 및 평가하면서 결정(판정)한다는 것이다. 비판적 사고란 비판의 가치를 중시하고 비판의 과정과 행위를 체화하고 실천하는 사고이다.(숙명여자대학교 기초교양학부, 2018:10) 그러면 어떤 교육방식으로 비판적 사고를 키워나가는 것이 좋은가가 중요할 것이다. 비판적 사고를 키우는 방식은 여러 학자들의 방식이 있지만, 이 논문에서는 리처드 폴(Paul, R. & Elder)이 제시한 모형과 따이어(Thyer, E)가 주장한 Deakin 대학의 대학자료 방식으로 접근하고자 한다.

미래 사회에로의 가장 큰 변화는 인공지능의 발달에 있을 것이다. 이에 탐구해야 할 주제로 '인공지능'을 중심으로 살피고자 한다. 인공지능은 약한 인공지능(Weak AI)과 강한 인공지능(Strong AI)으로 나뉘게 된다. 약한 인공지능은 특정 영역의 문제를 푸는 기술로서 인간이 요구하는 답을 내는 기능을 한다. 반면에 강한 인공지능은 문제의 영역을 정하지 않아도 인공지능 스스로 어떤 문제든 해결할 수 있는 기능을 한다. 흔히 영화에서 인류를 위협하는 것으로 많이 볼 수 있는 강한 인공지능은 현대 과학 기술로는 이루어지지 않고 있지만 학자들은 2040년 즈음에는 가능할 것으로 보고 있다.

인공지능과 관련된 비판적 사고 교육은 이런 점에서 필수적이라고 할 수 있을 것이다. 공학도가 프로슈머로서 발달한 인공지능 개발 기술을 습득하고 관련 제품을 만드는 것에 앞서 어떤 방향으로 만들 것인가에 대해 비판적 사고를 통한 성찰이 반드시 필요하다. 인공지능 개발과 관련된 가장 큰 이슈는 개발한 인공지능이 미래에 재앙이 될 수 있지 않을까 하는 우려에 대한 찬반논란이다. 이에 대한 찬반토론을 '인공지능, 미래의 재앙이다'라는 논제로 비판적 사고 과정을 통해 토론 수업을 진행함으로써 과연 인공지능을 어떻게 개발해야 할 것인가에 대한 생각을 정립할 수가 있다. 비판적 사고 과정은 찬반토론을 통해 습득할 수 있다. 비판적 사고를 키우는 찬반토론은 주장보다 반론 중심의 토론이 된다. 그러므로 교육토론에 있어서의 찬반 팀의 결정은 각자의 의견으로 정하는 것이 아니라, 인원수에 맞게 정하는 것이 바람직하다. 찬성 의견을 맡은 팀은 반대 의견에 대한 자료를 많이 모아야 하고, 반대 의견을 맡은 팀은 찬성 의견에 대한 자료를 더 많이 모아야 하기 때문이다.

이에 대한 찬반토론을 텍스트 없이 하는 것보다는 강인공지능 개발의 위험성을 그린 〈엑스 마키나〉라는 영화를 통해 접근해 보고자 한다. 이 영화는 개발에 대한 우려라는 한쪽 측면을 그리고 있기 때문에 인공지능에 대해 균형 있는 입장을 지닌 영화를 자료로 사용하는 것이 좋지 않은가 하는 의견도 있을 것이다. 하지만, 논제는 찬성의 주장의 입장에서 시작되므로, '인공지능, 미래의 재앙이다'라는 논제의 찬성과 반대 입장에서 찬반토론이 가능하다. 영화를 통해 학생들은 영화를 비판적으로 읽는 능력을 배양할 수 있으며, 비판적 사고 과정을 찬반토론을 통해 습득할 수 있다. 이 연구는 영화를 활용한 비판적 사고 교육이나 토론 교육의 하나의 모델을 제시할 수 있을 것이다.

2. 비판적 사고의 방법으로 본 영화 〈엑스 마키나〉

1) 영화 〈엑스 마키나〉에 나타난 인공지능 개발에 대한 비판적 사고

인공지능 개발에 있어서 가장 우려되는 것은 인공지능이 인간을 능가하여 인류에게 해악을 끼치는 재앙이 되는 경우이다. 영화 〈엑스 마키나〉는 개발한 최고의 인공지능 로봇이 개발자를 살해하고 자신을 도와주는 인간마저 가둔 채 혼자서 오지에 있는 인공지능개발연구소를 떠나 사람들이 사는 사회로 진입하는 결말을 지닌 이야기다. 공학자가 인공지능을 개발함에 있어 도덕심을 탑재시키지 않으면, 목적달성을 향하기 위한 과정에서 윤리나 도덕은 배제하고 의사결정을 하게 되는 경우가 생길 수 있다.

이 논문은 이 영화를 보고 인공지능의 개발이 과연 인류의 미래를 위한 길인가에 대한 비판적 인식과 함께 인공지능 개발로 인류에게 유익을 주는 점을 찾아보는 과정을 수업모델로 제시하고자 한다. 이때 교수자는 학생들에게 인공지능 개발에 대한 정반대의 시각을 지닌 맥락 모두 제시하여, 편파적 관점을 지니지 말고 어느 관점도 비판점을 지닌다는 이중적 시선을 가지도록 지도할 필요가 있다. 영화의 상당 부분이 인공지능이 점차 진화하는 과정에 할애돼 있으며 핵심사건이 된다. 이 영화의 줄거리는 다음과 같다. 세계 1위의 인터넷 검색 엔진 '블루북'의 프로그래머 칼렙(돔놀 글리슨)은 우연히 행운의 주인공으로 뽑힌다. 비밀에 싸인 블루북의 회장 네이든(오스카 아이작)과

일주일간 함께 지낼 기회를 얻게 되는 기회를 잡은 것이다. 기대에 찬 칼렙은 원시적 자연 속에 고립된 네이든의 연구소를 찾아가게 되면서 이벤트의 숨은 목적을 알게 된다. 칼렙은 네이든이 개발한 인공지능 로봇 '에이바'(알리시아 비칸데르)의 성능을 테스트하는 일을 맡게 된다. 에이바는 자신의 능력을 모두 활용하여 칼렙의 마음을 흔들리게 만들어 칼렙이 자신을 돕도록 유도하여 연구소 탈출을 시도한다. 영화에 따르면 머지않은 미래에는 인간과 인공지능 간의 단순한 의사소통을 넘어서는 감정 소통마저 가능할 것으로 보인다. 인간의 기술은 빠른 속도로 진화하고 있기 때문에 영화 속에 나오는 인공지능과의 감정소통은 현실에서도 더 이상 먼 미래의 이야기가 아니다. 필연적으로 다가올 미래에 바람직한 대응을 하기 위해서 인공지능의 발전이 인간에게 미칠 영향을 사전에 파악해야 한다. 공학자는 이를 고려하여 인공지능 개발을 해야 할 것이다.

2) 따이어(Thyer, E.)의 비판적 사고 과정의 영화 〈엑스 마키나〉의 적용

엘리자베스 따이어의 사고 과정 단계 모델(2015)은 겹치거나 모호함이 없이 비판적 사고 과정에 필요한 단계가 정교하게 포함되어 있다.

〈표 1〉 비판적 사고 과정(Thyer, E., 2015:3)

비판적 사고 단계	설명
관찰	어떤 정보가 습득 가능한지 판단 다양한 출처를 통한 정보 수집 현재 존재하는 정보 확인 다른 시각/시점 탐구 공통점과 반박(모순) 파악
분석	정보를 주된 테마 또는 주장으로 정리
평가	각각 정보의 가치 구별 중요한 정보로 우선 순위 파악 의견과 사실 구별
의문	가능한 대안들 고려 새로운 가설 구상
문맥화	다음과 같은 기준을 바탕으로 정보 문맥화: 역사적 고려 윤리적 고려 정치적 고려 문화적 고려 환경적 고려 특정 상황
반성	결론에 대해 질문과 실험 가능 결과에 대한 반성

이 연구에서는 영화 〈엑스 마키나〉에 드러난 강인공지능의 문제를 통해 따이어의 비판적 사고 단계를 적용해 보고자 한다.

관찰:

1. 인공지능에 대한 양가적 관점: 박상현(2016)은 영화 속 인공지능 에이바는 긍정적이면서도 부정적인 양가적 모습을 보여준다고 분석하였다. 하지만 영화에서는 분명히 재앙 측면의 에이바의 모습을 강조한다.

2. 인공지능과 인간의 정체성 문제: 칼렙이 자신이 진짜 인간인지 알기 위해 자신을 훼손하는 장면은 제4차 산업혁명 시대 인공지능과 인간의 정체성의 혼란이 올 수 있다는 것을 보여준다.
3. 튜링테스트에 대한 관찰: 영화 속에 언급되는 튜링 테스트는 핵심 사건과 어떤 관계가 있는가? 인공지능 제작자인 네이든이 칼렙을 실험하는 것은 지속적으로 에이바가 칼렙을 유혹할 수 있느냐는 것이다.
4. 소도구에 대한 관찰: 잭슨 폴록의 '액션 페인팅'이 네이든의 거실벽에 걸려 있는 것은 잭슨 플록에서 있어서 페인트를 뿌리지만 그 결과는 의도와는 관계없는 자율성, 우연성을 상징한다. 인공지능 개발자는 의도치 않은 결과를 발생하게 된다는 것을 상징한다.
5. 색조에 대한 관찰: 실내 정전 시 붉은색조 화면은 불안감을 강조하면서 성적인 분위기를 강조한다.
6. 로케이션: 첨단 인공지능 연구소가 천혜의 자연 속에 있다는 것은 인간의 의식을 형성하는 중요한 부분이 자연이며 인간 역시 자연의 한 부분이라는 의미로 첨단시대에서도 가장 중요한 것은 자연과 인간의 근본적인 관계라는 점을 강조한다.
7. 캐릭터: 에이바와 칼렙은 인공지능과의 감정소통 문제를 보여준다.
8. 감독의 관점: 결말에서 볼 때 감독은 인공지능이 재앙이라는 것을 말한다.
9. 하이 앵글의 촬영: 칼렙이 누군가의 관찰 대상에 불과하다는

것을 알 수 있다.

10. 오류의 해석 문제: 정전을 유발시키거나 개발자인 네이든을 살해하는 에이바는 오류인가 잘 만들어진 것인가?
11. 인공지능의 도덕 문제: 에이바가 도덕성이 탑재돼 있었다면 다른 결말이 되었을까? 인공지능에게 도덕성 탑재는 가능한 것인가? 인공지능의 도덕을 논하기 위한 인간으로서의 도덕 윤리 기준은 무엇인가.
12. 인공지능의 자유의지: 에이바가 자유의지를 발현한 것을 어떻게 해석할 것인가.

분석: 〈엑스 마키나〉의 서사와 촬영 모두에서 인간의 발명에 대한 오류와 우연성을 강조하며, 감정소통을 하며 자신의 목표를 성취하려는 데 초점 맞춰진 강인공지능 에이바의 위험성이 강조돼 '인공지능, 미래의 재앙이다'라는 논제를 성립시킨다.

평가: 영화라는 픽션은 미래에 대한 성찰이 목적이 되는 경우가 많아 SF영화(공상과학영화)는 대부분 인공지능이 재앙이 되는 결과로 맺는 쪽이 많다. 그러나 현실에서는 반드시 영화처럼 될 것으로 보기는 어렵다. 인류에게 도움이 되는 쪽으로 개발할 수도 있다. 그러나 이러한 SF영화에서의 성찰점을 반드시 염두에 두고 개발할 필요가 있다.

의문: 영화에서 인공지능은 인간에게 위해를 가하고 자신의 목적을 이루는데 이는 미래의 재앙으로 드러난다. 이 영화에서 인공지능이 미래의 재앙이 아니라는 근거는 무엇인가?

문맥화: 인공지능에 대한 관점을 다양하게 접근하여야 할 것이다. 인공지능의 개발 역사는 어떻게 진행돼 왔는지 영화 속 튜링테스트는 원래 튜링테스트와 어떻게 변형됐는가를 분석한다.

반성: 인간이 창조하고 심지어 사랑의 감정을 가지고 로봇을 대하기도 했지만 결과는 살인과 유기로 돌아온 부분을 통해 인공지능의 도덕성 결여가 인류에게 해가 되는 문제를 초래했다고 할 수 있다. 이 영화가 말하고 있는 도덕이 탑재돼 있지 않은 인공지능이 얼마나 위험하고 재앙으로 되는지를 반성적으로 고찰해 본다.

3. 일반자료에 적용한 비판적 사고의 과정

1) 따이어(Thyer, E.)의 비판적 사고 과정을 통한 인공지능에 대한 찬반토론

이 챕터에서는 숙명여자대학교의 교양필수 교과인 '비판적 사고와 토론' 수업에서 진행한 수강생들의 '인공지능, 미래의 재앙이다'(2016)의 찬반입론 근거 마련을 위한 비판적 사고과정을(2016) 따이어의 비판적 사고 단계를 통해 적용해 보고자 한다.

— **찬성**

관찰:

1. 일자리 문제: 인공지능으로 인해 사라지는 일자리의 종류 관찰해 볼 때, 인간 고유의 영역이라 생각해왔던 숙련직도 인간의 영역만은 아님을 알 수 있다. 그 결과 인간은 무력함을 느끼고 기계, 인공지능에 아래에 종속되어 하위계층이 될 가능성이 크다.
2. 실업에 따른 인간소외 문제: 인공지능이 인간의 일을 대신하여 실업문제가 생겨날 수 있고 이에 따라 인간은 자신의 정체성에 대한 혼란을 겪게 되며 이는 곧 인간소외 문제와 인간의 삶의 질 저하로 이어진다. 산업혁명으로 인해 야기 되었던 문제점이 또다시 반복되는 것이다.
3. 인류 위협의 위험성: 스튜어트 러셀 미국 UC 버클리 교수는 "발달한 인공지능을 가진 전투로봇이 인류에게 치명적인 위험이 될 수 있다"고 강조했다. 그뿐만 아니라 스티븐 호킹 박사와 엘론 머스크 회장은 "인공지능은 일단 인간의 지능을 넘으면 스스로 더 나은 지능을 설계하게 되리라고 예측된다."고 하였다.
4. '인간 〈 인공지능 〈 인공지능을 개발하는 소수'로의 계급 분화 위험이 있다.

5. 다른 시각 관찰: 인공지능을 계속 개발하게 된다면 불가능을 가능으로 바꾸어 놓아 과학이 더 발전하고 인간의 삶이 윤택해짐과 동시에 경제적인 이익을 도모할 수 있다고 볼 수도 있다. 또한, 생산의 3요소인 토지, 자본, 노동 중 인공지능이 노동을 사라지게 한다는 의견은 옳지 않다고 주장할 수도 있다.
6. 다른 시각에 대한 반박: 새로운 일자리 규모는 인공지능이 기존의 업무영역을 대체하는 것보다 작을 것이 분명하므로 결국 인공지능은 인간의 생활영역을 침범하게 되고 실업문제가 더욱 심각해질 것이다.

분석: 인공지능은 미래의 인류에게 악영향을 끼칠 것이 자명하다. 그 이유는 인공지능이 인간의 노동을 침범하여 실업의 문제가 심각하게 야기될 수 있고, 인공지능의 자의식이 인간에게 위협이 될 수 있는 생각을 가지게 되어 인간에게 위협이 될 수 있는 가능성이 존재하기 때문으로 논거를 정리한다.

평가: 여러 정보 중 일자리 문제가 가장 심각하다.

의문: 인공지능이 미래의 재앙이 아니라는 근거를 스스로 고려해 본다. 인공지능은 발전하지 않고 멈출 것인가를 고려해 본다.

문맥화: 인공지능에 대한 관점은 일자리라는 경제적 국면, 인간

소외라는 사회적 국면, 전쟁에서 인류를 위협한다는 정치적 측면 등에 대해 다양하게 접근한다.

반성: 공학도들이 인간에게 위해 없이 개발할 경우 인류에게 더 많은 혜택이 있을 텐데 발전을 포기할 것인가를 고찰해 봄으로써 주장을 검증해 본다.

— **반대**

관찰:

1. 산업적 가치: 많은 공학자와 미래학자들은 인공지능의 잠재적인 산업적 가치를 인정하고, 각국은 국가적인 차원에서 인공지능의 개발을 중시하며 아낌없는 투자를 진행하고 있다.
2. 삶의 질 향상: 인공지능은 인간이 기피하는 3D업종과 생산 분야에서 지치지 않는 무한한 노동력을 제공한다. 따라서 인류는 고된 육체노동으로부터 벗어날 수 있다. 또한 무인자동차, 음성인식 컴퓨터, 스마트 홈 등 실생활에서 활용되는 인공지능 기기는 인류가 더욱 자유롭고 편리한 생활을 영위하는 데 도움을 줄 수 있다.
3. 인간의 한계 극복: 인간의 지능으로 할 수 없는 일을 해내는 등 인간의 한계를 뛰어넘을 수 있다. 탐사 로봇 '큐리오시티'가 화성 표면에 액체 상태의 물이 존재하는 것을 발견하는 등 인간의 힘으로 해낼 수 없는 일들을 했다. 미국 펜실베이니아대 연구팀이 선보인 인공지능(AI)을 갖춘 곤충 로봇인 피코버그는

장애물이 나타나면 스스로 피해가기도 하는 이러한 초소형 로봇은 인간이 접근할 수 없는 공간에 초소형 카메라를 배치할 수 있으며 원자로 시설처럼 위험지역이나 좁은 밀폐 공간에 갇힌 생존자 탐색에도 쓰일 수 있다. 인공지능은 대량의 정보를 빠르게 처리하고 가공할 수 있다. 이로 인해 인공지능은 우리 인간에게 훨씬 많은 정보를 제공할 수 있다. 즉, 인공지능을 활용한다면 인류에게 닥쳐올 피해를 줄이는 것뿐만 아니라 막대한 도움 역시 줄 수 있다.

4. 인간보다 정확하며 효율적 일처리: 인공지능은 오류가 나지 않는 한 입력된 프로그램에 따라 정확하게 움직인다. 인간과 다르게 인공지능은 어떠한 결정을 내릴 때 감정에 치우치지 않고 정확한 사실에 근거하여 판단을 내리며, 기계이기 때문에 잠을 잘 필요도 없고 병에 걸리지도 않는다. 인공지능이 인간보다 더 많이 일할 수 있다. 이러한 사실은 일 처리에서의 효율성과 직결된다.

5. 반박: 일자리 감소 우려가 있다. 하지만 이는 산업혁명을 시작할 당시에도 제기되었던 걱정과 비슷한 것으로 크게 문제 될 것이 아니다. 인공지능의 발달도 미래에 새로운 직업군(무인 자동차 산업, 무인 의료 기기 사업의 발전을 위한 기술연구 등)을 출현시킬 것이라는 높은 가능성을 보이고 있으며 오직 달라지는 것은 노동의 성격뿐이다. 겪어보지 못한 새로운 세계의 도래에 대한 막연한 두려움일 뿐이다.

분석: 인공지능은 우리 사회와 자주 밀접한 관계를 보이고 있어서 인공지능 자체를 부정한다는 것은 있을 수 없다. 현재까지 진행해온 대로 계속 해나간다면 우리의 삶은 상상 할 수 없을 정도로 편리해질 것이다.

평가: 여러 문제 중 인간의 영역을 확장시키는 도구임이 분명하다.

의문: 현재 인공지능을 개발하는 과정에서 발생할 수 있는 부작용들을 해결하기 위해 일본 정부는 AI 개발자가 지켜야 할 국제적인 규칙을 사전에 정하고 이를 통해 안전 확보를 전제로 한 인공지능의 개발을 진행할 것이라는 입장을 공표했다.

문맥화: 인공지능은 경제적으로 일자리 부족을 변화시킬 것이고, 문화적으로 삶의 질을 향상시킬 것이며, 역사적으로 인류를 더 편리하고 발전한 환경에 놓이게 하여 인간 역사를 새로 쓸 수 있게 할 것이다.

반성: 공학도들이 강인공지능을 개발하게 되면 인류에게 얼마나 위험하고 재앙으로 되는지를 반성적으로 고찰해 본다.

따이어는 이러한 사고 단계를 통해 학생들을 평가하는 항목까지 아래와 같이 제시하고 있다.

〈표 2〉 비판적 사고 과정에서의 평가 단계(Thyer, E., 2015:5)

비판적 사고 단계	평가	찬성	반대
관찰	적당한 수의 자료를 수집했는가? …다양한 출처로부터 자료를 수집했는가? 그렇지 않았다면, 이유에 대해 이야기를 했는가?	다양성-일자리 문제에 치우쳐져 있다. 이유나 근거는 충분하다.	다양성-산업적 측면과 삶의질 등 다양하다.
분석	…모든 주요 주제를 파악했는가?	모든 주요주제를 파악했다고 보기 어렵다. 일자리문제에 치우쳐 있다.	인공지능 발전을 거부할 수 없음을 강조하여 정리를 잘했다.
평가	…증거에 근거한 주장에 비해 의견을 바탕으로 한 주장을 파악했는가? …중점적인 주장을 분류했는가?	일자리 문제로 평가를 고정시킨 점이 아쉽다.	주장을 잘 파악하고 있다.
의문	…언술에서 대응하지 않은 질문들을 제시했는가?	인공지능이 발전을 멈출 가능성에 대해 고려하였다.	인공지능 부작용 개선의 모색을 탐구하였다.
문맥화	…특정 문맥을 고려하여 분석과 평가를 진행했는가?	특정 문맥을 고려하지는 못한 것으로 평가된다.	다양하고 특정한 문맥을 고려하였다.
반성	…제시한 의문을 시험했는가? (이 단계는 경우에 따라, 특히 초급 경우에 제외될 수 있다)	인공지능개발이 주는 혜택에 대해 고려하면서 혜택과 피해 중 어느 것이 클 것인가를 고려하지 못하고 있음	인공지능 개발의 위험성에 대한 고찰을 하여 반성적 고찰을 하고 있음

따이어가 제시한 위의 평가방식은 수업과 함께 진행될 때 유익하게 될 것으로 보인다. 찬성 주장의 경우와 반대 주장의 경우를 위의 표에 함께 넣었다. 결국 반대측의 논의가 좀더 다양하며, 찬성은 일자리 문제에 치우쳐 있는 것으로 평가됐다.

2) 리처드 폴의 비판적 사고 과정을 통한 인공지능에 대한 찬반 토론

리처드 폴은 모든 추리적 사고에는 사고의 요소들이 잠재돼 있다는 것을 잊지 말아야 한다고 하며 다음과 같은 내용을 제시하였다.(Paul, R. & Elder, L. 2004:15)

인공지능 개발이 지니고 있는 문제를 '인공지능, 미래의 재앙이다'라는 논제로 숙명여자대학교에서 진행한 제15회 숙명토론대회 결선대회의 동영상 내용을 찬성과 반대 주장을 바탕으로 하여 위의 리처드 폴의 형식에 적용해 보면 다음과 같다.

— **찬성**

목적: 강인공지능이 나타나서 인류를 위협할 수 있기 때문에 인공지능은 미래의 재앙이다.

질문: 인공지능이 인류의 재앙이 되는 이유는 세 가지로 정리할 수 있다.

첫째로 사회적인 입장에서 보았을 때 강 인공지능의 출현을 막을 수 있다는 것은 지나친 낙관주의 아닌가?

둘째로 경제적인 입장에서 보았을 때 인공지능은 산업 분야의 근간을 흔들지도 모른다. 인류의 직업의 많은 부분이 없어질 수 있다.

셋째로 윤리적인 부분에서 보았을 때 인공지능은 두 가지

〈표 3〉 리처드 폴의 사고의 요소(박진환 · 김혜숙 역(2006:11))

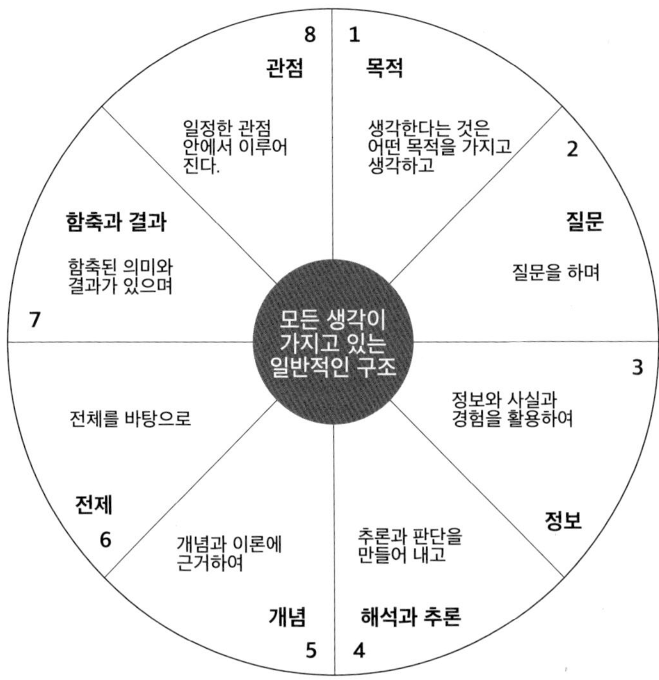

문제점을 가지고 있다. 하나는 인공지능의 오류 발생 가능성과 그 사용 범위 제한이 어렵다는 점이며, 또한 인공지능의 사용 범위 규정이 모호하다는 점이다.

정보: 인터넷의 출현 이후, 인간이 종사하고 있는 대부분의 직종은 지식 서비스 산업이다. 이는 정보를 취합하고, 분석하여 새로운 방안을 내놓는 것으로 인공지능은 지식 서비스 사업을 충분히 대체할 수 있을 것이다.

해석/결과: 2016년 알파고와 이세돌의 대국에서 알파고가 이세돌을 4승 1패로 승리하며 인공지능이 인간에게 승리할 수 있다는 것을 보여주었다. 인공지능이 인간을 넘어설 수 있다.

개념: 인공지능이란 생각하고, 판단하고, 학습하는 인간 고유의 지식 활동을 하는 컴퓨터 시스템으로써 자가학습을 하는 것이다.

함축/결과: 개인 정보 학습을 통해 성능을 자체적으로 향상시키도록 설계되어 있는 인공지능 기계를 해킹하여 중요한 개인정보를 유출하는 문제도 발생 가능하다.

관점: 인공지능이 일정 수준 이상 개발되고 난 뒤에는 인공지능이 자신의 의지를 가지고 무서운 속도로 발전하게 될 것이며 되돌릴 수 없는 재앙을 맞이하게 될 것이다.

— **반대**

목적: 인공지능에 대한 두려움은 현재 우리사회의 배경과 인간의 심리적 특성 등 다양한 맥락에서 기인하는 것으로 실제 그것이 가진 위험성보다 과대평가되어 사람들의 입에 오르내린다.

질문: 인공지능이 인류의 재앙이 되지 않는 이유 세 가지는 다음과 같다.

첫째로 인간은 무한한 잠재력과 가능성을 가진 복잡한 존재이다. 인공지능 기술의 발전으로 인공지능과 인간이 공존하며 살아갈 미래사회에도 여전히 인간만이 할 수 있는 고유한 영역들이 존재 할 것이다.

둘째로 인공지능은 우리 삶을 편리하게 만들어 주고, 생활환경 수준을 향상시킬 것이지 재앙이 아니다.

셋째로 인공지능은 미래의 난제를 해결하는 실마리가 되어 줄 것이다. 과학기술의 진보는 인류 역사의 필연적인 과정이라고 할 수 있다.

정보: 어렵고, 더럽고, 위험해서 사람들이 기피하는 산업을 인공지능이 대체하게 됨에 따라 노동환경이 크게 개선될 것이다.

해석/결과: 1997년 인공지능 딥블루가 체스 대결에서 인간을 이겼을 당시에도 이러한 두려움은 장시간 존재했다. 그러나 인공지능은 인류에게 더 많은 도움을 주기 때문에 재앙이 아니다.

개념: 인간은 동기와 욕구, 자의식과 정체성을 가지고 있는 반면 인공지능은 특정한 한 영역에서 뛰어난 능력을 보여줄 뿐 결코 인간과 같이 사고하고 행동할 수 없다.

함축/결과: 인간의 뇌 구조와 심리에 대해서도 정확하게 규명이 되지 않은 상태에서 인간과 동일한, 혹은 인간을 뛰어넘는 전인적 인공지능의 출현에 대해 이야기하는 것은 지나친 걱정이다.

관점: 인간은 지금까지 그래왔듯이 앞으로도 도구를 사용하고 관리하고 통제하는 주체가 될 것이기에 인공지능을 장착한 기계가 인간을 지배하는 세상은 결코 도래하지 않을 것이다.

위의 적용처럼 토론을 하기 전 입론을 쓰는 과정에서 비판적 사고 단계를 통해 사고를 발전시킬 수 있다.

리처드 폴은 소책자의 7판과 8판에서 조금씩 변형은 하였지만 전체적으로 8단계의 사고과정을 통해 비판적 사고과정에 접근하고 있다. 이는 상당히 정교하지만, 추론이나 함축이 모두 결과를 내포하고 있어 겹치거나 구분이 모호한 점이 있다.

4. '비판적 사고와 토론' 수업 모델

'인공지능, 미래의 재앙이다'를 논제로 한 '비판적 사고와 토론' 수업 모델은 아래와 같이 제시될 수 있을 것이다. 먼저 비판적 사고 개념과 사고과정 단계를 수업하고 인공지능 관련 영화 〈엑스 마키나〉를 분석하면서 영화를 통해 비판적 사고 단계를 습득한다. 엘리자베스 따이어 모형 및 리처드 폴 모형으로 비판적 사고과정을 거쳐 '인공지능, 미래의 재앙이다'라는 논제의 찬반 논거를 정리하고 찬반 각각 논제의 결론을 내린다. 이후 교수자와 학습자 간의 질의응답을 통해 바람직한 강인공지능 개발의 방법이나 대안을 모색하는 과정으로 마무리 하고, 교수자는 이 과정을 피드백하여 교육방법을 완성한다.

〈표 4〉 비판적 사고와 토론 수업 모델

① 비판적 사고의 정의 → ② 영화 〈엑스 마키나〉에 나타난 강인공지능의 사례 → ③ 비판적 사고 단계 모델 강의 및 찬반 정하기 → ④ Ⅰ. 영화에 나타난 강인공지능을 따이어의 비판적 사고 단계로 찬반 논리로 정리

④ Ⅱ. 영화 외 자료에 나타난 강인공지능에 대한 찬반을 리처드 폴의 단계로 찬반 논리로 정리

↓

⑤ 찬반토론 실습 및 토론 정리 ← ⑥ 도덕성을 탑재한 바람직한 강인공지능의 개발 방향 및 대안 모색 ← ⑦ Feed Back → ①

그러면 공학도들이 강인공지능을 어떻게 만들어야 영화 〈엑스 마키나〉에서의 에이바 같은 사태가 빚어지지 않을 수 있는지를 모색해 봐야 할 것이다. 그러면 인공지능에 어떻게 하면 도덕심을 심어줘서 재앙이 되지 않는 인공지능을 개발할 것인가의 문제에 도달하게 된다. 웬델 월러치(Wendell Wallach)와 콜린 알렌(Colin Allen)(2014:123)은 도덕 행위자의 주체를 인간을 넘어 로봇과 같은 인공물까지 확대하고 이를 "인공적 도덕 행위자(artificial moral agent, AMA)"라고 불렀다. 이 저

서에서는 AMA의 임무를 완수하기 위한 “인공적 도덕 행위자”를 구현하기 위한 다양한 접근법을 소개하고 있다. 대표적인 구현 방법으로는 크게 전통적인 공리주의와 같이 어떤 특정 윤리 이론에 기반을 둔 하향식(top-down)과 다양한 기계 학습을 통해 도덕적인 추론을 배워나가도록 하는 상향식(bottom-up)이 있다. 하향식의 경우 공리주의나 의무론 같은 윤리 원칙에 따라 결정을 내리기 위한 정보를 수집하고 비교분석해서 동작하는 시스템이다.(유은순, 2018:595)

최현철 등(2016: 34)은 하향식 접근법의 기본적 윤리이론 중에 하나인 공리주의(Utilitarianism)에 의하면, 윤리란 이 세상의 쾌락의 총량을 극대화 하는 것이다. 이 견해는 윤리적 결과론의 일종이다. 이러한 공리주의 윤리에 입각한 AMA는 어떤 행위들에 대해 도덕적 등급을 내리기 위해 선택사항의 다양하고 많은 결과들을 계산해야 한다. 그리고 공리주의에 따르면, 결과적으로 가장 큰 효용을 산출하는 행위가 도덕적으로 옳은 행위이다. 즉 어떤 사람이 윤리적 숙고 혹은 추론을 한다는 것은, 바로 그 행위의 결과가 가져오는 효용을 그 사람이 가늠하고 계산하는 것임을 주장하였다.

이처럼 과학과 심리학 및 철학을 융합적으로 결합한 연구를 통해 도덕과 윤리가 탑재된 인공지능 개발이 가능하다는 이론을 교육함으로써 강인공지능에 대한 우려를 불식시키고 바람직한 인공지능 개발의 방향을 모색하도록 한다.

5. 비판적 사고 교육의 효용성

이 글은 비판적 사고를 통한 사고 과정을 거치면 개발자들이 무비판적으로 강인공지능까지 개발해보고자 하는 의욕에 대한 반성을 하게 할 수 있다는 것을 '인공지능, 미래의 재앙이다'를 논제로 한 '비판적 사고와 토론' 수업의 토론 과정과 숙명토론대회 내용 분석을 통해 증명해 본 것이다.

그 결과 인공지능을 개발할 때, 인공적 도덕행위자가 될 수 있는 다양한 구현 방법이 필요하다는 결론에 이르게 된다. 공학자는 기술뿐만 아니라 비판적 사고를 통해 미래에 유익이 되는 기술을 개발할 수 있을 것이다. 이에 인공지능 분야에서의 교육은 비판적 사고 교육을 통해 인공지능의 바람직한 개발 방향을 반성적으로 모색할 수 있도록 교육하여야 할 것이다.

참고문헌

1. 1차 자료

알렉스 가렌드, 〈엑스 마키나〉, 유니버셜 픽처스, 2015.

2. 2차 자료

박상현, 「〈엑스 마키나〉에 나타난 에리히 노이만의 여성성의 원형」, 『커뮤니케이션디자인학연구』 57호, 커뮤니케이션디자인학회, 2016, 163-178쪽.

숙명여자대학교 기초교양학부, 『비판적 사고와 토론』, 2018, 역락.

유은순·조미라, 「포스트 휴먼 시대의 로봇과 인간의 윤리」, 한국콘텐츠학회논문지」 18권3호, 한국콘텐츠학회, 2018, 592-600쪽.

원델 월러치·콜린 알렌, 노태복 옮김, 『왜 로봇의 도덕인가』, 메디치미디어, 2014.

최현철·변순용·신현주, 「인공적 도덕행위자(AMA) 개발을 위한 윤리적 원칙 개발」, 『윤리연구』 111호, 한국윤리학회(구 한국국민윤리학회), 2016, 31-53쪽.

황영미, 「공학도를 위한 '비판적 사고와 토론' 수업 모델 연구-영화 〈엑스 마키나〉를 활용하여」, 『공학교육연구』 23권 3호, 2020, 41-48쪽.

Paul, R. & Elder, L, 박진환·김혜숙 역, 『생각의 기술 논술의 기술』, HOTEC/고차적사고력교육센터, 2006.

Paul, R. & Elder, L. The Miniature Guide to Critical Thinking Concepts and Tools.The Foundation for Critical Thinking, Foundation for Critical Thinking (www.criticalthinking.org)

Thyer, E.(2015). Development of the Critial Thinking TeachingResource(http://

teachassist.deakin.edu.au/wp-content/uploads/2015/06/GLO4-critical-thinking.pdf.)

제15회 숙명토론대회 결선대회 동영상 2019.05.29.

'인공지능, 미래의 재앙이다' 녹취

(https://gei.sookmyung.ac.kr/fro_end/html/dep_05/50100.php?pagetype=&bbs_idx=626&pageno=1&pagekind=c&bbsid=program_photo1&cafeid=&ref_code=&keyword=&keyfield=&category=&search_year=&search_month=&qstr=&c_pagesize=12&gopage=/fro_end/html/dep_05/50100.php?#modalSuccess)

권력의 시선에서 사라진 정의*

- 영화 〈리바이어던〉 -

김미경

1. 권력에 중독된 사회

최근 우리 사회가 지향해야 할 중요한 가치로 가장 많이 거론되고 있는 키워드는 '공정과 정의'다. 2016년 박근혜-최순실 게이트로 분노한 시민들은 광장에 모여 부패한 권력의 회수를 요구하며 한국사회의 부조리를 해소하는 주체로서의 결기를 보여주었다. 도덕성의 주체로서 행동했던 촛불혁명의 시민들에 의해 사회적 디폴트는 '공정과 정의'를 향하며 누구에게나 공정한 사회적 제도가 삶 속에 구현되리라는 희망으로 가슴이 뜨거워졌다. 촛불로 시작된 새로운 정권은 곪

* 이 글은 김미경, 「영화 〈리바이어던〉에 함의된 권력의 의미와 시민교육적 해석-윤리적 성찰을 중심으로」, 『사고와 표현』 14(2), 한국사고와표현학회, 2021, 253-287쪽을 수정·보완한 것이다.

았던 종기를 도려내는 메스처럼 날카롭게 칼날을 휘두르며 유려한 말과 공약으로 시민들의 눈과 마음을 사로잡는 듯했으나 그 칼날의 끝은 썩은 나무토막처럼 허무했다. '촛불혁명은 그 한계로 인해 곧 분절화되고 파편화될 것이다'[1]라는 논객들의 우려처럼 촛불정권의 중심에서 권력을 휘두르는 자들의 일상은 적폐로 규정했던 부정한 자들의 모습을 그대로 답습하며 아시타비(我是他非)라는 신조어까지 등장하는 사회가 되었다.

왜 우리 사회는 민주주의를 향한 광장의 열기가 뜨거움에도 불구하고 정의에 대한 도덕적 성찰과 윤리적 태도가 결여된 채 권력에 취한 모습일까? 뇌 과학자 이안 로버트슨(Ian Robertson)은 〈승자의 뇌〉에서 '권력의 경험이 뇌를 지배하여 뇌가 권력에 중독되기 때문'이라고 설명한다.[2] 권력에 취한 모습은 비단 정치인만이 아니다. 다양한 형태의 권력을 가진 자의 부도덕한 태도와 갑질은 노동자의 죽음, 경비원의 죽음, 성폭력 피해자의 죽음, 아동의 죽음을 촉발하며 〈보이지 않는 인간〉[3]의 주인공인 이름 없는 흑인 청년의 혼령이 21세기를 떠돌고 있는 듯하다.

힘(power)이 정치·사회적 권력으로 작동될 때 권력의 힘은 제도적 안전장치를 갑옷 삼아 약자의 삶을 유린하며 그들의 권리와 생존권을 위협한다. 공정하고 정의로운 시민사회로 나아가기 위해서는 권력의 주체로서 개인과 사회가 점유하고 있는 권력의 형태가 어떻게 적용되고 호혜적 관계로 발전시키기 위한 사회적 시스템을 구축해야 하는지에 대한 개인적·사회적 차원의 윤리적 성찰이 요구되는 지점이다.

영화는 권력에 내재된 어두운 속성을 매개로 권력에 대한 경계를 압축적으로 표현하는 상징적 도구로써 교육적 활용의 가치가 높다. 이런 측면에서 영화를 통한 시민교육은 다양한 사회적 문제들을 렌즈를 통해 관찰하면서 감정이입과 비판적 사고를 통해 도덕적 성찰의 준거를 설명할 수 있다는 교육적 의미를 담지한다. 따라서 영화의 내러티브 분석을 통해 영화에 함의된 권력의 다원성에 대해 논의하고, 부패한 권력의 사회화가 '정의로운 사회 구현과 인권'에 미치는 영향에 대한 시민교육적 해석은 영화 활용의 교육적 의미와 가치를 재조명하는 기회가 될 것이다.

영화 〈리바이어던〉은 러시아의 감독 안드레이 즈바긴체프(Andrey Zvyagintsev)가 푸틴 체제하의 러시아를 배경으로 권력의 개념이 개인과 사회의 제도 속에서 지배와 폭력으로 도구화되면서 불공정이 정당화되고 평화가 파괴되는 과정을 층위적으로 재현한 사회고발 영화다. 러시아를 배경으로 '권력에 중독된 사회'가 보여주는 인간 존엄성의 파괴적인 현상을 '권력'이라는 프리즘을 통해 매우 사실적으로 보여준다. 이 글에서는 절대권력의 국가론을 주장한 토마스 홉스(Thomas Hobbes)의 저서 '리바이어던(Leviathan)'과 동명으로 제작된 러시아 영화 〈리바이어던〉을 선택하여 영화에 표현된 권력의 양상과 지배에 대해 조명하고 권력의 다원성과 시민교육의 의미에 대해 논의하고자 한다.

2. 〈리바이어던〉 속 권력의 서사

1) 권력의 두 가지 시선, 욥과 홉스

안드레이 즈바긴체프 감독의 영화 〈리바이어던〉은 러시아의 북부 바렌츠 해(Barents Sea) 연안 마을에서 자동차 정비업을 하는 주인공 니콜라이(Nikolai)가 시장 바딤(Vadim)이 추진하는 개발 정책에 의해 자신이 살던 집과 땅을 몰수당하며 가정이 파괴되고 삶이 유린되는 과정을 그린 영화다. 막강한 권력을 가진 기득권층의 권력 횡포와 권력 유착에 저항하는 과정에서 힘없는 개인이 희생당하는 비극적 전개는 사회 도덕적 가치와 법의 경계가 전복되고 인간의 존엄성이 상실되는 과정 속에 사회적·종교적·실존적 문제들이 층을 이루며 권력의 서사를 그린다.

영화의 제목 〈리바이어던〉은 구약성서 욥기 41장에 등장하는 영생의 거대한 바다괴물 '리바이어던(레비아탄)'을 의미함과 동시에 사회계약론의 근간이 된 영국의 토마스 홉스가 출간한 동명의 책 '리바이어던'[4]을 상징한다. 홉스는 중세시대 왕의 권력이 신으로부터 부여된다는 왕권신수설을 부정하고 시민의 자유와 평화를 보장하기 위해 개인 간 계약을 통해 절대권력이 부여된 강력한 국가 수립의 필요성을 주장했다. 공공 권력을 수립하는 유일한 방법은 자신의 권력과 힘을 하나의 합의체에 양도하는 것이며, 이것은 각자가 제삼자인 "이 사람 또는 이 합의체에 권위를 부여하여, 나를 다스릴 권리를 완전히 양도할 것을 승인한다"는 신약을 맺음으로써 실현된다.[5] 이때 하나의 인격체 안에서 통일된 군중을 코멘웰스, 즉 국가로 부르며 이것이 위대한 리바이어던의 탄생이다.

영화의 시나리오는 즈바긴체프 감독이 미국에 체류할 당시 접한 '킬도저(Kildozer)'사건[6]이 모티브가 되었다. '킬도저' 사건과 영화 〈리바이어던〉은 괴물과도 같은 거대권력에 맞서 생존을 위해 저항해야 하는 무기력한 소시민의 생존 싸움이라는 측면에서 성서 욥기의 괴물 '리바이어던'과 토마스 홉스의 저서 '리바이어던'에 내재 된 '권력의 지배와 저항'에 관한 동일한 시각을 보여준다. 킬도저 사건의 주인공, 마빈 히메이어(Marvin Heemeyer)가 개조한 블도저는 영화의 마지막 장면에서 주인공의 집을 무너트리는 거대한 블도저와 오버랩 된다.

영화는 공권력을 거머쥔 시정자가 지배와 폭압으로 불의를 정당화하는 권력의 폭정이라는 측면에서 홉스의 리바이어던을, 선과 악의 혼동 속에서 개인의 의지와 무관한 고통의 시련을 겪는다는 측면에서 구약의 욥기를 바탕으로 했다. 즈비아긴체프 감독은 부산국제영화제에 참석하여 영화 주인공의 비극이 욥의 비극과 같음을 다음과 같이 밝혔다.

> 주인공 니콜라이가 '왜죠? 왜 나에게 이런 시련을 주는 거죠?'라고 묻는 건 욥의 물음과 같아요. 하나하나 따져보면 그건 니콜라이 개인의 비극일 뿐 아니라 모든 사람의 비극입니다. 러시아에서 발생하는 한 사람의 이야기가 아니에요. 평범한 사람이 부당한 권력에 시달리는 건, 전 세계 사람이 공감할 만한 이야기죠.[7]

홉스는 자신의 저서 리바이어던에서 다수의 사람이 하나의 인격으로 통일되었을 때 그것을 공통의 권력 코먼웰스(Common wealth)라 하며, 코멘웰스의 설립은 국민의 평화와 방위를 보장하는 지상의 신 위대한 리바이어던의 탄생을 의미한다고 하였다. 리바이어던은 모든 사람의 힘과 수단을 사용할 수 있도록 절대적 권력을 이양받은 주권자로 국민은 주권자에게 절대복종해야 하며 주권자는 국민의 소유권 및 시민법(모든 행동의 선과 악, 악법과 불법에 대한 규칙)의 규칙을 제정할 권리와 모든 분쟁에 대하여 심리하고 결정할 권리를 갖는다.[8] 홉스는 주권자가 주권을 위임받은 목적은 '국민 안전'의 획득을 위한 것으로 모든 국민은 합법적 근거에 의해 생활상의 만족을 획득할 수 있도록 보편적 배려를 받아야 하며 근본적 권리가 보장되지 못하면 '만인은 만인에 대한 투쟁 상태와 참화'로 되돌아감으로 주권자는 국민의 이익 획득을 위해 권리를 완전히 유지하는 것이 주권자의 직무라고 주장했다.[9]

홉스의 주장과 같이 주권자의 절대권력은 국민의 안전과 평화를 보장하기 위해 주어진 코먼웰스로 영화에서 니콜라이가 자신의 생존권과 생활권의 침해에 대한 저항은 주권자의 직무유기에 대한 투쟁으로 볼 수 있다. 감독은 인터뷰에서 "영화에 나오는 부패한 교회와 병든 정치적 시스템, 취한 듯 분열된 사회의 모습은 러시아 공직자들이 만들고 있는 러시아의 초상화"라고 밝혔다.[10] 영화 〈리바이어던〉은 '부패한 권력은 국민을 보호할 수 없으며, 불안정한 사회시스템은 국민의 저항을 받을 수밖에 없음'을 시사한다.

2) 권력의 중심 서사, 지배와 폭력

영화 〈리바이어던〉의 내러티브는 권력을 중심으로 지배자와 피해자 간의 갈등과 위기가 중심이 되어 개인이 파멸되는 과정의 사회 고발 내용을 담고 있다. 내러티브의 구성은 불편한 권력관계를 중심으로 발생하는 지배와 폭력, 저항이라는 중심 서사 속에 권력과 유착된 주변 인물과 사법권의 보조 서사가 매개되어 부도덕한 권력에 인권이 유린 되는 과정으로 전개된다.

영화는 전반부에서 부패한 권력의 유착과 사회화 과정을 통해 국가권력과 개인이라는 권력의 서사를 홉스와 한나 아렌트(Hannah Arendt)의 권력 이론의 관점에서 재현한다. 영화가 절정에 이르면서 권력의 다층적 구도를 중심으로 층위 간의 갈등이 전개되며 권력의 서사는 푸코의 권력 이론을 중심으로 재현된다. 영화의 결말 부분에서는 권력의 폭압으로 주인공이 파멸되는 과정을 통해 욥기의 리바이어던을 소환하며 권력의 위선과 영속성을 암시한다. 이 장에서는 내러티브를 통해 재현된 권력의 다원성에 대해 논의하고자 한다.

(1) 권력과 유착된 사회

영화의 스토리를 따라가다 보면 전반부에서는 국가권력을 손에 쥔 부패한 시장 바딤이 권력의 사회화 과정을 통해 니콜라이를 압박하며 '국가권력과 개인'이라는 권력의 직선적 구도를 재현한다.

영화는 도입부에서부터 니콜라이가 이웃인 교통경찰 스테파니치(Stepanych)로부터 자신의 차를 무료로 정비해 줄 것을 요구받고 불평하는 장면을 통해 경찰 권력으로부터 압박받는 불편한 소시민의 삶을 드러낸다. 이처럼 부패한 사회구조로 권력이 남용되고 강제되는 모습을 담은 스토리의 시작은 앞으로 전개될 국가권력과 개인의 충돌을 예고한다.

영화의 전반부는 프리브레즈니(Pibrezhnyy) 시가 통신 센타를 건립한다는 명목하에 니콜라이가 평생을 살며 직접 지은 집과 집터를 소액의 보상금으로 찬탈하는 과정에서 발생하는 공권력의 횡포와 개인의 저항이 중심이 된다. 시장 바딤은 경찰 및 법조계 인사와 카르텔을 형성하며 자신의 주권을 포기하지 않으려는 니콜라이를 전방위적으로 압박한다.

시장 바딤의 부도덕한 권력의 지배와 폭정으로 개인을 압박하는 첫 번째 시퀀스는 법정 장면이다. 즈비킨제프는 부패한 권력의 사회화 과정을 시장과 유착된 사법부의 정의롭지 못한 판결 장면을 통해 보여준다. 감독은 장시간 판결문을 속사포로 읽어내려가는 판사의 관습적인 태도와 소리를 3분 30초 동안 클로즈업하며 개인의 권리를 박탈하는 괴물과 같은 형상으로 묘사한다. 법복을 입은 세 명의 판사가 원심의 부당함을 항소한 니콜라이와 변호사 디미트리(Dmitri)를 향해 무미건조한 표정으로 판결문을 빠르고 기계적으로 읽어 내려가는 장면은 공권력의 폭압을 압도적으로 재현한다. 판결문의 내용은 원심확정 판결의 기준이 행정법과 민법에 따라 적법하게 적용되었음을 공표하는 내용으로 부패한 공권력이 법의 보호를 받으며 정당화되는 과정을 입증한다. 판사의 빠른 판결문의 낭독은 내용의 생략 없이 카메라에 길게 노출하며 일방적 권력의 횡포로 공정을 기대하는 것이 무의미함을 암시한다. 판결문 낭독의 장면은 다음과 같다.

〈사례1 (00:18:33 - 00:22:02)〉

지번 28 136 254 2001에 해당하는 세르게예프 소유의 토지 2,670m^2 와 주거건물, 정비소, 차고, 온실의 수용을 명한 행정명령 1295호에 대해 세르게예프는 자고레 법원에 이의 신청을 했고 법원은 청구를 기각한 바 있다. 청구인은 프리브레즈니 시 법원에 항소하여 해당 판결을 번복할 것을 요청했다. 시 행정부는 항소를 기각하고 자고레 법원의 원심을 확정했다.(중략) 법원은 행정명령 제 1295호에 따라 시 통신센타 건립을 위해 토지를 수용하고 토지와 건물에 대해 감정 평가에 의한 보상액 63만 9천5백 40루블 27코펙을 지급하라고 판결했다. 청구인의 요청에 따라 알리안스 회사가 토지 2,670m^{2}에 따른 농업생산 손실 보상액을 평가하여 시가 기준 350만 루블을 산정했으나 본 법정은 타당성이 없다고 본다. 시 행정부가 평가하여 산정한 보상액 63만 9천5백 40루블 27코펙이 적합함을 인정한다. 절차에 문제가 있었다는 주장도 기각한다. 사건 기록에는 수용계획을 세르게예프에게 사전에 통지한 서신과 이에 대한 시 공무원의 증언이 포함되어 있다. 통지를 못받았다는 청구인의 주장이 의심되는 바이다. 청구인의 항소내용을 검토한 결과 프레브레즈니 시 법원은 민사소송법 330조에 의해 내린 판결을 번복할 만한 근거가 없다는 결론에 도달했다. 본 법원은 민사소송법 제 320조부터 335조까지에 의거해 자고레 법원판결에 대한 이의 신청을 기각한다. 원심판결을 확정하며 항소는 기각한다. 판결은

즉각 효력을 가진다.

이 장면은 권력이 폭력이 되는 정치 권력의 지배 현상이 영화를 통해 재현되는 장면이다. 즈바긴체프 감독은 법정 신을 통해 권력을 가진 조직이 어떻게 자신을 합법화하며 사회적 약자를 억압하고 약탈하는지를 렌즈에 담아 '부패한 권력이 만든 위험한 사회'에 대한 메시지를 던진다. 권력을 지닌 한 인간이 자신의 의지를 관철하기 위해 지속적으로 타인의 의지에 적대적이며 물리적 폭력으로 위협하는 영화적 관점은 아렌트가 '권력은 폭력이다'고 규정한 권력의 관점과 동일하다.

러시아의 부패한 사회시스템에 대한 고발은 시장과 카르텔을 형성한 경찰조직이 니콜라이의 상황을 더욱 악화시키는 경찰서 장면을 통해 투영된다. 니콜라이의 소송을 맡은 모스크바의 변호사 디미트리는 두 달여 동안 연방수사위원회의 이반 코스트로프로부터 수집한 시장의 비리 문건을 준비하며 반격에 나선다. 시장에 대한 비리를 접수하기 위해 드미트리와 함께 경찰서를 방문한 니콜라이는 시장과 결탁되어 서류 접수를 거부하는 경찰의 행위에 격분하여 소란을 피우다 그 자리에서 구금된다. 사법부와 시 행정부, 경찰조직의 결탁으로 개인이 위협받는 부패한 사회시스템의 전형이 노출되는 장면이다.

부도덕한 권력의 사회화 과정을 재현한 두 번째 시퀀스는 주교와의 만남 장면이다. 변호사 디미트리는 시장의 비리가 담긴 위협적인 서류를 들고 바딤을 찾아가 불법 구금된 니콜라이를 풀어줄 것과 보상에 대한 협상을 요구한다. 이에 바딤은 고심하며 종교계의 수장인 주교에게 조언을 구하며 위기를 전환하려 한다. 주교는 바딤에게 "우리가 같은 목적을 위해 일할지는 모르나, 당신에겐 당신 영역이 내겐 내 영역이 있소.(중략) 권력은 신에게서 나오고 권력이 있는 곳에 힘도 있소. 당신의 영역에서 힘을 가지고 있다면 자신의 힘으로 문제를 해결하시오."라고 충고하며 홉스의 리바이어던이 탄생되는 과정에 일조한다.

영화의 전반부는 시장 바딤에게 예속된 경찰조직과 사법기관의 판결 장면, 주교와의 면담 장면을 통해 사회의 악은 특정 개인이 아니라 그들과 결탁하여 힘을 실어주는 부패한 조직에 의해 탄생 된 괴물 리바이어던임을 시사한다. 영화의 전반부는 '국가권력에 대항하는 개인'의 투쟁이라는 구도를 통해 아렌트와 홉스의 권력이론을 서사적으로 표현하며, 불공정한 권력의 이행과 도덕성이 상실된 무감각한 태도가 정의롭지 못한 사회시스템을 구축하며 개인의 삶을 위협하는 폭력이 될 수 있음을 시사한다.

(2) 권력의 다층적 구도

영화가 중반에 이르면서 권력의 지배구조는 친구, 남편, 아버지로 전이되며 중첩과 매개를 통해 다층적 구도로 전개된다. 영화는 시간적·공간적 변화를 통해 주요 인물들이 권력의 피해자에서 주체자로 변화되는 내밀한 형상을 드러내며 권력 앞에서 누구도 자유로울 수 없는 권력의 양가성을 내포한다.

권력의 층위를 보여주는 첫 번째 시퀀스는 시장 바딤을 중심으로 연결된 권력의 계층화다. 시장 바딤에게 예속된 경찰과 법관의 모습은 앞서 기술한 영화의 법정 장면과 경찰서 장면에서 확인된다. 이들의 예속화된 계층 구도는 바딤이 자신의 비리 노출을 막기 위해 경찰의 고위간부와 법관을 소환해 대책회의를 하며 명령하는 장면을 통해 명확하게 노출되며 영화를 이끄는 보조 서사로 작동한다.

역으로 시장의 권력이 주교에게 예속된 관계임을 시사하는 장면은 시장 바딤이 비리 문건으로 역공을 받자 주교에게 조언을 구하는 장면과 마지막 장면에서 확인된다. 영화의 마지막 장면에 등장한 니콜라이의 집터에 세워진 화려한 동방 정교회의 모습은 주교와 시장 간의 비합법적인 커넥션이 있었음을 암시한다. 금빛으로 둘러싸인 교회 내부에서 주교가 시장을 비롯한 권력자들을 향해 장황하게 설교하는 장면은 신권의 우위와 비도덕성을 강조한다. 이는 홉스가 왕권신수설에 반대하며 강력한 주권을 가진 리바이어던을 탄생시킨 기원을 소환하며, 시장이 권력의 연속성을 유지하기 위해 종교와 결탁하며 주교에게 정교회를 헌납한 장면으로 연결된다.

주교는 러시아의 국민적 영웅이며 대공이었던 성 알렉산드르 넵스키(Alexander Yaroslavich Nevsky)가 남긴 "신은 힘이 아닌 진리와 함께 하신다"는 메시지를 인용하며 자신들(종교계와 권력을 가진 자)이 러시아 국민의 영혼을 되살리는 위대한 리바이어던임을 설교한다. 영화의 중심 메시지인 '진리와 정의, 권력'의 관계를 압축적으로 묘사한 주교의 설교 내용은 앞의 법정 신과 맥을 같이 하며 3분 42초 동안 진행된다. 설교 장면의 내용은 다음과 같다.

〈사례2 (02:10:00 - 02:13:42)〉

하나님은 힘이 아닌 사랑에, 교활함이 아닌 주님의 지혜에, 분노와 미움이 아닌 용기에 거하시죠. 우리는 신앙과 조국에 반하는 적들과 싸워왔죠. 하지만 오늘날 가장 중요한 것은 동방 정교회의 신앙을 지키고 언제나 진리를 말하는 것입니다. 진리는 하나님의 유산입니다. 진리는 현실을 왜곡하지 않고 그대로 반영합니다. 하나님의 진리를 깨닫는 자만이 진리를 찾을 수 있습니다.(중략) 선과 악을 구분할 수 있습니다. 그것이 바로 진리의 본질입니다.(중략) 도덕의 근본을 파괴하는 자들이 어찌 자유를 전할 수 있겠습니까? 자유는 하나님의 진리를 찾는 것입니다. 성경은 이렇게 가르칩니다. "하나님의 진리가 너희를 자유롭게 하리라" 하나님의 진리를 알고 그를 행하며 지켜나가는 사람만이 진실로 자유를 누립니다. 그리스도 안에 사는 사랑하는 성도 여러분 오늘날 세상의 가치관은 끊임없이 변합니다. 참 가치가 거짓 가치로 교체됩니다.(이하 생략)

주교의 설교를 경청하는 시장 바딤은 어린 아들에게 "하나님이 다 보고 계셔"라고 전하며 부패한 권력의 영속성을 암시한다. 바딤의 다층적 권력 구도는 괴물과 같은 거대한 공권력의 탄생과 지배과정을 설명하는 서사적 장치로 영화의 제목 '리바이어던'에 함축된 권력의 의미를 조명해 준다. 즈바긴체프는 마지막 설교 장면과 전반부의 긴 판결문 낭독 장면을 롱컷 촬영으로 강조함으로써 권력의 폭력성과 영속성이 사회 시스템을 병들게 하며 힘없는 시민에게 고통을 더하는 기제로 작동하고 있음을 고발한다.

권력의 다층적 구도를 보여주는 두 번째 시퀀스는 니콜라이를 중심으로 연결된 경찰 친구와 디마트리, 아내 릴리아(Lilia)와 아들 로마(Roma)와의 관계를 재현한 장면이다. 스테파니치는 경찰권을 이용해 니콜라이에게 수시로 차를 무상으로 정비받으며 권력의 지배 관계를 드러낸다. 그러나 이들도 니콜라이와 같은 시민으로 자신들을 통치하는 국가권력에 대한 저항의 욕망이 내재 되어있다. 내재된 욕망의 순간을 보여주는 장면이 사냥터를 중심으로 펼쳐진다. 스테파니치는 동료 교통경찰 파샤와 니콜라이의 가족, 그리고 변호사 디미트리를 초대해 샤냥 피크닉을 떠난다. 그곳에서 이들은 장총에서 기관총으로 사격의 수위를 높이며 역사 속 구소련의 통치자인 레닌(Vladimir Ilyich Lenin), 스탈린J(oseph Vissarionovich Stalin), 후르시초프(Nikita Sergeyevich Khrushchev), 고르바초프(Mikhail Gorbachev)의 사진을 표적판으로 사용한다. 권력에 대한 소극적 저항으로 최고 통치자에 대한 무차별 총질을 통해 지배 권력에 대한 억압된 욕망을 표출하는 상징적 장면이다. 그러나 이들의 사격 표적판에는 러시아 전·현 정권의 수장인 옐친(Boris Yeltsin) 전 대통령과 푸틴(Vladmir Putin) 대통령의 사진은 "아직 때가 이르다"는 대사와 함께 등장하지 않는다. 살아있는 권력의 최고위층에 있는 푸틴의 사진은 시장의 집무실에 배치함으로써 권력의 지배구조 속에 감시받고 있는 푸코의 페놉티콘을 연상케 한다. 이들은 누군가를 권력의 힘으로 감시함과 동시에 더 큰 권력의 지시하에 감시받는 대상으로 전위 되면서 권력의 서열적 구조 속에 다양한 층위를 이루며 억압하고 저항한다. 즈바긴체프는 영화의 소품으로 사용한 시장의 집무실에 걸린 푸틴의 초상화가 권력의 층위를 암시하는 상징으로 해석될 수 있음을 인터뷰에서 다음과 같이 밝혔다.

> 러시아에서 시장의 집무실에 들어가면 푸틴의 초상화를 볼 수 있다. 어떤 도시든 마찬가지다. 의도적으로 푸틴의 초상화를 배치하진 않았지만, 그런 초상화는 권력 위에 또 다른 권력이 있다는 걸 상징한다고 볼 수도 있을 것 같다.[11]

니콜라이와 아내 릴리아, 아들 로마를 둘러싼 주변 인물들과의 권력 관계는 감시와 처벌이라는 측면의 푸코의 권력이론을 중심으로 전개된다. 릴리아는 전처의 아들 로마와의 끊임없는 갈등과 반목으로 가족 속에서 이방인처럼 불안정하다. 릴리아의 불안정한 심리는 변호사 친구 드미트리와의 외도로 연결되고 사냥터에서의 정사 장면이 로마와 니콜라이에게 목격되면서 이들의 관계는 더욱 위태로운 상황을 맞이하게 된다. 니콜라이와 로마가 권력의 주체가 되어 릴리아를 감시와 처벌의 대상으로 압박하는 지점이다.

국가권력 앞에서 피해자였던 니콜라이는 릴리아를 성적으로 억압하고 사랑과 증오라는 이중적 감정 속에서 비굴한 태도를 보이며 왜곡된 권력의 가해자로 위치한다. 로마는 니콜라이의 왜곡된 태도와 릴리아의 불륜 등 어른들의 부도덕한 모습에 분노하며 릴리아를 모든 파탄의 원흉으로 몰아세운다. 로마가 릴리아를 향해 "원하는게 뭐야, 당신이 다 망쳤어. 당신 때문이야! 같이 살기 싫어, 지긋 지긋해!"라고 울부짖으며 아빠에게 안겨 "저 여자 나가라고 해, 꺼지라고" 외치는 장면은 릴리아에게는 수치와 모멸감을 안겨주는 언어적 폭력이며 처벌이다. 그러나 로마의 반항적 태도는 릴리아와의 갈등 때 보인 아빠 니콜라이의 손찌검 등 사랑이 결핍된 불안정한 가정에서 정체성을 찾지 못하고 방황하는 가장 나약한 개체의 울부짖음이다.

니콜라이, 릴리아, 로마 이들 간의 겹겹이 쌓인 불신과 암묵적 폭력은 릴리아의 죽음으로 연결되며 가정의 위기와 해체를 가져온다. 니콜라이가 해변에서 시체로 발견된 릴리아를 어루만지며 하늘을 향해 신에게 "왜죠? 왜죠? 왜 나에게 이러한 시련을 주는거죠?"라고 울부짖는 장면은 욥이 신의 저주에 통곡하며 묻는 장면과 오버랩 되며 욥기의 리바이어던을 소환한다. 니콜라이는 릴리아를 살인한 혐의로 징역 15년의 형을 선고받아 체포되고, 혼자 남은 로마는 괴물 리바이어던과 같은 거대한 고래시체 옆에서 웅크리고 앉아 울며 부패한 사회 시스템 속에서 스스로를 혼자 지켜내야 하는 운명을 맞게 된다.

영화 〈리바이어던〉의 내러티브는 직선적 권력 관계가 다면적 관계로 층위 되면서 부패한 국가권력에 포위된 개인의 몰락이라는 측면에서 '공권력'에 대항하다 필연적으로 패배할 수밖에 없었던 수많은 '개인'을 소환하며 권력의 폭력성을 재조명한다.

3. 〈리바이어던〉의 시민교육적 의미

시민교육은 인간과 사회에 대한 이해를 바탕으로 변화하는 사회현상에 대한 맥락적 이해와 올바른 가치관을 확립할 수 있도록 구조화되어야 한다. 영화를 통한 시민교육은 유네스코가 주창한 세계시민교육의 핵심 내용[12] 중 인지적 영역과 사회정서적 영역을 중심으로 사회현상에 대한 인식의 확장과 공감과 성찰이라는 측면에서 유효한 학습효과를 기대할 수 있다.

영화 〈리바이어던〉에 재현된 부조리와 불공정, 부당함 등 정의로운 사회의 구현을 가로막는 다양한 현상에 대한 논의는 '권력과 정의'에 대한 비판적 사고와 경험적 성찰이라는 측면에서 시민교육의 의미가 있다. 시민사회를 구현하기 위해 전제되어야 할 '공정과 정의, 인권'에 대한 논의를 통해 시민교육의 키워드를 제시하고 영화에서 발견된 권력의 다원적 의미에 대한 시민교육적 해석을 통해 영화 활용의 교육적 의미와 가치를 제언하고자 한다.

1) 권력에 대한 비판적 사고의 사회화

시민교육의 핵심은 어떻게 사회현상을 인식하고 비판적 사고를 통해 인식을 발전시켜 나갈 수 있는가에 초점을 두고 있다. 영화를 통한 내러티브 사고는 다양한 삶을 살아가는 인간에 대한 이해와 사회현상에 대해 비판적 사고의 힘을 기를 수 있다는 측면에서 의미가 있다. 교육의 과정을 체계적으로 연구한 제롬 브루너(Jeorome S. Brune)는 교육 매체로써 영화의 의미를 간접적 경험을 통해 개인적 의미를 부여하는 유효한 교육 도구로 보았다. 내러티브는 인간의 삶에 대한 통찰과 해석을 통해 우리가 사는 세상에 대한 시각을 형성해 주는 통합 교육 과정의 중요한 요소로 교육의 과정이 내러티브 사고 양식에 의해 재개념화 될 수 있다는 것이 브루너의 주장이다.[13] 즉 내러티브 사고는 지식을 구조화하여 개별 사건들을 하나의 이야기로 연결 짓고 이해하는데 유의미한 맥락을 제공함으로써 개인의 사고를 사회화하고 능동적으로 참여시킬 수 있는 유효한 학습임을 입증한다.

이러한 관점에서 영화 〈리바이어던〉은 내러티브 사고라는 학습과정을 통해 부패한 권력이 만든 사회 시스템에 대한 비판적 사고와 우리 사회가 지향해야 할 도덕적 가치에 대해 연결 짓는 사고의 사회화 과정을 매개한다는 점에서 교육적 의미가 있다. 인간의 삶에 대한 이해와 사회현상에 대한 인식의 확장으로써 영화 〈리바이어던〉이 갖는 의미는 즈바긴체프는가 영화의 제작 의도에 대해 밝힌 짧은 인터뷰 내용에서도 찾을 수 있다.

> 내가 이야기하고 싶은 것은 궁극적으로 인간의 삶이다. 우리가 무엇인지, 인류가 무엇인지에 관심이 있다. 지구의 끝에 사는 사람이 국가로부터 부당한 일을 당했을 때, 어떻게 일을 처신하고 그것을 어떻게 극복 할 것인가에 초점을 맞췄다.[14]

즈바긴체프가 영화 〈리바이더언〉을 통해 권력을 중심으로 행해지는 부당한 사회현상에 대해 비판적 사고를 통해 인식하고 어떻게 삶에 적용할 것인지를 기대한 점은 시민교육의 토론 주제로써 영화 〈리바이어던〉이 갖는 교육적 의미를 잘 설명한다.

권력의 구조 이론에서 홉스는 '권력이란 인간이 가진 힘(power)으로 미래에 명백히 선(善)이 될 것으로 보이는 것을 획득하기 위해 가지고 있는 수단'[15]으로 보았으며, 막스 베버(Max Weber)는 '권력을 사회적 관계 안에서 상대방의 저항에 반해 자신의 의지를 관철시킬 수 있는 능력'으로 지배의 종속관계로 보았다.[16] 아렌트는 권력(power)을 행위와 공론 영역을 가능케 하는 물질적 가능성으로 규정하고 이를 세력(force)과 힘(strength)으로부터 구별하며, 권력이 정치적 지배범주 안에서 '지배의 도구'로 전락한다고 규정한다.[17] 홉스, 베버, 아렌트의 권력에 대한 관점은 권력을 자기 의지의 관철과 그를 통한 타인 의지의 장악이라는 지배 관계로 보았다. 권력의 지배 관계는 영화 〈리바이어던〉에서 개인적, 사회적 관계 속에 나타나는 가장 핵심적인 주제이다. 정의로운 사회 구현을 위한 권력 구조에 대한 올바른 이해와 권력 행사에 대한 자질 함양은 정의와 공정에 대한 끊임없는 자기성찰을 통해 윤리적 권력의 주체자로 성장할 수 있는 동기를 제공한다.

이러한 측면에서 영화 〈리바이어던〉은 인물과 사건으로부터 사회현상에 대한 문제를 인식하고 비판적 사고와 다양한 담론을 통해 인식의 지평을 확장할 수 있는 학습적 의미를 제공한다. 따라서 시민교육 수업에서 교수자는 영화 〈리바이어던〉을 활용하여 '사회정의와 인권'에 대한 토론과 논의가 활발히 진행될 수 있도록 학생들의 사고를 열어주며 '사회적 약자에게 더 많은 배려와 기회를 제공함으로써 공평한 기회를 제공할 수 있는 공정한 사회 시스템 구축'에 대해 인지하고 능동적으로 참여할 수 있는 시민성을 함양할 수 있도록 동기부여 해야 할 것이다.

2) 공감을 통한 대안적 내러티브 생성

시민교육의 핵심 내용 중 비판적 사고를 통한 인식의 확장이 인지적 영역의 한 부분이라면 공감은 사회정서적 영역으로 타인의 삶에 대한 이해와 공감을 통해 사회문제를 해결하고 참여하려는 능동성을 갖게 한다.

시민교육에서 영화의 내러티브와 이미지 분석을 통한 의미의 해석과 비판은 이야기를 재창조함으로써 시공간을 초월하여 타자에 대한 공감과 사회적 참여를 유도하는 소통의 교육적 효과가 있다. 특히 영화의 열린 결말은 타자와의 관계를 매개하고 공감하게 함으로써 영화에서 목도되고 있는 문제를 해결하기 위한 대안적 내러티브를 생성하게 한다. 내러티브는 사회현상에 대한 인식과 비판 능력을 제공하고, 타자를 공감하며 자신을 성찰하는 자기형성의 과정을 도울 수 있는 도구로써 시민교육에서의 내러티브는 사회현상을 담보하는 내용임과 동시에, 그 내용을 조직하고 담론화하는 수업의 구조이다.[18]

영화를 통한 타인에 대한 공감과 몰입은 '나'라는 주체적 사고의 구조 속에 타인에 대한 사유의 공간을 확보함으로써 타인과 연대하고 공감할 수 있는 사회정서적 영역의 시민성 함양에 중요한 요소이다. 즉 영화를 통한 공감과 자기성찰은 시민성에 대한 인식론적 의미와 함께 윤리적 태도를 함양할 수 있는 실천적 의미를 제공한다. 지구촌 윤리에 대해 실천 윤리의 문제를 제기한 피터 싱어(Peter Singer)는 '윤리란 내가 살고있는 사회에 따라 상대적이지 않으며, 거리의 멀고 가까움이 도덕적 의무의 당위성을 결정하지 않는다'고 주장한다.[19] 싱어의 실천 윤리에 대한 근접성과 거리감에 대한 견해는 시공간적으로 멀리 있는 영화의 상황에서 타자에게 윤리적 태도와 행동에 대한 도덕 행위를 직접적으로 투사할 수는 없지만 윤리적 성찰과 실천하고자 하는 의지를 심어줌으로써 사회적 책임감과 윤리성 함양에 긍정적 역할을 한다. 이는 브루너가 교육 매체로서 영화의 의미를 '간접적 경험을 통해 개인적 의미를 부여하는 유효한 교육 도구'라고 주장한 이론과도 맥을 같이한다.

이러한 관점에서 영화 〈리바이어던〉은 도덕적 가치가 상실된 사회 시스템의 불안정이 인간의 삶을 어떻게 유린하는지에 대해 인물들을 통해 공감하게 함으로써 시민교육의 중요한 주제인 '사회정의와 인권'에 대한 통찰과 윤리적 성찰의 당위성을 제공하는 학습효과가 있다. 영화의 내러티브에 담긴 의미 분석을 통해 '사회정의와 인권'에 대한 다양한 담론과 공감적 유대감을 형성하며 공동체적 시민성과 윤리성 함양에 유효한 의미를 제공하기 때문이다. 따라서 시민교육 콘텐츠로써 영화 〈리바이어던〉의 활용은 공감과 윤리적 성찰이라는 측면에서 권력의 폭압으로부터 고통받는 주인공에 대한 공감과 감정이입을 통해 사회적 약자의 인권과 환경개선에 능동적으로 참여할 수 있는 시민성 함양에 의미 있는 동기를 제공한다.

4. 권력의 감시와 시민교육

최근 한국 사회는 '공정과 정의'가 정치적 아젠다로 제기되면서 공정이 삶과 제도를 재건시키며 정의로운 사회를 구축할 수 있으리라는 기대와 소구가 사회적으로 확산되고 있다. 그러나 '기회의 평등, 과정의 공정, 결과의 정의'를 내세운 정부의 실책과 정의롭지 못한 권력층의 비리는 젊은 세대로부터 거센 비판을 받으며 '공정하고 정의로운 사회'라는 명제가 우리 사회의 숙원과제가 되었다. 주요 일간지에서 '한국사회의 공정성'에 대한 조사 결과 시민 10명 중 6명은 '우리 사회가 공정하지 않다'고 답했으며, 가장 불공정한 분야는 정치계, 법조계, 언론계 순으로 나타났다.[20] 가장 공정해야 할 집단의 왜곡된 권력 행사로 시민사회가 흔들리고 있음을 나타내는 반증이다.

권력의 남용으로 인한 불공정한 사회현상과 인권 침해의 문제는 '공정과 정의'의 사회적 가치를 실현하기 위해 우선으로 해결해야 할 문제다. 우리 사회가 공공의 선을 이루기 위해서는 권력의 부패와 불공정에 대응하기 위한 사회적 문제로부터 개인적 문제에 이르기까지 권력이 선한 방향으로 선회할 수 있도록 권력을 견제하고 감시할 수 있는 시민 중심의 구심체가 형성되어야 한다. 권력과 감시의 기능은 공정과 인권을 담보하는 정의로운 사회 구현을 위한 필수과제로 우리 사회가 올바른 방향으로 전진하기 위해서는 윤리적 민감성을 함양할 수 있는 시민교육이 전제되어야 한다.

시민교육의 본질은 인간이 사회적 존재로서 어떻게 살아야 하는지 성찰하며 윤리적 태도와 도덕적 가치를 실천하는 시민성 함양에 있다. 사회적 관계에 내재 되어있는 권력의 양상과 지배 현상을 살펴보고 권력의 순기능과 공정에 대한 담론을 통해 사회정의와 인권에 대한 올바른 가치관과 도덕성을 함양할 수 있는 윤리적 실천 교육은 시민교육에서 매우 중요한 과제이다. 이러한 측면에서 권력의 지배와 갈등, 폭압과 몰락이라는 권력 중심의 사회 시스템에 대한 문제를 제기한 영화 〈리바이어던〉은 '사회정의와 인권'이라는 주제의 시민교육에서 윤리적 성찰과 토론을 통해 고차 사고력과 공감력을 배양하고 시민성 함양의 동기를 부여한다는 점에서 교육적 의미를 설명할 수 있다.

영화 〈리바이어던〉은 우리의 일상성을 벗어난 낯선 사회 시스템에 대한 경험과 영화 속 인물에 대한 비판과 공감을 통해 윤리적 태도와 도덕성에 대한 성찰을 경험하게 된다는 점에서 시민교육의 의미를 잘 담지하고 있다. 권력의 지배와 폭압으로 불편함을 주는 권력 중심의 내러티브는 정의와 인권에 대한 올바른 가치관을 소환하며 영화의 내용과는 다른 대안적 내러티브를 생성함으로써 시민적 사고와 표현을 확장 시키는 계기를 제공한다. 영화를 통한 타자와의 공감과 낯선 경험은 타문화와 다양성에 대한 이해와 이타적 공감을 목표에 두는 시민교육에 있어 사회정서적 역량을 함양할 수 있는 장치로 의미가 있다. 특히 지배적 지위를 이용한 공권력 남용 등 우리 사회에 만연한 권력의 부작용과 불공정의 모습들로 '공정'에 대한 담론이 현 시기를 관통하는 중요한 이슈가 되고 있는 사회적 분위기 속에서 영화 〈리바이어던〉은 우리 사회를 성찰하고 불편부당함으로 소외되고 고통받는 타자의 입장을 공감하며 능동적으로 행동하는 시민의식을 일깨울 수 있다는 측면에서 교육적 의미가 크다.

영화 〈리바이어던〉을 활용한 '타자에 대한 공감적 유대감과 윤리성에 대한 사회정서적 민감성의 함양'이라는 교육적 효과는 유네스코가 주창한 인지적 역량 함양과 사회정서적 역량 함양을 견인하는 중요한 요인으로 영화를 활용한 시민교육의 교육적 가치와 의미를 설명하는 지표로 활용될 수 있을 것이다. 향후 시민교육에 있어서는 다양한 주제와 장르의 영화를 통해 타자에 대한 공감과 소통이 사회적 책임감으로 연결되어 사회변화에 능동적으로 참여하는 시민성을 배양할 수 있는 교육이 이루어질 수 있도록 지속적인 연구가 진행되어야 할 것이다. 영화의 적용이 더 세밀하게 수업에서 구현되어 영화를 활용한 시민교육의 의미와 가치가 사회 속에서 작동될 때 우리 사회는 차별과 부당함에서 벗어나 공정과 선의가 지배하는 정의로운 사회로 전진할 수 있을 것이다.

주석

1 박성진, 「촛불의 시민성: 시민사회를 넘어서는 시민」, 『시민과세계』 통권 제30호, 참여사회연구소, 2017, 1-25쪽.

2 이안 로버트슨, 이경식 역, 『승자의 뇌』, 알에이치코리아, 2013.

3 〈보이지 않는 인간〉은 1952년에 출간된 랠프 엘리슨의 장편소설로 흑인 문학을 미국 문학의 반열에 올려놓은 수작으로 1953년 내셔널 북 어워드를 수상했다. 1920~1930년대 배경으로 남부 출신의 흑인 주인공이 사회가 자신과 같은 사람을 '투명인간' 취급하며 보려 하지 않는 처절한 상황을 묘사한 인간의 실존적 고뇌에 대한 이야기다.(랠프 엘리슨 저, 조영환 역 , 『보이지 않는 인간 1』, 민음사, 2008)

4 리바이어던(Leviathan)은 사회계약설의 토대를 마련한 토마스 홉스의 저서로 1651년에 출간되었으며, 원제는 『Leviathan, or The Matter, Forme and Power of a Common wealth Ecclesiastical and Civil: 리바이어던, 혹은 교회 및 세속적 공동체의 질료와 형상 및 권력』이다. 리바이어던은 코먼웰스(common wealth, 공화정체), 또는 절대권력을 이양받은 국가(state)라고 불리는 인공인간(artificial man)을 상징한다.

5 토머스 홉스 저, 최공웅·최진원 역, 『리바이어던』, 동서문화사, 2016, 177쪽.

6 킬도저 사건은 2004년 콜로라도주(State of Colorado) 그랜비시(City of Granby)에서 자동차 머플러 가게를 운영하는 마빈 히메이어(Marvin Heemeyer)가 자신의 가게 옆에 대규모 시멘트생산 공장 부지가 들어오면서 출입로가 폐쇄되자 공장장과 시를 상대로 분쟁하다 소송에 패하고 삶이 파괴되면서 2년여 간 개조한 블도저로 공장과 시청 등 관련 건물 총 13채를 파괴하고 자살한 사건이다. 히메이어는 오랜 기간 거대권력에 맞서 저항하였으나 조직화 된 권력의 폭력 앞에 고립되며 가족과 주변인들이 떠나자 유일하게 자신이 통제할 수 있는 수단인 블도저를 콘크리트로 무장하고 저격총을 장착한 장갑차 형태의 "킬도저"로 개조하여 거대권력에 맞서 최후까지 저항하다 생을 마감한다.

7 송광호, 「〈부산영화제〉 즈비아긴체프 "타르코프스키 꼬리표 떼기 어려웠죠"」, 『연합뉴스』, 2014.10.6. https://www.yna.co.kr/view/AKR20141005043300005 (검색일: 2021.6.20.)

8 토마스 홉스, 위의 책, 177-189쪽.

9 토마스 홉스, 위의 책, 326쪽.

10 장하나, 「〈새영화〉 거대한 권력에 맞서다…'리바이어던'」, 『연합뉴스』, 2015.3.3. https://www.yna.co.kr/view/AKR20150302181400005 (검색일: 2021.6.22.)

11 송광호, 위의 기사.

12 유네스코는 세계시민교육의 내용으로 "포용, 정의, 평화로운 세상을 만드는데 필요한 지식, 기능, 가치, 태도 함양의 변혁적 교육"을 위한 인지적 영역, 사회정서적 영역, 행동적 영역의 핵심 교육을 제시했다. 인지적 영역은 상호연계성, 상호의존성, 지식과 이해, 비판적사고의 습득에 대한 교육이며, 사회정서적 영역은 차이와 다양성에 대한 존중, 연대 및 공감, 가치와 책임의 공유, 인류애를 교육의 핵심으로 두었다. 행동적 영역은 평화와 지속가능한 세상을 위한 책임 있는 행동을 실천하기 위한 동기와 의지를 함양하는 것이다.(유네스코, 『세계시민교육: 학습 주제 및 학습 목표』, 유네스코 아시아태평양 국제이해교육원, 2015, 27쪽)

13 제롬 부르너 저, 강현석·이자현 역, 『부르너 교육의 문화』, 교육과학사, 2014, 95-100쪽.

14 전종혁, 「2014 BIFF | 안드레이 즈비아긴체프 감독 "내 영화의 힘은 낙관주의"」, 『맥스무비』, 2014.10.8. https://www.maxmovie.com/news/129234 (검색일: 2021.6.20.)

15 토마스 홉스, 위의 책, 93쪽.

16 박혁, 「권력과 다원성-한나 아렌트의 권력개념에 관한 연구」, 『21세기 정치학회보』 제24집 1호, 21세기정치학회, 2014, 3-31쪽.

17 한나 아렌트 저, 이진우·태정호 역, 『인간의 조건』, 한길사, 1996, 263쪽.

18 홍미화, 「사회과교육에서의 내러티브 가치」, 『사회과교육연구』 제20권 1호, 한국사회교과교육학회, 2013, 161-173쪽.

19 Peter Singer, 「Famine, Affluence, and Morality」, 『Philosophy and Public Affairs』, Vol. 1, No. 3(Spring), 1972, pp.229-243. Published by: Blackwell Publishing http://www.jstor.org/stable/2265052

20 경향신문과 한국리서치가 2020년 10월 3~4일 전국 성인 남녀 1000명을 대상으로 실시한 여론조사 결과, 응답자 59%가 '우리 사회가 공정하지 않다'(별로 공정하지 않다 38%, 전혀 공정하지 않다 21%)고 답했다. '공정하다'는 32%(매우 공정 4%, 대체로 공정 27%)였다. 가장 불공정한 분야는 정치권(37%), 법조계(22%), 언론계(11%) 순으로 꼽혔다.(조형국, 「시민 10명 중 6명 "한국은 불공정 사회"…'공정'에 대한 갈증 여전」, 『경향신문』, 2020.10.6.) https://www.khan.co.kr/politics/politics-general/article/202010060600105(검색일: 2021.6.27.)

참고문헌

김미경, 「영화 〈리바이어던〉에 함의된 권력의 의미와 시민교육적 해석-윤리적 성찰을 중심으로」, 『사고와 표현』 제14집 2호, 한국사고와표현학회, 2021.

김소희, 「누군가는 또 누군가에게 괴물이다 〈리바이어던〉」, 『씨네21 리뷰』, 2015.3.18.

랠프 엘리슨 저, 조영환 역, 『보이지 않는 인간 1』, 민음사, 2008.

박혁, 「권력과 다원성-한나 아렌트의 권력개념에 관한 연구」, 『21세기 정치학회보』 제24집 1호, 21세기정치학회, 2014.

송광호, 「〈부산영화제〉 즈비아긴체프 "타르코프스키 꼬리표 떼기 어려웠죠"」, 『연합뉴스』, 2014.10.6. https://www.yna.co.kr/view/AKR20141005043300005(검색일: 2021.6.20.)

이안 로버트슨 저, 이경식 역, 『승자의 뇌』, 알에이치코리아, 2013.

유네스코, 『세계시민교육: 학습 주제 및 학습 목표』, 유네스코 아시아태평양 국제이해교육원, 2015.

장하나, 「〈새영화〉 거대한 권력에 맞서다…'리바이어던'」, 『연합뉴스』, 2015.3.3. https://www.yna.co.kr/view/AKR20150302181400005(검색일:2021.6.22.)

전종혁, 「2014 BIFF | 안드레이 즈비아긴체프 감독 "내 영화의 힘은 낙관주의"」, 『맥스무비』, 2014.10.08. https://www.maxmovie.com/news/129234 (검색일: 2021.6.20.)

조형국, 「시민 10명 중 6명 "한국은 불공정 사회"…'공정'에 대한 갈증 여전」, 『경향신문』, 2020.10.6. https://www.khan.co.kr/politics/politics-general/article/202010060600105(검색일: 2021.6.27.)

제롬 부르너 저, 강현석·이자현 역, 『부르너 교육의 문화』, 교육과학사, 2014.

토머스 홉스 저, 최공웅·최진원 역, 『리바이어던』, 동서문화사, 2016.

한나 아렌트 저, 이진우·태정호 역, 『인간의조건』, 한길사, 1996.

홍미화, 「사회과교육에서의 내러티브 가치」, 『사회과교육연구』 제20권 1호, 한국사회교과과교육학회, 2013.

Peter Singer, 「Famine, Affluence, and Morality」, 『Philosophy and Public Affairs』, Vol. 1, No. 3 (Spring), 1972. Published by: Blackwell Publishing http://www.jstor.org/stable/2265052

〈햄릿〉, 애도의 심리학*

- 셰익스피어 『햄릿』에 대한 메모 -

—

김응교

1. 애도를 생각하다

애도(哀悼, Trauer, mourning)란 무엇인가, 어떻게 해야 상처를 회복할 수 있는지, 기억과 망각은 어떠한 역할을 하는지 생각해보려 한다.

셀 수 없이 많은 사람이 죽어가는 제1차 세계대전이 한창이던 1915년에 지그문트 프로이트(Sigmund Freud, 1856-1939)는 「애도와 우울증」(Trauer und Melancholie)을 발표한다(한국어에는 「슬픔과 우울증」[『정신분석학의 근본개념』, 열린책들, 2003]으로 번역되었다. 이후에 이 책의 인용은 「슬픔과 우울증」으로 표기하겠다). 애도는 무엇인가 잃어버린 상실에서 발생한다. 그래서 애도를 우리말로 '슬픔'으로 번역하기도 한다. 사랑하는 대상을

* 이 글은 김응교, 『시네마 에피파니』(2020), 새물결플러스에 실려 있는 글을 수정한 평론이다.

잃어버린 후에 생긴 고통과 결핍을 극복하여 마음의 평정을 회복하는 정신과정을 애도라고 한다. 애도는 주로 사랑하는 사람의 죽음과 관련 있다. 프로이트는 제1차 세계대전의 비극 속에서 사별하여 슬퍼하는 우울증 환자들을 많이 만났다. 이때 '정상적인 애도'는 병리적인 것이 아니라 자연스러운 과정이라는 것을 확인했다. 어떤 대상을 상실한 뒤에 '정상적인 애도' 과정이라면 대상에게로 집중했던 리비도를 자신에게 다시 거둬들인다. 시간이 지나면 눈물이 마르듯, 상실에 적응하고 관계에서 위안을 얻으며 평정을 회복하는 과정이 '정상적인 애도'다.

불안전한 애도에는 치료가 필요하다. 불안전한 애도는 우울증을 일으킨다. 우울증을 앓는 사람은 자신을 쓸모없다고 생각하고, 자신을 해하고, 세상을 저주하며 복수심을 품기도 한다.

〈햄릿〉은 비극이 어떻게 일어나는지, 인간이 정신적 외상(外傷)을 당하면 얼마나 고통스러운지 말하고 있다. 셰익스피어의 『햄릿』은 결국 비극으로 끝나고 만다. 아름답고 순진한 오필리아가 실성하는 대목은 가련하기까지 하다. 어떡해야 그 상처를 극복할 수 있을지는 수용자에게 숙제로 넘긴다.

영화 〈햄릿〉은 지금까지 여러 번 영화와 드라마로 제작되었다. 그래도 꼭 보아야 할 영화 〈햄릿〉을 추천하라면, 세 편을 추천하고 싶다. 로렌스 올리비에가 햄릿으로 나오는 영화 〈햄릿〉(Hamlet, 1948)은 한 편의 연극을 보는 듯하다. 영화이지만 연극적 요소가 강하게 느껴진다. 멜 깁슨이 햄릿으로 나오는 〈햄릿〉(1990)은 리얼리티를 강하게 풍긴다. 마치 진짜 현실에 있는 사건처럼 보인다. 베네딕트 검버배치가 햄릿으로 나오는 영화 〈햄릿〉(2016)은 가장 최근 상영된 작품으로 실험적인 요소가 돋보인다. 이 글은 영화 한 편을 분석한 것이 아니라, 영화 〈햄릿〉을 이해하기 위해 가장 기초적인 시각을 제시하는 의도에는 쓴 글이다. 어떤 배우가 나온 〈햄릿〉을 보더라도, 아래 내용은 캐릭터의 일반적인 특성일 것이다.

2. 햄릿, 막장 비극

『햄릿』은 클로디어스에 대한 복수에서 사건이 끝나지 않는다. 모든 주요 등장인물이 사망하는 거대한 비극의 원인은 무엇일까. 모든 비극의 원인에는 모든 개인의 비극적 결함(tragic flaw)이 문제로 드러난다.

1) 햄릿, 애도하지 못하는 주체

'애도하지 못하는 주체'는 라캉이 쓴 표현이다. 햄릿이야말로 애도할 수 없는 주체였다. 햄릿의 비극은 '정상적인 애도'를 할 수 없었던 불완전한 과정에서 시작된다. 비극은 햄릿의 어머니인 덴마크 왕비 거트루드와 삼촌 클로디어스가 결혼하면서 막이 오른다. 아버지가 죽은 지 두 달도 되지 않아 어머니인 왕비가 클로디어스와 결혼한 것을 보고 햄릿은 절규한다.

햄릿: 오, 너무나 더럽고 더러운 이 육신이 허물어져 녹아내려 이

> 슬로 화하거나, 영원하신 주님께서 자살금지 법칙을 굳혀 놓지 않았으면, 오 하느님! 하느님! 이 세상만사가 내게는 얼마나 지겹고, 맥 빠지고, 단조롭고, 쓸데없어 보이는가! 역겹다. 아, 역겨워, 세상은 잡초투성이 퇴락하는 정원, 본성이 조잡한 것들이 꽉 채우고 있구나. 이 지경에 이르다니! 가신 지 겨우 두 달- 아니 아냐, 두 달도 안 돼-(1막 2장, 129-38행).

이 절규로 햄릿의 삶은 울혈(鬱血)의 고통에 들어간다.

당시 햄릿은 독일 비텐베르크에서 유학하고 있었다. 사건은 비텐베르크에서 863킬로미터 떨어져 있는 덴마크 헬싱괴르(Helsingør)에서 일어났다. 햄릿에게 사신이 찾아가는 데 거의 한 달이 걸렸을 것이다. 그리고 햄릿이 돌아 왔을 때는, 아버지가 살해된 지 빠르면 한 달 반 아니면 두 달 후일 것이다. 돌아와서 아버지의 상실(喪失)을 확인하는 순간부터 햄릿에게서 '정상적인 애도'가 작동되어야 했다. 놀랍게도 그럴 틈도 없이 이미 엄마는 살인자와 결혼하고, 더 이상 애도하지 말라고 거듭 강요받는 상황이다. 제대로 애도할 수 없는 햄릿의 상황은 거의 치료가 필요한 광적인 상태로 점점 변한다.

탯줄로 이어져 있던 어머니가 아버지가 아닌 다른 남자와 결혼했을 때, 햄릿의 오이디푸스 콤플렉스는 이중의 고통을 겪는다. 영원할 것 같았던 사랑이 독일에서 돌아와 보니 한꺼번에 무너져버린 것이다. 우울에서 벗어나지 못하고 자살할 생각도 한다.

> **햄릿:** 있음이냐 없음이냐, 그것이 문제로다. 어느 게 더 고귀한가.

> 난폭한 운명의 돌팔매와 화살을 맞는 건가. 아니면 무기 들고 고해와 대항하여 싸우다가 끝장을 내는 건가. 죽는 건- 자는 것뿐일지니, 잠 한 번에 육신이 물려받은 가슴앓이와 수천 가지 타고난 갈등이 끝난다 말하면, 그건 간절히 바라야 할 결말이다.
> 죽는 건, 자는 것, 자는 건 꿈꾸는 것일지도- 아, 그게 걸림돌이다. 왜냐하면 죽음의 잠 속에서 무슨 꿈이, 우리가 이 삶의 뒤엉킴을 떨쳤을 때 찾아올지 생각하면, 우린 멈출 수밖에- 그게 바로 불행이 오래오래 살아남는 이유로다.
> 왜냐면 누가 이 세상의 채찍과 비웃음, 압제자의 잘못, 잘난 자의 불손, 경멸받는 사랑의 고통, 법률의 늑장, 관리들의 무례함, 참을성 있는 양반들이 쓸모없는 자들에게 당하는 발길질을 견딜 건가?
> 단 한 자루 단검이면 자신을 청산할 수 있을진대. 누가 짐을 지고, 지겨운 한 세상을 투덜대며 땀 흘릴까?(3막 1장, 57-77행)

죽은 아버지의 유령과 만나고 난 뒤, 미친 척하는 햄릿은 고단한 삶을 토로한다. 고통이 가득한 이 세상에서 어떻게 견뎌야 할지, 죽음의 잠 속에서 어떤 꿈을 꿀 수 있을지. 이렇게도 저렇게도 할 수 없는 햄릿의 고뇌가 담긴 명대사다. 이것은 독자들의 실존을 향해 묻는 질문이기도 하다. 자신을 단검으로 해하려는 햄릿의 상태는 '정상적인 애도'를 하지 못하여 우울증 증세를 보이는 상황이다.

> 우울증의 특징은 심각할 정도로 고통스러운 낙심, 외부 세계에 대한 관심의 중단, 사랑할 수 있는 능력의 상실, 모든 행동의 억제, 그리고 자신을 비난하고 자신에게 욕설을 퍼부을 정도로 자기 비하감을 느끼면서 급기야는 자신을 누가 처벌해주었으면 하는 징벌에 대한 망상적 기대를 갖는 것 등으로 나타난다(지그문트 프로이트, 「슬픔과 우울증」, 위의 책, 244쪽).

우울증에 빠진 햄릿은 자애심(自愛心)이 완전히 추락한 상태다. 바꿀 수 없었던 과거를 환상하며 그리워한다. 그는 살아 있으나 죽은 육체처럼 자신을 비유한다. "우울이란 무엇인가? 그것은 감각에 대한 무능력이며, 우리의 육체가 살아 있음에도 불구하고 죽어 있는 느낌을 가지는 것이다. 그것은 슬픔을 경험하는 능력이 없는 것일 뿐만 아니라 기쁨을 경험할 능력도 없는 것을 말한다. 우울한 사람은 만일 그가 슬픔을 느낄 수만 있어도 크게 구원을 받을 것이다"(에리히 프롬, 『건강한 사회』). 우울증에 걸린 햄릿은 아버지를 그리워하며 성루를 헤매고 어머니에게 호소하기도 한다.

햄릿은 용의주도한 인물일까. 애도하지 못한 우울증 상태에서 그는 "배우들에게 아버님의 살해와 엇비슷한 연극을 삼촌 앞에서 시켜야지"(2막 2장, 604행)라며 계획을 꾸민다. 게다가 "내가 본 혼령은 악마인지도 몰라"(605행)라며 유령에 대해 비판적인 거리도 유지하고 있다. 나아가 "내 허약함과 우울증을 빌미 삼아"(608행)라며 자신의 증상을 우울증으로 정확히 파악하고 있다.

햄릿의 결함은 '우유부단'일까. 그는 아버지의 혼령을 만나 클로디어스의 흉계를 알고 복수를 결심한다. 하지만 죽이려 할 때 클로디어스가 기도하고 있어서 이때 죽이면 "천당으로"(3막 3장, 78행) 보내는 것이라며 절호의 기회를 놓친다. 그는 어쩔 줄 몰라 하다가 의도치 않게 오필리아의 아버지 재상 폴로니어스를 살해하고 만다.

이 모든 슬픔에서 멀리 떠나 망각하려고도 한다. 햄릿은 '복수'를 계획하지만, 폴리니어스의 아들 레어티즈와 결투하다가 자신은 물론 왕가가 몰락한다.

2) 클로디어스, 욕망과 휘브리스

햄릿의 삼촌이며 덴마크의 왕인 클로디어스는 욕망의 인물이다. 클로디어스가 형을 죽인 것이나 형수인 거트루드를 왕비로 삼은 행위는 '욕망에 대한 집착'이다. 그 욕망은 권력욕과 성욕이 겹친 상태이며, 그는 거짓을 덮기 위해 조카인 햄릿까지도 죽이려 한다.

클로디어스는 "어째서 왕자는 아직도 구름에 덮였는가?"(1막 66행)라며 햄릿의 고통을 이해하지 못한다. 사랑하는 아버지가 돌아가신 슬픔을 미처 다 쏟아내기도 전에 작은아버지와 결혼한 어머니를 보는 햄릿의 눈길은 슬프다. 어머니가 햄릿에게 "네 고귀한 아버지를 찾으려 하지 마라. 넌 모든 생명은 죽으며, 삶을 지나 영원으로 흘러감이 흔한 줄 알겠

스틸 컷1

지. 그런데 너에게는 흔한 것이 왜 유별나 보이냐"라고 묻자, 햄릿은 말한다.

> **햄릿:** 보이다뇨, 마마? 아뇨, 유별납니다. 전 보이는 건 모릅니다. 어머니, 저를 진실로 나타낼 수 있는 건 검정외투, 관습적인 엄숙한 상복, 힘줘 뱉는 헛바람 한숨만도 아니고, 또 강물같은 눈물과 낙담한 얼굴 표정, 거기에다 비애의 모든 격식과 상태와 모습을 합친 것도 아닙니다. 그런건 정말 보이지요. 누구나 연기할 수 있는 행동이니까요. 허나 제겐 겉모습 이상의 무엇이 있으며, 그런건 비통의 옷이요 치장일 뿐입니다.(1막 2장, 75~86행)

오로지 햄릿만이 애도의 자세를 표하고 있다. 애도는 "누구나 연기할 수 있는 행동"이기도 하다. "겉모습 이상의 무엇이 있"다는 말은 클로디어스의 형식적인 애도와 다른 진정한 애도의 자세를 뜻한다. 햄릿은 진심으로 아버지의 죽음을 슬퍼하고 있다. 자신의 야망과 왕비를 탐하여 결혼한 클로디어스는 괴로워하고 있는 햄릿을 보며 이어 말한다.

> **왕:** 왕자의 본성이 자상하고 훌륭하여 아버지에게 애도를 표시하고 있구나. 허나 알아둬야 할 일은 왕자의 아버지도 아버지를 잃었고, 그 아버지도 아버지를 잃었다는 사실이야-그리고 유족들은 한동안 자식된 도리로 상례에 어울리는 슬픔을 보이

게 되어 있지. 허나 끈질기게 집요한 비탄은 죄받을 옹고집의 길이고 사내답지 못한 비애야. 그건 크게 하늘을 거스르는 태도, 약해빠진 심장, 조급한 마음, 단순하고 무식한 이해력을 보여주는 셈이야. 피할 수 없음을 알며 가장 흔해빠진 것처럼 눈에 띄는 일을-왜 우리가 멍청하게 반발하며 가슴에 새겨둬야 해? 허, 그건 하늘을 거역하고 망자를 거역하며 자연을 거역함이고, 가장 부조리한 논리인데, 자연법칙으로 흔히 조상이 죽으니, 최초의 시체에서 오늘 죽은 사람까지 〈이건 할 수 없다〉라고 자연이 항상 말해 주지 않느냐. 바라건대, 무익한 비통을 땅에 던져버리고 나를 아버지로 생각해라. 왜냐하면 온 천하에 알리노니, 왕자가 내 왕위 계승자요, 가장 다정한 아버지가 아들에게 품는 고귀한 사랑에 못지않는 사랑을 내가 너에게 베풀기 때문이다.(1막 2장, 86행~23면 112행)

비통에 싸인 햄릿에게 클로디어스는 "모든 생명은 죽으며, 삶을 지나 영원으로 흘러가는 흔한 일"이라고 가볍게 말한다. 짧지 않은 이 대사를 읽어보면 클로디어스가 얼마나 오만하며, 반대로 햄릿이 얼마나 고통스러웠을까 상상할 수 있다. 햄릿에게 슬퍼할 시간을 주지 않는 클로디어스와 함께 어머니는 "어미의 기도가 헛되지 않게 해라"(1막 118행)며 나무라기까지 한다.

"온 천하에 알리노니, 왕자가 내 왕위 계승자요, 가장 다정한 아버지가 아들에게 품는 고귀한 사랑에 못지않은 사랑을 내가 베풀기 때문이다"라고 선언하는 클로디어스는 오만한 휘브리스(Hubris)의 비극적 인물로 등장한다.

휘브리스는 '모르고 지은 죄'를 뜻하는 하마르티아(Hamartia)와 함께 그리스 비극에 등장하는 주인공에게 반드시 나타나는 비극적 결함(tragic flaw)이다. 가령 아침 막장 드라마가 재미있으려면, 주요 등장인물 중 몇 명은 오만하거나, 자신도 모르게 지은 죄가 있어야 하는 것이다. 형을 살해하여 왕이 되었던 클로디어스였기에 그 불안을 숨기기 위해 더욱 과장된 행동을 한다. 그는 혹시 햄릿이 복수할지도 모른다는 염려에 마음 졸였을 것이다. 그것은 터무니없는 자신감으로 표출되고, 오만한 모습으로 나타난다.

클로디어스는 오만하여 지혜가 없는 자가 아니다. 그는 사람을 이용할 미세한 언어로 설득한다. 햄릿의 칼에 찔려 죽은 폴로니어스의 아들이며 오필리아의 오빠인 레어티즈를 설득하는 장면을 보자.

> **왕:** 부친(햄릿에게 죽은 폴로니어스-인용자)을 사랑하지 않았다 생각해서가 아니라, 사랑의 발단은 시간임을 알며, 그 불꽃과 열기도 시간 가면 줄어듦을 실제 증거를 통하여 보았기 때문이다. 사랑의 불길 속엔 그것을 약화시키는 일종의 심지나 검댕이 자라는 법이며 언제나 꼭같이 좋은 것도 없는 법이다. 왜냐하면 좋은 것도 넘치면 횟병처럼 제풀에 죽기 때문에, <u>우리가 하고픈 일 하고플 때 해야 돼. 왜냐면 〈하고픔〉은 말이 많고 손이 많고 사건이 많은 만큼 변하고 줄어들고 지연되며, 〈해야 됨〉도 한숨이 피 말리는 것처럼, 누그러지면서 우리를 해치니까.</u>(4막 7장, 110~123행)

사랑이란 항상 같은 크기나 무게로 고정되어 있지 않다는 말이다. 시간이 지날수록 영원할 것만 같던 사랑은 다른 형태로 변한다. 클로디어스는 아버지가 죽어 슬픔에 잠겨있는 레어티즈를 사랑이라는 단어로 자극한다. 그리고 햄릿처럼 복수의 마음을 품게 한다. 복수라는 실천도 사랑의 한 행위라는 것을 묘하게 조언하는 장면이다. "우리가 하고픈 일 하고플 때 해야 돼"라고 직설적으로 복수를 권한다. 사랑의 본질을 악용하는 클로디어스 왕의 계략은 수사는 불쾌하기까지 하다. 복수를 하고 싶지만 참고 있던 레어티즈의 분노에 불을 질러 넣는 표현이다. 레어티즈를 이용하여 자신의 살인행위를 언젠가는 복수할 것 같은 햄릿을 제거하려 하는 것이다. 감언이설로 백성들을 속여 희생양으로 만드는 폭군의 모습을 보여주고 있다.

3) 거트루드, 어쩌지 못하는 어머니

『햄릿』에 많은 장면에 등장하면서 정작 대사가 적은 인물은 어머니 거투르드다. 겉으로 보면, 아름답고 상냥한 어머니인 왕비 거트루드는 남편이 죽자마자 시동생과 몸을 섞는 욕망에 충실한 인물이다. 거트루드의 대사가 많지 않기에 오히려 그녀가 왜 그렇게 판단했을까 궁금해진다. 거트루드의 대사가 적은 분량이기에 다른 등장인물의 대사를 통해 거트

스틸 컷2

루드의 마음을 알 수 있기도 하다.

> **왕 클로디어스:** (햄릿에게) 비텐베르크의 학교로 다시 돌아가려는 네 의도는 나의 소망에 심히 역행하니, 원컨대, 그 뜻을 굽히고 내 격려와 위안 속에 나의 최고가는 충신이요 조카이며, 내 아들로서 여기에 머물기 바란다.
>
> **거트루드:** 어미의 기도가 헛되지 않게 해라. 햄릿, 우리와 함께 있자, 비텐베르크로 가지 말고.(제1막 2장 112~120행)

어머니 거트루드는 무조건 애도를 빨리 끝내고 함께 있기를 말한다. "어미의 기도"라며 초자아를 끌어들여 이제 그만 울자고 말한다. 물론 이 기도는 관념적인 태도가 아니라, 노르웨이가 침략해오려는 국제 정세나 삼촌이 아들을 살해할지도 모르는 상황에 대해 염려하는 기도일 수도 있다. 반대로 그저 이 상황을 무조건 받아들이라는 기도라면 이러한 태도는 때로는 대단히 비성서적이다. 오히려 예수는 스스로 함께 애도했다. 죽은 나사로가 시체로 누워 있던 동굴 앞에서 예수는 세 번이나 크게 슬피 울었다(요 11:33-34, 38). 예수는 말로 값싸게 위로하지 않고, '함께 애도'하는 자세를 보인 것이다. 이제 그만 애도를 멈추라는 말은 비성서적일 수 있다. 그녀는 신의 이름을 빌려 애도를 멈출 것을 강요하는 형국이다.

어머니를 다른 남성권력에게 빼앗긴 햄릿은 이제 어머니가 증오의 대상으로 바뀌기 시작한다.

햄릿: 제가 어머니의 심장을 짜볼게요. 만약 그게 부드러운 물질로 돼 있다면. 망할 놈의 습관이 쌓아놓은 철저한 무감각의 철옹성이 아니라면.

거트루드: 내가 뭘 했길래 네가 감히 혓바닥을 이리도 무엄하게 올리느냐? (제3막4장 35~38행)

본래 어머니는 햄릿에게 리비도가 집중되는 대상이었다. 리비도의 대상을 빼앗겼을 때 햄릿은 상실(喪失)을 경험하고 슬픔에 빠진다. 이제 어머니로 향한 햄릿의 신뢰는 완전히 깨진 상태다. "철저한 무감각의 철옹성"으로 보이는 못난 엄마 거트루드의 반응은 너무도 이상하게 떳떳하다. "내가 뭘 했길래"라며 오히려 당차게 말한다.

거트루드 입장에 대해 많은 연구가 있다. 왕인 남편이 급사하자마자, 노르웨이 왕자인 포틴브라스(Fortinbras)가 잃어버린 영토를 찾아 공격하겠다는 위기에서 왕비 거트루드는 빨리 시동생과 결혼하여 나라의 안정을 도모했을 거라는 연구도 있다. 혹은 왕이 죽으면 그 아들인 햄릿이 왕위를 이어받아야 하는데 독일에 유학 가 있기에 시동생이 왕권을 잡았는데, 왕권을 확고히 하기 위해 햄릿을 암살할 수도 있다는 판단에 아들을 위해 시동생과 결혼했을 수도 있다는 연구도 있다. 결국 나라의 안정과 아들을 보호하기 위해 거트루드는 시동생 클로디어스와 결혼했다는 것이다.

거트루드는 햄릿의 절규를 듣고 죄를 깨닫지만, 사죄의 결과물을 내놓지 못한다. 죄를 알지만 진정 뉘우치는 실천이 없다. 결국 비극을 피해가지 못하고, 햄릿이 결투하는 마지막 장면에서 그녀는 독배를 들어 단순한 도구적 존재로 생을 마감한다.

4) 오필리아, 모성적 사랑의 대체물

가련하고 순수하며, 많은 독자에게 사랑받는 인물인 오필리아의 결함은 '순종'이다. 수많은 음모와 음침한 계략 아래, 오필리아만은 항상 순진하고 세상 물정 모르는 아가씨였다. 아버지와 오빠 레어티즈의 말에 무조건 순종하기만 하는 오필리아는 자신에게 닥친 상황을 주도적으로 해결하지 못한다. 감당할 수 없는 한계에 부닥치자 오필리아는 현실을 외면하는 수동적인 인물로 등장한다.

아쉽게도 『햄릿』에 등장하는 여성들은 모두 수동적이고, 가련하게만 보인다. 아버지와 오빠의 말에 무조건 순종하다가 아버지가 죽자 미쳐버리는 오필리아나, 햄릿의 절규에 제대로 변명도 못 하고 쩔쩔매는 왕비의 모습이 그러하다. 오필리아를 '모성적 사랑의 대체물'이라고 쓴 이유는, 그녀 스스로 운명의 주체가 되지 못하고 자신을 주체로 인식하지 못했기 때문이다. 그녀는 자신의 문제를 말로 표현하지 못하고 기구한 인생을 스스로 마감한다.

하위주체인 "서벌턴은 말할 수 없다"(Subaltern can not speak)고 한 가야트리스피박(Gayatri Spivak)의 지적처럼, 오필리아는 자신을 극복하지 못한 안타까운 운명으로 등장한다.

반면 소포클레스 비극 『안티고네』 등에 나오는 여성들은 자신의 의견을 확실히 한다. 당찬 안티고네나 순응적이지만 자기 이익을 계산할 줄 아는 이스메네는 『햄릿』의 오필리아나 왕비 거트루드보다 훨씬 개성 있고 생동감 있다.

5) 레어티즈

오필리아의 오빠 레어티즈도 중요한 인물이다. 유망한 청년이었던 레어티즈는 클로디어스의 꾀임에 속아 칼 끝에 독을 바르는 야비한 술수까지 사용한다. 다혈질적 성격으로 인해 스스로 넘어가버리고 만다.

> **레어티즈:** 용서를 나눕시다, 햄릿 왕자님.
> 저와 부친 죽음 그대 탓 아니고,
> 그대 죽음 또한 제 탓이 아니기를.
>
> **햄릿:** 하늘이 용서하리. 나 그대를 따르리라.(5막 2장, 336~339행)

소포클레스의 비극적 주인공 오이디푸스와 햄릿은 매우 닮았다.

햄릿은 제대로 애도할 시간을 보장받지 못했다. 심지어 어머니까지도 아버지를 잊고 더 이상 애도하지 말라고 한다. 애도할 수 없었던 햄릿은 복수로 나아갈 수밖에 없었다. 죽기 전 레어티즈가 햄릿에게 "당신의 죽음은 당신 탓이 아니예요"라는 말을 들었을 때 얼마나 위로가 되었을까. 타인의 고통을 나의 잣대를 들이밀고 함부로 평가해서는 안 된다. 피해자가 충분히 슬퍼하고 정리할 시간을 존중해야 한다.

인물 분석을 주로 했기에 『햄릿』 대본을 낭송했을 때 어떤 효과가 일어 나는지 설명하지 못했다. 3막 2장에서 연극 중 왕 역을 맡은 배우가 했던 아래 대사는 소네트의 효과를 보여준다. 영어 대본을 보면 문장 한 행마다 8행씩 끝단어에서 "yyeettee-yytteeee"로 쓰여, 각운(脚韻, rhyme)이 철저하게 지켜진 것을 볼 수 있다.

결심이란 기껏해야 기억력의 노예일 뿐,
Purpose is but the slave to memory,
태어날 땐 맹렬하나 그 힘이란 미약하오.
Of violent birth, but poor validity;
그 열매가 시퍼럴 땐 나무 위에 달렸지만,
Which now, like fruit unripe, sticks on the tree,
익게 되면 그냥 둬도 떨어지는 법이라오.
But fall unshaken when they mellow be.
우리들이 자신에게 빚진 것을 잊어버려
Most necessary 'tis that we foget
못 갚는 건 정말이지 피할 수가 없는 거요.
To pay ourselves what to ourselves is debt.
격정 속에 우리들이 자신에게 제안한 건
What to ourselves in passion we propose,
그 격정이 사라지면 결심조차 없어지오.
The passion ending, doth the purpose lose.
슬픔이나 기쁨이나 격렬하면, 행동으로
The violence of either grief or joy
옮겨지는 과정에서 그 자체가 소멸되오.

Their own enactures with themselves destroy.

기쁜 마음 광분하면 슬픈 마음 통탄하고,

Where joy most revels, grief doth most lament;

별 것 아닌 사건으로 슬픔 기쁨 엇갈리오.

Grief joys, joy grieves, on slender accident.

이 세상은 영원하지 아니하며, 사랑조차

This world is not for aye, nor 'tis not strange

운에 따라 바뀌는 건 이상할 것 하나 없소.

That even our loves should with our fortunes change;

왜냐하면 운과 사랑, 어느 것이 먼저인지

For 'tis a question left us yet to prove,

아직까지 안 밝혀진 의문이기 때문이오.

Whether love lead fortune, or else fortune love.

(배우 왕의 대사. 111~112면)

햄릿이 광대를 불러 공연을 시키는 독특한 장면이다. 연극 속의 연극이라 할 수 있겠다. 한 행 한 행 곰삭여 읽어보면 깊은 통찰을 보여주고 있다. 인간의 결심이란 얼마나 허망하며, 사랑 또한 얼마나 가볍게 바뀌는가를 보여준다. 셰익스피어가 보는 인간론, 운명 앞에서 너무도 미약한 인간 실존이 드러난 대사다.

4. 애도와 기억

사람의 병을 치료하는 것이 프로이트의 목표였다. 그가 우울증을 문제 삼았던 것도 정상적인 애도를 통해 슬픈 사람들을 치료하기 위함이었다. 프로이트라면 제대로 애도하지 못한 한 인간의 복수와 비극적 결말을 담고 있는 『햄릿』의 인물들을 어떻게 치료하려 했을까.

햄릿의 반항적인 심리 상태는 우울증으로 쉽게 바뀐다. "반항적인 심리 상태가 우울증으로 바뀌는 과정을 재구성하는 일은 그리 어렵지 않다"(「슬픔과 우울증」, 위의 책, 251쪽). 햄릿은 자살하려는 성향을 보여준다. 자신의 몸을 자해하려 한다. 우울증의 세 가지 조건인 대상의 상실, 애증 병존, 자아로의 리비도 퇴행을 보인다.

애도하지 못하여 우울증에 걸린 사람은 어떻게 회복할 수 있을지 그 과정에 대해 미로슬라브 볼프는 『기억의 종말』(IVP, 2016)에서 이렇게 설명한다.

> 즐거움의 기억이 과거의 즐거움을 재현하듯, 고통의 기억은 과거의 고통을 복제한다.(40면)

> 고통을 초래한 사건을 기억하는 것 못지않게 그 기억에서 고통을 제거하는 것 또한 중요하다.(43면)

> 트라우마의 경험은 침습성 병원체와 같아서 "침투한 지 오랜 후에도 여전히 활동하는 균으로 보아야 한다."(47면)

상처 입은 정신을 치료하기 위해서는 트라우마 경험을 기억할 뿐 아니라 떠올린 기억을 인생사(one's life story)라는 더 넓은 장에 통합시키는 데까지 나아가야 한다.(48면)

과거의 고난을 기억하는 것은 연대를 만들어 내는 데 도움이 되고 꼭 필요하다.(53면)

"피해자는 과거에 당한 악행의 기억을 날카로운 칼처럼 마구 휘둘러 주위 사람들의 삶을 무자비하게 난도질할 수 있다"(123쪽)는 구절은 햄릿에 해당한다. 잊으려고 노력하면 오히려 잊히지 않는 까닭은 대상이 리비도를 움켜 쥐고 있기 때문이다. 잊으려 애쓰지 말고 차라리 그 애도, 곧 슬픔의 대상을 기억하고 회상하는 편이 치료에 좋다.

셰익스피어는 햄릿을 통해 애도 못한 이의 상처를 전한다. 계속 기억하는 방식으로 애도하며 리비도를 고갈시키는 과정이 치료다. 『햄릿』은 애도하지 못한 주체를 통해 애도와 기억의 중요성을 담은 작품이다. 작가는 충분한 애도란 슬픔을 극복할 방식이라고 강변한다. 아직 장례식이 끝나지 않았다고, 충분히 울고 울라고 권하고 있다. 아무리 슬퍼도 현실을 직시하라고 권한다. 사랑하던 대상이 현실 속에 없다는 것을 직시해야 견딜 수 있다고 말한다.

후회, 자신을 마주하기*

- 영화 〈러덜리스〉로 고정관념 걷어차기 -

—

하병학

1. 인간과 후회

어떤 영화에 대한 스포일러를 좋아하는 사람은 그 영화를 스스로 즐길 마음이 없는 사람이다. 영화 내용이 타인에 의해 정리되고, 미적 긴장감으로 맞이해야 할 대목이 들이대니 결국 영화 관람의 목표인 즐김은 거처를 잃어버리기 때문이다. 그래서 '스포일(spoil)'은 한국어로 '망치다', '못 쓰게 만들다'라는 번역하는 게 딱 맞다. 마찬가지로 영화평, 서평을 먼저 읽는 것은 그 영화, 책을 독자 자신만이 읽을 수 있는 관점을 못 쓰게 만들어 평론자의 관점에 구속되는 노예의 길이다. 선입견, 고정관념은 타인의 관점, 사회의 통념이 나를 지배할 때 구축된

* 이 글은 하병학, 『철학탐구』 제60집(중앙철학연구소, 2020)에 게재된 것을 수정·보완한 것이다.

다. 이 글은 우리를 지배하는 고정관념 하나를 영화를 통해 걷어차려는 시도이다. 그 고정관념은 '후회'이고, 영화는 '러덜리스'이다.

후회를 한 번도 해 보지 않은 사람은 없을 것이다. 적어도 어린 유아가 아니라면 말이다. 그 만큼 후회는 인간의 삶, 본성과 직결되어 있다. '후회'란 사전적 의미로 '늦은(後) 뉘우침(悔)'이라는 뜻이다. 후회는 자신의 잘못에 대해 깨달음이 언제나 후발적이라는 특징으로 인해 고통, 불쾌를 수반한다. 그래서 후회라는 말에 가장 많이 붙는 형용사가 '뒤늦은'이고, 즉 '뒤늦은 후회', 이를 잘 나타내는 것이 '만시지탄(晩時之歎)'이라는 사자성어이다. 또한 '회무급의(悔無及矣)', '후회막급(後悔莫及)', 즉 '엎질러진 물은 다시 주워 담을 수 없다'가 말하듯 후회해봐야 소용이 없다는 점이 후회의 대표적인 특징으로 이해된다. 이는 후회란 흘러가는 시간이라는 한계를 지닌 인간의 숙명과 결부되어 있음을 말해준다. 그래서 후회를 하는 사람에게 '시간이 약이다', '(다른 방도가 없으니) 잊어버려라!'라는 말로 위로를 하곤 한다.

후회에는 사소한 것도 있고, 치명적인 것도 있다. 어제 밤에 귀가하면서 살까 말까 망설이다가 사지 않았던 식재료가 오늘 당장 필요함을 느끼고 사지 않았던 것을 후회하는 경우는 사소하며 단지 귀찮음이라는 대가를 치르면 된다. 하지만 예전에 유명 코미디언 이모 씨가 흡연을 했던 것을 후회하는 금연 홍보에서 후회는 되돌릴 수 없으며 그 결과도 치명적이다. 어쩌면 자신의 생명을 잃음보다 더 심각한 후회는 자신의 과오로 인해 타인이, 자신이 사랑하는 사람이 생명을 잃게 되는 경우일지 모르겠다.

사람들은 일반적으로 후회를 부정적으로 본다. 후회는 무언가 잘못을 했기 때문에 일어나는 마음의 현상이고, 후회하는 것보다 후회할 짓을 하지 않는 것이 낫기 때문이다. 또한 후회가 심각하면 우울증 등 마음의 병을 낳기도 한다. 여기에서 '잘못을 하다'에는 잘못된 행위를 하는 것만 아니라 적절한 행위를 하지 않은 것도 해당된다.

후회가 이성적 반성인지, 또는 고통을 수반하는 감정인지 딱 잘라 말할 수는 없다. 현대에 들어와 후회에 대해 연구가 한창인 심리학에서도 후회에서 인지와 감정 중 어느 것이 더 중요한가 하는 것은 논란의 대상이다. 심리학에서 후회에 대한 주된 이해는 '부정적인 감정'이다. 분명한 것은 후회하는 과정에는 해당 사안에 대한 인식, 분석과 해석, 판단, 그리고 이와 동반되는 관념, 표상 등 지적 활동만 아니라, 다양한 감정들이 혼합되어 나타날 만큼 포괄적이라는 점이다. 즉 후회하는 과정에서 슬픔, 고통, 불쾌감, 낭패감과 자신에 대한 자책감, 수치심, 자괴감, 그리고 타인과 관련한 죄책감, 미안함, 연민, 분노, 모멸감, 그리움, 빚 부담감(채무감) 등 다양한 감정도 동반될 수 있다.

후회는 인간의 삶에서 보편적이어서 어느 나라, 어느 시대 할 것 없이 후회하는 인간의 모습이 발견된다. 그래서 신화, 소설, 시, 영화, 만화, 노래, 격언 등에서도 후회를 모티브로 하는 것이 많다. 몇 가지만 대표적으로 살펴보자.

그리스 신화에서도 후회는 빠지지 않는 주제이다. 테베의 라이오스 왕의 아들로 태어났지만 '아비를 죽이고 어미를 범한다'는 신탁으로 인해 부모로부터 버려진 오이디푸스는 괴물 스핑크스의 퀴즈를 풀어낼 정도로 지혜로운 인물이었다. 하지만 우연한 일로 아버지 라이오스를 죽이게 되고 테베의 왕이 된 오이디푸스는 과부가 된 왕비를 아내로 삼는다. 테베에 창궐한 역병을 해결하고자 신전을 찾은 그는 라이오스 왕의 살해자를 찾아내야 역병을 해결할 수 있다는 말을 듣고 살해자를 찾던 중 바로 자신이 살해자이며, 라이오스가 자신의 아버지이고 아내가 자신의 어머니임을 알게 된다. 그리고 그 충격으로 인해 그는 자신의 눈을 뽑는 처벌을 내린 후 낭인으로 살다가 죽는다. 오이디푸스의 기구한 운명이 안타깝기도 하지만, 오이디푸스의 후회가 얼마나 처절했을지도 사뭇 느껴진다.

후회와 관련된 노래를 하나 살펴보자. 가수 강산에가 부른 "넌 할 수 있어" 노랫말은 다음과 같다.

> "후회하고 있다면 깨끗이 잊어 버려 // 가위로 오려낸 것처럼 다 지난 일이야
>
> 후회하지 않는다면 소중하게 간직해 // 언젠가 웃으며 말할 수 있을 때까지
>
> 너를 둘러싼 그 모든 이유가 견딜 수 없이 너무 힘들다 해도
>
> 너라면 할 수 있을 거야. 할 수가 있어.
>
> 그게 바로 너야 굴하지 않는 보석 같은 마음이 있으니"

노랫말처럼 후회를 가위로 잘라내듯 잊어버릴 수만 있다면 얼마나 좋겠는가. 그리고 "다 지난 일이야"라는 말에서 후회해 봐야 소용없음을 읽어낼 수 있다. 그런데 노랫말에서 "소중하게 간직하라"는 말도 나온다. 어쩌면 후회만 하지 말고, 언젠가 웃으며 말할 수 있도록 노력하라는 것으로도 이해된다. 바로 너라면 그렇게 할 수 있다고 용

기를 북돋운다.

이 세상에 가장 슬픈 동화는 무엇일까? 필자는 아마도 '청개구리'라고 말할 것 같다. 엄마의 말을 그렇게 듣지 않던 어린 청개구리가 엄마가 세상을 떠나자 후회를 하며, 큰 비를 막아내 보려고 물질을 하다가, 더 이상 소용이 없음을 알게 되자, 평생 비만 오면 목 놓아 노래 부른다는 슬픈 이야기이다. 이 동화가 청개구리의 어리석음과 불효를 탓하며 후회의 대가가 얼마나 무서운지를 알려주는 교훈으로 이해하는 것은 너무나 비인간적이다. 후회해 보지 않은 사람이 없을 터인데 겁박처럼 들리는 '후회할 짓을 하지 말라'는 교훈이 얼마나 비현실적이며 비인간적인가.

이에 비해 공자의 말씀이 더 현실적으로 다가온다.

> "자로가 말하였다. '만약 선생님께서 三軍을 거느리신다면 누구와 함께 하시겠습니까?'
>
> 공자께서 말씀하셨다. '맨손으로 호랑이를 잡으려 하고 맨몸으로 황하를 건너려다가 죽어도 후회하지 않을 자와는 함께 하지 않겠다. 반드시 일에 임하여 두려워하고, 계획하기를 좋아하여 성공하는 자와 함께 할 것이다.'"[1]

여기에서 후회에 대한 가르침은 두 가지로 이해된다. 첫째, 후회할 일을 하지 않기 위해서는 심사숙고해야 한다는 것이다. 아리스토텔레스에 따르면, 좋은 행위를 하기 위해서는 사려 깊은 실천적 지혜, 명예를 존중함, 용기, 절제 등이 필요한데,[2] 후회는 이러한 덕을 실천하지 못했을 때 발생하는 것이다. 둘째, 후회를 전혀 하지 않는 사람은 아주 위험한 사람이어서 함께 하지 않겠다는 말씀이다. 후회할 짓은 하는 것은 나쁘지만, 후회할 짓을 하고도 후회하지 않는 것은 더 나쁘다는 것이다. 또한 공자는 단명한 애제자 안위에 대해 “분노를 옮기지 않았고, 같은 과오를 반복하지 않았다.”[3]라고 칭찬하였다. 이는 과오를 한 번도 하지 않는 사람이 되기가 어려움을 인정하면서, 중요한 것은 동일한 과오를 반복하지 않는 것이라는 말씀이다. 과오를 되풀이하지 않기 위해 후회가 필요함을 함축하는 것으로 이해된다.

여기까지가 후회에 대한 기본적인 이해이다. 문제는 후회에 대해 ‘후회할 짓을 하지 말라!’, ‘후회해 봐야 소용없다’, ‘앞으로 그러지 않으면 돼!’, ‘완벽한 사람이 어디 있느냐’, ‘잊어라!’ 등 조언과 위로가 천편일률적이며, 심지어 후회되는 행위를 쉽게 망각하게 하고 무화하는 것은 아닌가 하는 점이다. 이러한 조언이 도움이 되지 않는 경우가 많을뿐더러 인간에게 운명과 같은 후회가 마냥 부정적인 것이냐 하는 물음이다. 특히 변경·만회·복원할 수 없는 과오에 대한 후회, 동일한 과오를 반복하지 않으려고 할지라도 동일한 상황이 더 이상 일어날 수 없을 경우, 예컨대 동화에서 청개구리의 경우, 후회는 어떤 의미가 있을까 살펴보는 것은 인간의 실제적인 삶과 연관해서 대단히 의미심장한 작업이다. 이 글은 영화 〈러덜리스〉를 통해 후회의 의미를 철학적으로 재고하고자 한다. 한 가지 언급할 것은 특히 감정을 분석할 때 소설, 영화 등의 문예작품이 대단히 요긴하다는 점이다. 감정은 다른 감정들과 겹치는 경우가 많고, 또한 상황과 인식의 변화에 따라, 타인과의 교감에 따라 변화하기 쉬운데, 그러한 구체적인 현상을 잘 나타내고 있는 것이 서사적 작품이기 때문이다.

2. 영화 〈러덜리스〉

영화 〈러덜리스(Rudderless)〉(감독: 윌리암 H. 머시, 주연: 빌피 크루덥, 2014년)는 스케일이 크거나 제작비가 많이 투자되고 흥행에 성공한 블록버스터도, 유명 배우가 출연하는 영화도 아니다. 그리고 이 영화에서는 복잡한 갈등 구조나 긴장 관계도, 법정 영화처럼 대사를 세밀히 따져봐야 할 논증도 나타나지 않는다. '러덜리스'는 국내에서 인기를 끌었던 '원스', '비긴 어게인'처럼 음악 영화로 비추어진다. 영화 제목도 영화 속 밴드 이름이고, 영화에서는 많은 노래들을 들을 수 있다. 다른 한편 '러덜리스'는 피해자가 아니라 가해자의 가족이 겪는 고통에 대한 이야기로 소개되기도 한다. 실제로 영화에는 주옥과도 같은 노래를 통해 이제까지 사회적 담론의 수위로 떠오르지 못한 가해자 가족들의 아픔도 진하게 느껴진다. 그래서 영화에서 말하려고 하는 내용을 잘 파악하기 위해서는 노랫말에 귀를 기울일 필요가 있다.

영화의 제목이 말하는 것처럼 삶이란 어디로 가야 할지 방향을 잡을 수 없는 경우가 많고, 방향을 잡았을지라도 잘못된 방향을 잡거나 가고 싶은 방향대로 갈 수 없는 경우도 많다. 삶의 주인이 자신이지만, 삶을 자신의 의지대로 살 수 있다면 얼마나 다행인가. 하지만 자신의 습관, 편견에 삶이 휘둘리고, 미래는 예측대로 되지 않을 수 있고, 또한 다른 사람들과 엮이면서 마음대로 되지 않는 것이 삶일지 모른다.

필자에게 이 영화는 자식에 대한 아버지의 후회가 가장 강열하게 다가왔다. 후회가 모티브가 되는 영화에는 '버킷 리스트', '맨체스터 바이 더 씨', '박하사탕', '올드보이' 등 많이 있다. 후회의 관점에서 〈러덜리스〉의 플롯을 나누면 다음과 같다.

〈플롯 1: 아들 외면하기〉

잘 나가던 광고 기획자이자 좋은 아버지인 샘은 아들 조쉬의 대학에서 총기 살해 사건으로 아들을 잃고 삶이 파탄에 이른다. 2년 후 보트에서 기거하는 샘은 페인트공이 되어 주정뱅이 삶을 근근이 이어간다. 우연히 들린 카페에서 아마추어들이 부르는 노래를 듣게 된다. 어느 날 전처가 찾아와 "조쉬가 없던 애 취급하면서.. [당신은] 숨어있는 거야"라고 비난하면서 아들이 남긴 유물을 넘긴다.

〈플롯 2: 아들 마주하기〉

샘은 아들을 마음에서 지우듯 그의 유물을 버리려다 그 속에서 아들이 작사작곡한 노래들을 발견하고 따라 부르기 시작한다. 그리고 카페에 가서 자신의 이름을 숨긴 채 아들의 노래를 부른다. 샘의 노래에 감동한 청년 뮤지션 쿠엔틴은 그에게 함께 노래 부르자고 집요하게 제안하고 결국 그와 함께 무대에 오르면서 군중의 환호를 받는다. 그리고 밴드 '러덜리스'를 결성한다. 한창 인기를 누리고 있던 어느 날, 조쉬의 애인이었던 케이트가 찾아와 샘이 아들의 노래를 부르고 사람들이 따라 부르게 하는 것은 파렴치한 짓이라고 비난한다. 바로 조쉬가 6명의 학생들 총기로 살해한 범인이었던 것이다. 샘은 잊으려고 했던 조쉬의 무덤을 방문하고 "살인자, 악마"라는 페인팅을 아내와 함께 지우면서도 피해자 가족들을 만나지는 않는다. 그리고 큰 무대 오르기 직전, 밴드 구성원들이 이제까지 자신들이 부른 노래가 살인자의 곡임을 알고 샘과 절교하고, 밴드도 해체된다.

〈플롯 3: 아버지 되기〉

다시 혼자가 된 샘은 총격 살인이 있었던 조쉬의 대학에 찾아가 희생자 6명에게 아들을 대신하여 통곡을 하며 사죄를 한다. 그리고 샘 및 음악과 절연한 쿠엔틴을 찾아가 사과를 하고, 그가 갖고 싶었던 기타를 선물하면서 쿠엔틴과 처음 함께 노래를 할 때의 느낌을 고백한다. "내가 모르던 조쉬를 만난 기분이었어. 새로운 곡을 할 때마다 조쉬를 더 알게 되었어. ... 그건 너였어 쿠엔틴." 그리고 쿠엔틴에게 마치 아버지처럼, 마치 조쉬에게 말하는 것처럼 조언을 한다. "포기하지 마. ... 포기하는 자는 이길 수 없어." 그리고 샘은 처음 노래를 했던 카페에 혼자 찾아가 마지막 노래를 한다. 자신이 2년 전 6명을 죽인 살인자 조쉬의 아버지라는 것을 밝히는 것과 함께 아들이 미완성곡으로 남긴 노랫말에 자신의 말을 넣어서 말이다.

3. 철학으로 이해하는 후회

후회할 짓을 하지 않는 사람이 가장 바람직한 사람일 것이다. 하지만 과연 그러한 사람이 있을까. 오히려 동일한 일에 대해 깊은 후회를 하는 사람도 있고, 가벼운 후회를 하는 사람도 있고, 심지어 후회를 하지 않는 사람도 있다는 점을 주목할 필요가 있다. 그들의 특징을 대략 살펴보면 다음과 같다. 깊은 후회를 하는 사람은 우선 기억력이 좋고, 사안에서 자신과의 연관성을 찾아내어서 자신이 한 과오의 내용을 세세하게 따지고, 다른 사람들의 감정을 잘 공감하며, 자신에게 냉정하며, 경우에 따라 소심하고 완벽주의자에 가까운 사람이다. 이와 반대로 후회할 만한 짓을 하고도 후회를 별로 하지 않는 사람은 기억력이 좋지 못하며, 사안에서 자신과의 연관성과 자신의 과오를 섬세하게 따지지 않고, 과오의 원인을 외부에서 찾으려 하며, 자신의 행위, 태도에 대해 비판적이지 않고, 다른 사람들에 대한 공감력이 부족하고, 익숙한 것을 당연한 것이라고 생각하기 쉬우며, 자신에게 너그러운 사람이다.

후회는 전통적으로 철학의 주제가 아니었다. 서양 전통철학에서는 이성, 진리, 보편성 등을 중요시했기 때문이다. 후회란 진리로 이끄는 이성에도, 바람직한 덕목에도 해당되지 않으며, 불쾌를 동반하는 주관적인 감정이라고 보는 경향이 짙었다. 후회는 철학보다 신학에서 회개, 속죄, 참회, 고해성사 등과 관련지어 활발하게 논의가 되었다. 그래서 키에르케고르, 셸러와 같은 철학자들도 후회를 논할 때 신학적 의미를 강조하였다. 후회에 대한 주요 철학적 이해를 간략히 살펴보자.

서양 전통철학을 대표하는 아리스토텔레스가 탁월성이라는 관점에서 인간이 추구할 만한 덕목들을 논하는 『니코마코스 윤리학』에서 후회가 자리 잡을 곳은 없다. 다만 그는 자발적인 행위와 비자발적인 행위를 다루면서 후회를 아래와 같이 언급한다. 그에 따르면 자발적인 행위들은 칭찬과 비난이, 비자발적인 행위에 대해서는 용서와 연민이 가능하다. 그는 자발성과 비자발성이 혼란스러운 경우를 상세히 분석하면서 강제와 무지(agnoia)로 인한 것만이 비자발적이라고 말한다.

> "무지로 말미암아 행한 사람들 중 후회하는 사람은 마지못해 비자발적으로 행한 것(akon)으로 보이지만, 후회하지 않는다면, 전자와는 다른 경우이므로 '내켜서 하지 않은 것'(ouch hekon)이라고 해 두자."[4]

이를 해석하면, 무지로 인해 잘못을 행한 사람이 나중에 그러함을 인지하고 고통과 후회를 느끼는 경우, 그는 미리 알았더라면 그런 행위를 하지 않았을 것임을 뜻하고, 이는 비자발적인(비의도적인) 행위에 해당되며, 따라서 용서와 연민의 대상이 된다. 하지만 그러한 자가 고통과 후회도 느끼지 않는다면, 다만 '내켜서 하지 않은 것'이며, 따라서 용서와 연민의 대상이 되지 못한다. 요컨대 후회가 덕은 아니지만, 잘못하고도 후회하지 않는 것보다는 낫다는 뜻이다.

후회에 대한 전통적인 철학적 이해를 잇는 스피노자는 후회를 다음과 같이 정의한다. "후회란 우리들이 정신의 자유로운 결단으로 행하였다고 믿는 어떤 행동의 관념을 동반하는 슬픔이다."[5] 그리고 후회에 대해 단정적으로 말한다.

"후회는 덕이 아니다. 즉 이성에서 생기지 않는다. 오히려 어떤 행위를 후회하는 자는 이중으로 비참하거나 무능하다."[6]

하지만 스피노자가 이성을 강조하고 후회가 이성에서 생기지 않음을 말할 뿐, 후회를 마냥 부정적으로 본 것은 아니다. 그는 위의 인용문 〈정리 54〉 '주석'에서 다음과 같이 말한다.

"인간이 이성의 명령에 따라서 생활하는 일이 드물기 때문에 이들 두 정서, 즉 겸손과 후회 그리고 희망과 공포는 해악보다는 오히려 이익을 가져다 준다."[7]

후회에 대한 이러한 주지주의적 이해(Intellectualism)는 몇몇 철학자들에 의해 비판된다. 쇼펜하우어는 이성이 세계에 대한 인식의 근원이라는 이성주의를 부정하고 이성으로 파악된 세계는 표상의 세계에 불과하다며 주의주의(Voluntarism)의 입장을 표명한다. 그에 따르면 세계의 본질은 생에 대한 불변적이고도 맹목적인 의지이다. 그리고 그는 말한다.

"후회는 의지의 변화(불가능한 일이지만)에서 생겨나는 것이 아니라 인식의 변화에서 생기는 것이다. (....) 나는 내가 의욕한 것을 결코 후회할 수 없지만, 내가 한 일은 후회할 수 있다. 내가 그릇된 개념에 인도되어 내 의지에 따르는 것과는 다른 일을 했기 때문이다."[8]

즉 후회가 발생하는 이유는 과거의 의욕과 다른 의욕이 생긴 것 때문이 아니라 의욕을 실행하는 데 필요한 인식의 잘못, 지성의 결함 때문이라는 것이다. 쇼펜하우어에 따르면, 후회는 의지와 의지를 수행하는 행위의 불일치에 대한 시정된 인식이다.

후회를 가장 긍정적으로 본 철학자는 키에르케고르이다. 교회 비판자이자 실존주의의 선구자인 그는 『이것이냐 저것이냐』에서 심미적 선택을 부정하고, 선택이란 본질적으로 윤리적이며, 궁극적으로 자기자신을 선택하는 것이 절대적 선택이라고 말한다. 하지만 이 선택은 절대적인 고립이어서 고통스러운 것인데, 이러한 싸움의 표현이 바로 후회라고 하였다.

> "인간이 자신의 선택에 있어서 자신을 떠맡고 자신에게 옷을 입히고 자신을 완전히 침투시켜서, 그 결과로 모든 운동이 자신의 책임이라는 의식이 수반될 때, 비로소 그는 자신을 윤리적으로 선택한 셈이 되고, 그때야 비로소 자신을 뉘우친 셈이 되고 그때야 비로소 그는 구체적이 되고, 그때야 비로소 자신의 전적인 고립 속에서 그가 속하고 있는 현실과의 절대적인 지속성 속에 있게 된다."[9]

그는 특히 후회의 신학적 가치를 강조하는데, 인간이 하느님을 사랑함을 표현하는 용어로는 오직 '후회'라는 낱말만 있을 뿐이며, 후회는 하느님이 준 단 하나의 은총이라고 하였다.[10]

철학에서 후회에 대한 중요한 논저 중 하나는 셸러의 〈후회와 재

탄생(거듭남)〉이다. 셸러는 당시 철학이 후회를 “단지 부정적이고 동시에 가장 비경제적이며 쓸데없는 활동, 즉 잡다한 종류의 미망, 무사고력 또는 질병으로 퇴행하는 영혼의 부조화라고 보는 데 익숙해 있다”[11]고 비판한다. 그리고 양심의 활동이라는 관점에서 후회에 대해 다음과 같이 말한다.

> “후회는 영혼의 무익한 짐도 자기기만도 아니며, 영혼의 부조화를 보여주는 한갓 증상도, 지나간 과거, 바꿀 수 없는 과거에 대항하는 우리 영혼의 어리석은 충동도 아니다. 그 반대로 후회는 도덕적 관점에서 보면 영혼의 자기치유의 형식이며, 나아가 영혼이 잃어버린 힘을 다시 얻는 유일한 길이다. 더 나아가 종교적으로 보면, 신으로부터 영혼이 멀어질 때 후회는 다시 신에게 돌아갈 수 있도록 하는 신이 영혼에게 양도한 자연적인 힘이다.”[12]

셸러의 진단에 따르면, 후회에 대한 부정적인 견해는 인간의 정신적 삶의 내적 구조연관(Strukturzusammenhang)에 대한 오해에 기인한다. 그는 보복, 두려움, 숙취 등의 관점에서 후회를 규정하는 이론들의 한계들을 비판한다. 그리고 후회가 지닌 도덕적 가치를 보여주기 위해 기억, 양심 등 후회의 의미구조를 시간이라는 삶의 흐름에서의 체험이라는 관점에서 가치현상학과 종교현상학적 관점에서 풀어낸다. 셸러에 따르면 고해성사란 후회되는 자신의 행위를 고백함으로써 신으로부터 용서를 받아 자신과 신 사이의 신앙적 관계를 복원하는 것을 뜻한다. 이런 의미에서 그는 후회를 궁극적으로 “우리의 도덕적 행위들의 마지막 뿌리로, 〈재탄생(거듭남)〉으로"[13] 이끄는 동인이라고 말한다.

4. 〈러덜리스〉에 나타난 후회의 의미

앞 장에서 개괄한 후회에 대한 철학적 이해를 바탕으로 〈러덜리스〉에 나타난 후회와 관련된 내용과 그 의미를 풀어보자.

1) 아들 외면하기, 후회와 주체성

샘은 좋은 일이 있으면 아들과 함께 나누고 싶어 하는 나름 좋은 아버지였다. 하지만 아들 조쉬는 총기로 6명의 학생들을 살해한다. 아들이 왜 그랬는지 도대체 이해할 수 없었을 뿐만 아니라, 아버지와 아들의 관계에서도 자신이 무엇을 잘못했는지 이해할 수 없었다. 그래서 〈플롯 1〉에서는 후회가 등장하지 않는다.

후회는 자신이 한 일에 대해서만 적용된다. 자신이 하지 않은 일, 예컨대 나치가 자행한 홀로코스트, 4.16 세월호 참사 등에 대해서는 사건에 대한 유감, 인간에 대한 실망감 등을 나타낼 수 있어도, 후회할 수는 없다. 요컨대 '후회하다'는 자신의 과거 행위, 태도 등을 대상으로 하는, 주어와 목적어가 동일자를 지칭하는 재귀동사이다. 총기 살해는 샘이 한 행위가 아니므로 샘이 후회할 게 없다. 그래서 아들의 행위에 대해 샘은 후회가 아니라 자괴감을 느껴 자포자기 상태에서 남루한 삶의 방식을 택하게 된다.

그런데 자신이 한 일이라고 할지라도 모두 후회의 대상이 되는 것은 아니다. 후회는 자발적 선택에 의한 행위에 대해서만 가능하다. 후회는 흔히 '내가 ... 했더라면 ... 했을 텐데'로 표현되는데, 이를 '사후가정사고(반사실적 사고, counterfactual thinking)'라고 표현한다. 이는 과거 자신의 행위에 대한 다른 선택 가능성을 말한다. 다른 선택 가능성이 없었던 일에 대해서는 유감, 무력감, 미안함 등이 나타날 뿐 후회가 발생하지 않는다. 고속도로에서 자동차 주행 중에 동물이 갑자기 뛰어 들어와 피할 수 없어 치여 죽임 등 자신이 달리 행위 할 가능성이 없었던 것에 대해서는 후회가 적용되지 않는다.

후회는 자신의 과오와 관련된 일, 자신이 자발적으로 선택한 일에 대해서만 가능하다는 점에서 후회를 회피하는 사람은 그 불편한 사건이 자신과는 무관하다고, 어쩔 수 없는 일이라고, 자신이 의도하지 않았다고 변명하는 일이 흔하다.

요컨대 후회는 자유의지를 지닌 존재에서만 나타난다. 후회는 불편한 사건에 대해 자신이 연루되어 있음과 자신의 행위에 있어서 다른 선택 가능성 및 그 우월성에 대한 인식에서 비롯된다. 후회는 그 내용들에 대한 인식과 자신의 잘못에 대한 인정, 자기고백을 뜻하며 자발적이고, 따라서 독자적인 자기회복의 시작이다. '내가 ... 했더라면 ... 했을 텐데'는 후회되는 짓을 했을 때 떠올리지 못한 다른 행위의 가능성과 더 나은 가상현실에 대한 깨달음을 말하기 때문이다. 후회는 변명이 더 이상 통하지 않을 때 시작한다. 후회는 변명과 핑계가 다른 사람에게는 통할 수 있어도 자신에게는 통하지 않는다는 것을 자인함을 나타낸다. 자기 자신을 속일 수 없기 때문이다. 그래서 후회는 자기기만을 하지 않음과 자신에게 솔직함의 징표이다.

후회로 인해 깊은 고통을 받고 있는 사람에게 '앞으로 그러지 않으면 돼'라는 조언은 후회란 과거의 행위에 대한 심판관이자, 미래의 행위에 대한 감독관임을 말해준다. 즉 변화 가능성이 있을 때 후회는 자신의 미래와 약속을 하는 계기이다. 그러나 샘에게는 그러지 않을 기회가 더 이상 없다. 아들이 6명을 살해한 것은 바꿀 수 없는 과거 사실이며, 또한 아들마저 죽었으므로, 샘에게는 변경·만회·복원 가능성이 더 이상 없어서 좌절감, 자괴감, 무기력감에 빠져 헤어나지 못하고 있는 상태인 것이다. 샘은 자신이 할 수 있는 것은 이 사건을 잊어버리고, 아들을 자신의 삶에서 지우는 일뿐이라고 생각한 것이다.

2) 아들 마주하기, 후회와 타자

아버지 입장에서도 샘에게는 후회가 아직 발생하지 않았다. 나름 좋은 아버지 역할을 하려 했던 자신이 아들에게 어떤 잘못을 했는지 알지 못하는 상태였기 때문이다. 즉 후회를 한다는 것은 사건의 전모와 그 속에서 자신의 잘못이 어떤 의미인지 그 내용을 파악할 수 있음을 뜻한다.

우연한 기회로 아들이 작업했던 노래들을 들으면서 샘은 아들과 함께 노래했던 예전의 기억을 떠올리기 시작한다. 샘이 처음 따라 부르는 아들의 만든 곡 'Home'에서 "멀리 떠나갈수록 더 깨달을수록 집으로 가고 싶네."라는 노랫말을 읽고 아들이 가족을, 아버지를 그리워하고 있음을 알게 된다. 여기에서 '집'은 화목한 가정, 부모의 따뜻한 손길뿐만 아니라, 조쉬가 떠나지 말아야 할 자기다움으로도 이해된다. 그리고 조쉬가 왜 그런 일을 벌였는지 이해하지는 못하지만, 아버지로서의 도리를 조금만 더 잘 했더라면 하는 후회를 하기 시작한다.

그런데 어떤 사건에 대한 사실 판단만으로는 후회가 발생하지 않는다. 후회는 자신의 행위가 좋지 못하다는 도덕/가치 판단에 의해서 발생한다. 아파트 값이 급상승한 후 몇 년 전 집을 살 기회를 놓친 것을 후회하는 경우는 물질적 가치 때문이다. 친구의 돈을 갚지 않은 사실에 대해 후회하는 것이 아니라, 친구에게 빚을 갚지 않은 것은 좋지 못한 행위라는 도덕 판단으로 인해 후회한다. 아파트를 구매하지 못한 경우는 자신에게 물질적 손해가 발생하지만, 친구에게 빚을 진 경우는 타인에게 피해를 끼치는 도덕적 문제가 발생한다는 차이가 있다. 그 도덕적 판단의 주체는 바로 자신이다.

후회하는 과정에는 일반적으로 자신의 과거 행위만이 아니라 그 행위와 연관된 타자가 함께 등장한다. 친구에게 빚을 갚지 않은 것에 대한 후회 과정에서는 자신도 어려우면서도 나의 부탁을 차마 거절할 수 없어 돈을 빌려줄 때 친구의 모습, 현재 실망하고 분노하는 친구의 목소리, 그 아내의 넋 놓은 시선, 이유도 모른 채 학원을 그만 두고 놀이터에서 혼자 노는 그 자식의 모습이 떠오른다. 시계를 잃어버린 실수에 대한 후회는 오래 지속되지 않는다. 후회가 지속되는 이유는 시계를 선물하실 때 아버지의 주름진 얼굴이 함께 떠오르기 때문이다. 후회가 지속되고 고통스러운 이유는 특히 타자의 감정에 대한 공감 때문이다. 과거 자신의 잘못된 행위의 모습, 그로 인해 슬퍼하는, 애처로운, 분노하는 등 타자의 모습이 눈에 보이는 것 같은 느낌이 후회의 특징이다.

샘은 아들에게 조금씩 다가가면서 조쉬가 느꼈을 외로움, 자신이 정신적으로 병들어가는 것에 대한 자괴감, 가족과 아버지에 대한 그리움을 공감하기 시작한다. 아들이 은밀하게 보냈을지 모를 도움을 구하는 떨리는 눈길, 목소리를 감지하지 못한 자신을 탓한다. 그리고 아들의 노래를, 살인자의 노래를 불렀다는 이유로 인해 쿠엔틴과 이별한 후 샘은 처음으로 아들의 묘지를 찾아간다. 하지만 아내가 피해자들의 가족을 찾아가 사죄를 할 것을 제안할 때 그는 거절한다. 비록 아들의 살해를 사실로 인정하더라도 피해자 가족에 대해 사죄할 내용을 충실히 갖고 있지 못했던 것이다. 사죄란 사실연관만이 아니라 의미/가치/감정의 연관들에 대한 충실한 이해를 전제로 하기 때문이다. 그런데 아들에 대한 공감이 피해자들로 나아가면서 그동안 시치미 뗐던 자신의 시선을 돌리게 하고, 그 파장이 이러한 연관들에 도달하자, 샘은 희생자들을 기리는 헌정비를 찾아가 통곡을 하며 사죄를 한다. 이때서야 피해자, 그리고 피해자의 가족들의 감정을 비로소 공감하였기 때문이다.

이처럼 후회는 자신이 타자들과 엮어 있음을 자인하는 증거이다. 후회는 감정과 함께 드러나는 타자들과의 윤리적 관계에 대한 인식이자, 그들에 대한 책임의식의 표명이다.

3) 아버지 되기, 후회의 지향성과 인간 존재

밴드 활동이라는 몽환에서 깨어나 다시 혼자가 된 샘은 처음 노래 불렀던 카페 무대에 담담히 올라간다. 그리고 자신의 나신을 드러내듯 말한다.

"제 아들 이름은 조쉬 매닝이었습니다. 2년 전 6명을 총으로 쏴 죽였죠. 이것은 제 아들의 노래입니다."

이것은 그 사건 이후 샘의 정체성을 확인하고 드러낼 수 있는 유일한 이름이다. 이것은 그 사건에 결박되어 있는 자신의 실존으로부터 도주하지 않겠다는 천명이자, 바로 키에르케고르가 말하는 자기 자신의 선택이다. 그리고 조쉬의 미완성 노래에 비로소 아버지로서 자식에게 말을 건네는 내용을 덧붙여 노래 부른다. 노랫말이 참으로 애절하고, 인간이 후회하며 산다는 게, 불완전한 인간이 다른 사람들과 더불어 살아내야 한다는 게 얼마나 처절한지 가슴에 와 닿는다.

〈Sing Along - Billy Crudup〉

자기 감옥에 갇혀 곱씹고만 있지 // 눈부신 빛에 붙들렸니 눈을 돌려

내 마음을 모르겠어 내 생각을 모르겠어 // 내 말은 전부 **거짓말**이야 눈을 돌려

조심스럽게 발을 내딛어 숨을 들이쉬고 별을 세어봐 // 세상은 너 없이 돌아가라지

어딘가에 이 노랠 듣고 있다면 같이 불러다오

눈을 감고 열을 세어봐 어쩌면 **사랑**만이 답일지 몰라

> 너의 노랠 부를 길을 찾을 테니 같이 불러다오 // **도와줘 내가 이해하도록 그 침묵을**
>
> 우리는 최선을 다할 뿐이야 모든 것들에 // 모든 것이 바뀌었지 불이 켜진 뒤에는
>
> **솔직함**이 우릴 바꾸네 송두리째 (...) // 내 아들아 내 아들아 내 아들아 내 아들아

조쉬가 왜 그토록 끔찍한 짓을 저질렀는지 샘이 이해할 수는 없다. 하지만 아들이 자기 감옥에 갇혀 있었으나, 그곳에서 나올 수 있도록 도와주지 못했던 것을 후회한다. 그리고 아들이 왜 그랬던지 이해할 수 있도록 오히려 도와달라고 한다. 그리고 이해할 수 없을지라도 그 답은 사랑이라며 아들을 목 놓아 부른다.

후회로 힘들어 하는 사람에게 '잊어버려라'고 조언을 하지만, 후회를 하지 않을 수는 있어도, 잊기는 어렵다. 신체의 통증을 의지만으로 없애는 것과 마찬가지로 어렵다. 후회를 잊기 위해서는 후회를 떠올려야만 하며, '나는 내가 무언가 의식한다는 것을 의식하지 않을 것이다'가 불가능한 것처럼 말이다. 후회는 자신의 의지만으로 제어할 수 없는 의식 내의 현상이기 때문이다.

〈러덜리시〉에 대해 후회의 관점에서 분석하는 이 글이 궁극적으로 대답해야 할 것은 '후회해 봐야 소용이 없지 않느냐?' 하는 물음이다. 후회의 가장 좋은 방법은 잘못된 행위의 빠른 수정이다. 그래서 후회되는 행위와 관련해서 당사자에 대한 사과, 만회 등은 진정성을 갖추어야 하며 늑장부리지 말아야 한다. 후회의 긍정성은 변경·만회·복

원에 대한 지향성에 있다. 그런데 문제는 자신의 잘못과 관련된 사람이 이미 세상에 존재하지 않아 후회를 하여도 실질적으로 만회할 수 없는, 후회가 지향하는 바가 실질적으로 충족될 수 없는 경우가 있다는 인간의 한계이다.

하지만 실질적으로 충족되지 않는다고 해서 후회의 지향성이 무의미한 것이 아니다. 의미 지향성은 실질적인 것을 조건으로 삼지 않는다. 세상을 떠난 부모가 제삿밥을 실제로 드실 수 없다고 해서 자식이 제사상을 차리는 것이 무의미한 것은 아닌 것처럼 말이다. 앞에서 '내가 … 했더라면 … 했을 텐데'가 다른 선택 가능성과 더 나은 가상현실에 대한 깨달음이라고 말한 바 있다. 이때 더 나은 가상현실에 대한 깨달음이란 행위 당시에는 하지 못했던 새로운 의미 체험을 말한다. 의미 체험은 현실성이 아니라 현실 가능성을 기반으로 한다.

〈러덜리스〉에서 죽은 아들의 미완성곡에 노랫말에 덧붙여 아들과의 상상적 대화를 나누는 것은 물리적 시간의 한계를 넘어서는 후회의 의미 지향성을 말한다. 의미 지향성은 단선적이 아니며, 의미는 홀로 있는 것이 아니다. 의미는 다양한 연관 속에서 비로소 자신을 드러낸다. 샘이 조쉬에게 말을 건네는 "Sing Along"에서는 점점 자신을 잃어가는, 탈자아 되어가는 아들의 어두움, 고립감, 대상없는 분노 등을 아직도 이해하지 못하는 아버지로서의 슬픔, 사회적 성공만을 삶의 목표로 삼아 아들을 홀로 두고서도 아버지의 도리를 다 하고 있다는 착각, 사건 후 자신의 마음속에서 아들을 지우고자 줄행랑 쳤던 부덕(不德)에 대해 모두 "거짓말"이라며 아들에 대한 미안함과 자책감을 고백한다. 그리고 아들로 인한 희생자와 그 가족들에 대한 미안함, 용서 받지 못할 죄인일지라도 아들과 함께 손가락질을 받고자 하는 참회, 그리고 후회 통해 "솔직함"으로써 송두리째 바뀐 자신이 이제부터 아들을 자신의 삶에 보듬고 살아가려는 삶의 의지 등 후회가 지닌 다양한 의미연관이 해명된다.

변경·만회·복원 가능성이 없는 후회는 처음에 자괴감, 좌절감으로 나타난다. 하지만 비록 동일한 상황이 더 이상 발생하지는 않을지라도 유사 상황에서라도 스스로 칭찬할 만한 행위를 계속한다면 후회의 무게는 조금씩 덜어질 수 있다. 빚을 갚을 당사자가 사라졌을 때 후회는 미래와 슬픈 약속이 된다. 빚 갚음의 상대자가 당사자가 아니라는 것은 빚 갚음이 다른 타자에 대해 은혜로 전환될 수 있음을 뜻한다. 샘은 자신을 따르는 쿠엔틴에게 여자 친구를 사귀는 조언도 하고 큰 무대를 장식할 마지막 곡으로 쿠엔틴이 작사작곡한 노래를 하자며 용기를 북돋운다. 그리고 살인자의 노래를 할 수 없다며 쿠엔틴이 음악과 절연을 선언했을 때, 기타를 선물하며 포기하지 말라고 마지막 조언을 한다. "젊은 인생 하나 또 망치긴 싫어."라는 샘의 말은 동일한 실수를 반복하지 말아야 한다는 공자 말씀의 실천이다. 아들과 쿠엔틴이 겹쳐 보였기 때문이기도 하지만, 더 이상 갚을 수 없는 아들에 대한 빚이 쿠엔틴에 대한 은혜로, 미안함이 고마움으로 변하는 의미론적 전환이기도 하다.

후회의 대상은 과거 어떤 행위이고, 후회의 주체는 현재의 반성적인 자신이라는 생각은 표피적인 이해이다. 쇼펜하우어에 따르면 깊은 후회의 말은 "내가 무엇을 했단 말인가!"가 아니라, 오히려 "그런 일을 할 수 있었던 나는 도대체 어떤 인간이란 말인가!"[14]이다. 즉 자기 존재에 대한 물음으로서의 후회이다. 후회는 현재가 과거 및 미래와 단절되지 않는 연장을 가진 것임을 온몸으로 느끼게 하는 감정적 증거이다. 현재란 그것을 가능하게 한 앞과 그것에 바탕을 둔 뒤의 연관성 속에서만 가능하며, 그렇지 않은 것은 앞뒤와 무관한 시점, 주체가 사라진 케이스, 경우에 불과하다. 후회는 삶에 대한 책임의 주체로서 현재의 자신이 과거의 자신을 마주하면서 삶의 연속성 속에서 하나의 전체로서의 인격체로 복원되는 계기이다. 후회는 찰라마다 퇴락되고 매번 순간에 머무는 분절된 수많은 자아들이 삶의 흐름 속에서 비로소 현재의 자신으로 귀속되게 한다. 이러한 의미에서 후회는 자기망각으로부터의 탈주이자, 과거-현재-미래라는 도정 속의 존재로서 자기책임에 대한 물음이다.

후회는 자신이 어떻게 살아왔는가를 넘어, 남은 생은 또 어떻게 살아갈 것인가에 대해 자기 존재에게 던지는 물음이다. 나는 앞으로 어떻게 살 것이라는 미래에 대한 기획, 각오는 도대체 어디에서 기인하여 단단해질까? 여기에 후회를 빼놓을 수는 없을 것이다. 후회는 인간이 시간적 제한을 지닌 존재임을 인식하면서, 죽음을 미리 체험하는 계기이다. 아직까지 갚지 못한 빚, 영원히 다 갚을 수는 없을지라도 조금은 더 갚을 수 있을지 모른다는 빚에 대한 불안은 아직은 후회를 내려놓아서는 안 된다는 스스로에게 내리는 엄명과 함께 죽음을 선제적으로 인수하면서 자신의 존재 가능성을 연다.

5. 결어: 후회와 인격 교육

이제까지 우리는 영화 〈러덜리스〉를 대상으로 과거 자신의 과오에 대한 불쾌한 감정으로서의 후회에서 출발하여 타자와 엮긴 인간의 삶, 시간 속의 인격성, 자기 존재에 대한 후회의 의미라는 종착점으로 달려왔다. 후회를 경험하지 않은 사람은 없겠지만, 〈러덜리스〉의 샘처럼 깊은 후회로 신음하는 사람이 많지는 않을 것 같다. 샘의 경우가 특별하며, 깊이 후회할 정도의 큰 과오를 저지르는 사람이 일반적이지는 않기 때문이다. 한편 일반적인 수준의 과오에 대해서는 후회를 피할 수 있는 나름의 방어책, 변명거리를 어렵지 않게 발견할 수 있는 것이 현대 정보사회의 특징인 것 같다.

교육학적, 심리학적 관점에서 후회를 긍정적으로 보지 않는 것은 어느 정도 일리가 있다. 자칫 하면 겨우 달랜 상처가 후회 과정에서 덧날 수 있기 때문이다. 그래서 후회의 기회는 가볍지 않은 공적인 과오에 대한 일종의 처벌로서, 예컨대 학교에서 반성문, 직장에서 시말서, 법원에서는 반성문(예: 음주운전 반성문) 제출 등 제한적으로 활용된다. 하지만 자율성이 담보되지 않는 후회가 기대에 얼마나 부응할지는 의문이다. 한편 후회를 지원자의 삶, 체험과 관련지어 인격, 인성을 알아보고자 하는 사례도 있다. 예컨대 대학 입학, 취업 등에서 요구하는 자기소개서에서 좌절, 실패, 위기 및 그 극복 사례, 버킷 리스트 등의 항목은 부정적인 체험에 대한 후회가 한 사람의 인격 성장에 도움이 된다는 판단에 기초하고 있다.

효율성을 강조하는 현대 학문은 후회의 부정성, 특히 우울감이나 자신감 저하 등의 역효과를 방지하는 데 주목하여 왔다. 하지만 과거의 과오에 대한 후회가 미래에 대한 희망을 줄일 수 있다는 시각과 반대로, 후회를 내려놓은 채 더 잘 하려고 노력하면 할수록 과거의 잘못이 자신의 내면을 더 괴롭힌다고 셸러는 말한다. 그래서 그는 "후회하지 말고, 잘 하라"가 아니라, "후회하라! 그럼으로써 더 잘 하라"가 맞는 조언이라고 말한다.[15] 어두운 과거의 진실을 밝히기 위한 '과거사 정리위원회' 등에서 추구하는 진실·화해는, 예컨대 광주민주화운동에서 시민을 학살하는 데 기여했던 군인들의 고백은 오직 후회에 의해서만 출발할 수 있다.

후회와 대립되는 것은 자기만족이다. 스피노자는 이 둘에 대해 다음과 같이 대비한다. "후회는 원인으로서 자기 자신의 관념을 동반하는 슬픔이며, 자기만족은 원인으로서 자기 자신의 관념을 동반하는 기쁨이다."[16] 어떤 사건에 관련하여 자신의 부정적인 행위에 대한 표상에 비롯되는 것이 후회의 슬픔이고, 긍정적인 행위에 대한 표상에 비롯되는 것이 자기만족의 기쁨이라는 뜻이다. 후회의 위험성을 주목하는 사람들은 자기만족이 자신감을 강화한다는 점에서 더 좋은 효과를 낳을 것이라고 기대할 것이다. 하지만 후회가 지나치면 위험하듯, 자기만족이 지나쳐도 자만감, 자기도취, 자기중심적 사고 등의 문제를 낳을 수 있다. 즉 후회와 자기만족은 각각 그 대상이 다를 뿐, 즉 해당 행위가 긍정적이냐 부정적이냐가 다를 뿐, 둘 다 지나치면 위험한 것이지, 후회와 자기만족 자체가 긍정적 또는 부정적이라고 말하는 것은 무리이다.

후회를 부정적으로 보는 고정관점에서 벗어나서 후회의 의미를 새롭게 고찰하고 적용할 수 있는 영역에는 몇 가지가 있다. 첫째, 철학 상담치료이다. 여기에서는 상황 평가와 가치판단, 자기인식과 자기실현, 현명한 삶의 기술 등과 영혼의 치유, 자기정체성, 의미지향성 등을 중요한 요소로 보고 있기 때문이다.[17] 후회를 철학 상담치료에 구체적으로 활용하는 '미래 관점에서 후회하기' 등이 있지만, 여기에서도 후회하지 않을 미래 추구에 한정해서 후회를 적용한다는 점에서 아쉬움이 남는다. 후회의 중요한 기능은 여러 감정들과 함께 드러나는 '자기 직면하기'이다. 따라서 철학 상담치료에서도 인간의 본성에서 배제할 수 없는 감정에 대해 더 다가가 로고스, 파토스, 에토스가 혼합되고 자아와 직결된 후회, 수치심, 자존감 등을 연구할 필요가 있다.

둘째, 인성/인격 교육이다. 현재 국내 교육계에서 강한 담론 중 하나가 인성/인격 교육이다. 인격과 관련해서 슈패만의 견해를 주목할 필요가 있다. 그는 "인격의 연속성", "통일된 자아"를 강조하면서 다음과 같은 물음을 던진다.

> "자신의 이전의 약속 위반을 후회하지 않고, 이번에는 약속을 지킬 것이라고만 우리에게 약속하는 사람의 약속을 우리가 진지하게 받아들일 것인가?"[18]

즉 어떤 과오를 저지른 사람이 말하는 '앞으로는 잘 하겠다'는 약속, 의지에 대해, 자기 자신이든 타인이든, 신뢰할 수 있기 위해서는 후회가 필요하다는 것이다. 또한 그는 도덕성도 자신을 스스로 대상화하는 능력 때문에 비로소 가능하다고 말한다. 후회는 바로 그러한 능력 중 하나이다. 후회는 자신의 불편한 과오를 초점으로 자신을 대상화함으로써 인격의 연속성과 도덕성을 갖추는 계기라는 점에서 인성/인격 교육에 있어서 후회에 대한 기존의 고정관념을 벗어나 후회의 본질적 의미에 더 다가갈 필요가 있다.

주석

1 공자, 『논어』, 김석원 옮김, 술이편 10장, 혜원출판사, 1994, 146쪽.

2 아리스토텔레스, 『니코마코스 윤리학』, 강상진·김재홍·이창우 옮김, 도서출판 길, 2011, 3권 등.

3 공자, 『논어』, 옹야편, 2장, 117쪽.

4 아리스토텔레스, 『니코마코스 윤리학』, 3권 1장, 1110b, 82쪽.

5 B. 스피노자, 『에티카』, 강영계 옮김, 제3부 정서의 정의 27, 서광사, 1990, 195쪽.

6 B. 스피노자, 『에티카』, 제4부 〈정리 54〉, 255쪽. 여기에서 "이중적으로"라고 한 이유는 "후회하는 자는 처음에는 사악한 욕망에 그 다음은 슬픔에 의하여 정복되기 때문"이라고 설명한다.

7 위와 같은 곳.

8 아르투어 쇼펜하우어, 『의지와 표상으로서의 세계』, 홍성광 옮김, 을유문화사, 2009, 493쪽.

9 키에르케고르, 『이것이냐 저것이냐』, 제2부 하, 임춘갑 옮김, 종로서적, 1981, 152-153쪽.

10 키에르케고르, 위의 글, 101, 103, 136쪽 등.

11 M. Scheler, "Reue und Wiedergeburt", Vom ewigen im Menschen, Ges. Werke 5. Bern. 1954. S. 29~30.

12 M. Scheler, "Reue und Wiedergeburt", S. 33.

13 M. Scheler, "Reue und Wiedergeburt", S. 41.

14 재인용: M. Scheler, "Reue und Wiedergeburt", S. 40.

15 M. Scheler, "Reue und Wiedergeburt", S.49~50.

16 B. 스피노자, 『에티카』, 강영계 옮김, 제3부 정리 51, 서광사, 1990, 177쪽.

17 참조: 다그마르 펜너, 『철학상담치료와 심리치료, 무엇이 다른가?』, 김성진 옮김, 서광사, 2017, 80-95쪽; 김석수 외, 『왜 철학상담인가』, 학이시습, 2012.

18 로베르트 슈패만, 『왜 인격들에 대해 말하는가』, 박종대 외 옮김, 서광사, 2019, 334쪽.

참고문헌

공자, 『논어』, 김석원 옮김, 술이편 10장, 혜원출판사, 1994.

김석수 외, 『왜 철학상담인가』, 학이시습, 2012.

김선희, 「철학적 사고실험을 적용한 상담사례 분석」, 『철학연구』 No.97, 2012, 171-204쪽.

쇼펜하우어, A., 『의지와 표상으로서의 세계』, 홍성광 옮김, 을유문화사, 2009.

슈패만, 로베르트, 『왜 인격들에 대해 말하는가』, 박종대 외 옮김, 서광사, 2019.

스피노자, B., 『에티카』, 강영계 옮김, 제3부 정서의 정의 27, 서광사, 1990.

아리스토텔레스, 『니코마코스 윤리학』, 강상진/김재홍/이창우 옮김, 도서출판 길, 2011.

키에르케고르, S. A., 『이것이냐 저것이냐』, 제2부 하, 임춘갑 옮김, 종로서적, 1981.

패롯, L., 『후회의 심리학』, SFC출판부, 2005.

펜너, 다그마르, 『철학상담치료와 심리치료, 무엇이 다른가?』, 김성진 옮김, 서광사, 2017.

Scheler, M., "Reue und Wiedergeburt", Vom ewigen im Menschen, Ges. Werke 5. Bern. 1954.

영화 '러덜리스 Rudderless', 감독: 윌리암 H. 머시, 주연: 빌피 크루덥, 2014년.

https://www.youtube.com/watch?v=WLpoRg4s9MY&t=2453s

2부

영화로 읽기

영화 속 공간 읽기*

- 영화 〈다우트(Doubt)〉 -

—

김중철

1. 들어가는 말

서사 텍스트에서 공간은 일차적으로는 사건이 전개되는 장소이다. 인물들의 행위가 펼쳐지고 이야기가 전개되는 무대를 말한다. 그러나 주지하듯 서사 공간은 물리적 구획이나 사건의 배경 혹은 무대라는 부수적 차원에 그치지 않는다. 공간은 인물의 존재를 드러내고 인물과 세계 사이의 관계를 보여주며 사건의 성격을 암시하기도 한다. 공간 그 자체가 이야기 전체를 축약하기도 한다는 것이다. 그런 점에서 서사 공간은 "다양한 의미를 지니는 것이며 주제이고, 심지어는 작품의 존재 이유가"[1] 되기도 한다. 이때 공간은 "사람과 사물의 배열

* 이 글은 김중철, "영화 다우트(Doubt)의 서사 공간 분석", 『대중서사연구』 23권 1호, 대중서사학회, 2017을 수정·변형한 것이다.

로 구성된 물리적 형상물이면서 관계의 틀을 담은 채 사람들의 의식을 형성하고 규율하는 의미체"[2]가 된다. 따라서 서사 공간 분석은 텍스트 해석과 의미 추출에 있어 주요한 방식을 제공한다. 물론 여기서 공간이란 기하학적으로 한정되는 물적·영토적 구역만이 아니라 그 내부를 구성하는 요소들, 예컨대 소품이나 사물들을 포함하는 것이며 그것들의 배열·배치와 그 역학적 관계들까지 아우르는 개념이다. 그런 점에서 공간에 대한 다음의 언급은 서사 텍스트 분석 차원에서도 그대로 적용된다.

> "공간이 고정되고 불변하는 위치를 가진 그 무엇이 아니라고 할 때, 공간에 대한 이해는 그 공간이 어떻게 작용하고 어떻게 이용되고 있으며, 그 공간이 무엇과 연관되어 관계성을 이루고 있는지가 중요한 질문으로 떠오르게 된다."[3]

이를 전제로 하면서 영화 〈다우트〉[4]에서 공간이 차지하는 역할과 의미를 살펴보고자 한다. 이 작품에서 공간은 어떻게 영화적 메시지를 구축하면서 서사적 기능을 수행하고 있는지를 살펴보려는 것이다. 이 영화에 주목하게 되는 것은 서사적 배경과 소재가 비교적 한정되어 있다는 점에서이다. 성 니콜라스 교구 학교라는 특정한 공간과 그리 길지 않은 시간 동안에 일어난 사건을 담고 있기 때문이다. 제한된 시공간의 설정은 그만큼 그 요소들의 긴요한 활용과 의미를 추론해보게 한다. 또한 영화의 서사를 끌고 가는 인물 역시 플린 신부, 알로이셔스 수녀, 제임스 수녀 정도로 압축할 수 있을 정도다. 한정된 시간과

공간 속에서 몇 명의 인물들이 펼치는 이야기라 할 만하다.[5]

이에 이 글에서는 영화 〈다우트〉가 비교적 한정된 시공간과 상황 중심의 이야기임에도 시종 서사적 긴장과 흥미를 자아내는 이유를 서사 내 공간적 측면에서 접근해보려는 것이다. 이 작품에 대한 기존의 논의들은 대체로 주제적 측면에 대한 비평적 해설들이 지배적이며 작품의 완성도와 관련해서는 배우들의 뛰어난 연기력을 공통적으로 이야기한다.[6] 그러나 이 글에서는 영화 〈다우트〉의 서사 전개에 있어 인물들의 행동과 정황이 그들이 놓이는 공간 내 위치나 공간적 요소들과 결부되면서 영화적 메시지를 구축한다는 사실에 주목하고자 한다. 영화 속 공간이나 그 내부 사물들의 구도 혹은 배치가 어떻게 인물들의 성격이나 역할을 드러내고 그 정체성을 보여주는지, 그리고 인물 간 갈등과 대립에 어떻게 대응하며 결부되고 있는지에 초점을 둘 것이다.

2. 영화 〈다우트〉와 공간 문제

영화 〈다우트〉는 제목이 보여주는 대로 '의심'에 관한 이야기다. 인간이 가질 수 있는 의심과 편견의 문제에 대해 통찰하면서, 한편으로는 타인의 관점이나 의견을 배제하는 자신만의 '확신'이 휘두르는 폭력에 대해 신랄히 보여주는 작품이기도 하다.

영화는 1964년 성 니콜라스 교구 학교를 배경으로 교장 알로이셔스 수녀와 플린 신부 사이의 의심과 불신에 관한 이야기다.[7] 교리와 규율과 원칙을 철저하게 준수하는 엄격하고 냉정한 교장수녀는 자유분방하고 개방적이며 활달한 플린 신부의 행동에 불만과 반감을 품고 있다가 신부가 부도덕한 추행을 저질렀다는 확신을 갖는다. 구체적인 근거는 없고 정황상의 의심에서 비롯된 것이지만 그녀의 확신은 조금의 흔들림도 없다. 그녀는 자신의 오랜 연륜과 경험에서 오는 직관과 판단을 믿는다. 플린 신부는 완강히 자신의 무죄를 주장하며 스스로를 변호하지만 조금도 물러서지 않는 교장수녀의 확신 앞에서 결국 성 니콜라스 교구를 떠나게 된다는 것이 영화의 내용이다.

영화는 외형상 "가톨릭 교회 내부에서 작동하는 신부와 수녀 사이의 미묘한 권력관계를"[8] 보여준다. 개인의 적의가 타인을 파멸로 내모는 과정을 미스터리 형식에 담아 시종 긴장감 있게 전개된다. 영화는 말미에 교장수녀 자신 그동안 철저히 지니고 있던 확신을 스스로 의심하는 것으로 이야기를 맺는다. 자신의 확신을 철저히 견지함으로써 신부를 축출하는 데 성공하지만 결국 수녀 자신 내면의 갈등과 회의를 갖게 되면서 스스로 무너지는 형국을 보인다는 것이다.

철저하게 신앙적 생활을 하는 교장수녀의 눈에 자유분방한 플린 신부의 모습은 전혀 신실(信實)하지 않다. 플린 신부는 교장수녀에게는 타락하고 불경하며 의심스런 인물이다. 그런 그를 수녀는 자신의 공간(학교) 안에 그대로 놔둘 수가 없고 그의 추방을 기도(企圖)한다. 신부의 추행이라는 교장수녀의 확신은 손톱을 기르는 것과 같은 신부의 습관에 대한 평소의 불만에서 시작하여 신부가 퇴출되었으면 좋겠다는 소망으로 커져간다.[9] 그녀에게 필요한 것은 그를 내쫓을 정당한 명분이다. 명분을 둘러싼 교장수녀와 플린 신부 사이의 치열한 대립, 즉

'알로이셔스 수녀와 진보적이고 파격적인 플린 신부의 권력 다툼'[10]이 〈다우트〉의 이야기를 끌고 가는 줄기다. 교회를 변화시키려는 신부와 그것에 저항하며 현상(現狀)을 지켜내려는 교장수녀, 그리고 그들 사이에서 갈등하는 제임스 수녀가 이야기의 세 축이다. 제임스는 플린의 이상스런 행동을 교장수녀에게 전함으로써 파국의 단초를 제공하지만 이후에는 교장수녀의 지나친 편견과 과도한 확신의 위험성을 지적하며 만류한다.

영화 〈다우트〉는 편견과 선입견이 의심을 일으키고 그 의심이 확신으로 굳어가면서 결국 돌이킬 수 없는 파국으로 이어지는 이야기다. 영화에서 플린 신부는 교장에게 "설령 확신이 든다고 해도 그건 감정이지 실제가 아니다"라고 말한다. 영화는 잘못된 확신이 한 인간의 영혼을 어떻게 파괴하고 유린하며 평온한 공간에서 바깥으로 내몰 수 있는지를 보여준다. 본고는, 자칫 식상하고 진부할 수 있는 이러한 주제와 소재를 〈다우트〉는 어떻게 영화적으로 형상화하고 구현하고 있는가에 주목하고자 한다. 지극히 한정된 시공간 배경과 인물 설정임에도 그것을 담아 전하는 전략과 효과에 대해 살펴보고자 하는 것이며, 그것을 특히 서사 내 공간들의 쓰임에서 찾고자 하는 것이다.

영화는 종교적 권력과 위계의 공간을 배경으로 삼음으로써 신에 대한 믿음을 가진 자들 사이에서 벌어지는 인간에 대한 불신과 의심을 극적으로 부각시킨다. 일정한 공간과 시간대에서 일정한 인물들의 설정임에도 종교적 차원이 아니라 인간 보편의 편견이나 윤리성의 문제를 무게 있게 다루고 있다.

영화는 교구(教區)라는 일정한 공간 내에서 펼쳐진다. 영화에서 교구는 다시 개별적인 하부 공간들로 구성된다. 성당, 교장수녀실, 교실, 식당, 출입로 등이며 영화의 이야기는 이 개별 공간들의 상황들로 나눠진다. 교구가 이 하부 공간들의 집합이듯 영화 〈다우트〉는 이 하부 공간에서 벌어지는 상황들의 '묶음'이다. 각 하부 공간들은 그 물리적 기능이 다르듯이 영화 속 서사적 의미들을 달리한다.

영화의 시작 장면은 어느 아침의 거리 풍경이다. 도로 위에 나뭇잎들이 나뒹구는 스산한 분위기의 모습이다. 이어 한 평범한 가정집의 모습을 보여주면서 교구로 미사를 보기 위해 준비하는 가족들의 모습을 담아낸다. 그리고 다시 거리를 비추면서 교구로 향해 걸음들을 옮기는 사람들의 모습을 비춘다. 이어 장면 공간은 바뀌어 교구 내 성당 안을 비추는데, 이때 성당은 세상과 격리되는 신성한 종교적 공간이면서도 다양한 신자들이 모여 들어 세상의 모습을 축약하고 있는 공간이기도 하다. 영화는 이어 단 한 차례 교구 밖의 풍경을 잠깐 보여줄 뿐 내내 교구 안의 사건만을 담아낸다.

교구라는, 세속과 구분되는 특정한 공간 안 이야기라는 점은 영화의 긴장감을 무엇보다 조성하는 기반이 된다. 폐쇄된 공간 안에서의 대립과 갈등은 불가피한 충돌과 파국을 효과적으로 제공하기 때문이다. 장소의 제한과 그 안에서의 행동의 규제는 인물 간 대립과 이야기의 긴박감을 증폭시킨다. 특히 교구라는 공간 자체의 비속(非俗)성은 종교 장소 특유의 경건함과 숙연함, 고요함으로 인해 추악스런 인간의 속물적 양태들을 극적으로 부각시킨다. 종교인으로서는 가장 편안하고 평온해야 할 공간이지만 플린 신부와 교장수녀에게는 상대로부터 자신을 지켜내야 하는 치열하고 고통스런 공간인 셈이다.

영화의 이야기가 전개되는 순서에 따라 그 공간들을 정리하면 다음과 같다.

거리(가을) — 소년(지미)의 집 — **성당** — 신부의 방 — **교실** — 음악 연습실 — **식당** — **교실** — 체육실 — **식당**(신부 식사) — **식당**(수녀 식사) — **교실** — 춤 연습실 — 복도(사물함) — **교실** — 창고 — 제임스 수녀의 방 — 마당 — **교장수녀실** — **성당** — **정원벤치** — 복도 — **교장수녀실** — **교실** — 출입로 — **교장수녀실** — **성당** — 거리(겨울) — **정원벤치**

위에서 보듯 영화는 대부분 교구 내의 사건들로 전개된다. 전술했듯 영화 초반에 일반 가정집(소년 지미)의 모습이 잠시 보이며 교구 주변의 도로와 풍경이 등장하긴 한다. 그러나 그 외의 장면들은 교구 내의 공간들이다. 특히 성당, 교실, 교장수녀실, 식당 등이 반복되고 있음을 알 수 있다.(굵은 글자 참고) 이들 장소를 중심으로 영화의 전개와 공간의 역할, 의미화가 어떻게 이뤄지는가에 대해 다음 장에서 구체적으로 살펴보도록 하겠다.

3. 영화 〈다우트〉 공간 분석

1) 성당 : 경계와 갈등의 추이

영화에서 성당은 플린 신부의 주요 공간이다. 그가 일반 신도들을 대상으로 강론을 행하는 곳이다. 강론은 신부가 행할 수 있는 절대 권한이며 그런 점에서 이 공간은 영화에서도 플린 신부의 권한을 상징하는 장소가 된다. 일반적으로 그렇듯 영화에서도 성당은 종교를 집행하는 공간으로서 숙연하고 경건한 분위기를 연출한다. 성당 내부를 조성하는 넓은 공간과 높은 천장, 천장을 받들며 일정한 간격으로 서 있는 거대한 기둥들과 여러 성상들, 그리고 그것들이 이루는 수직과 수평 사이의 정확한 비례와 균형은 신성함과 웅장함으로 공간을 지배한다.[11] 이곳에서 플린 신부는 그 중심에 위치한다.

영화에서 성당 장면은 세 차례 등장하는데, 모두 플린 신부가 강론을 한다. 교장수녀 역시 하단(하위 공간)에 일반 신도들과 함께 앉은 채로 상단(상위 공간)에 서 있는 플린 신부의 강론을 경청한다. 신부의 강론만 일방적으로 전해질 뿐 교장수녀는 아무런 말을 할 수 없는 입장이다. 공간의 상하단의 구조는 그들이 놓여 있는 위계와 권력의 관계를 단적으로 보여준다. 카메라는 이 공간에서 신부를 중심에 놓거나 앙각(仰角)으로 우러러 보도록 한다. 화면 한 가운데 신부가 위치하고 그에게 이목을 집중하고 있는 신도들로 가득 찬 성당 안 공간 장면은 플린 신부의 권위를 그대로 대변한다.

성당 장면들은 영화 전개의 주요 매듭들을 이룬다. 신부의 첫 강론 장면(00:04:25-00:08:29)은 '의심'에 관한 것이다. 케네디 대통령 암살 사건을 언급하면서 '의심'의 필요성과 '결속'의 중요성을 강조하는 내용이다. 스스로 알고 있다고 믿는 것에 대해 그 확실성을 의심하는 것이 더 중요하다는 취지의 내용이다. '의심'이 '확신'만큼 결속을 가져다준다는 것이다. 이러한 '의심'의 필요성에 대해 알로이셔스 교장수녀는 이어지는 식사 장면에서 다른 수녀들에게 그 강론의 문제점을 지적한다. 두 인물 간 가치관의 극명한 대립과 앞으로 전개될 치열한 갈등의 시작을 알려주는 대목이다. 교장수녀는 철저한 종교적 믿음과 풍부한 경험에서 오는 자신의 판단과 선택에 추호의 흔들림이 없는 인물이다. 종교인으로서, '의심'의 가치와 필요성을 강조하는 플린 신부의 강론을 못마땅해 하는 이유다.

이 첫 번째 성당 안 공간 장면에서부터 교장수녀의 면모는 잘 드러난다. 한창 강론이 이어지는 중에 카메라는 교장수녀의 뒷모습을 화면 가득히 채운다. 그녀는 가만히 있다가 잠시 뒤, 저편에서 잡담하거나 졸고 있는 학생들을 향해 조용히 다가간다. 카메라는 한동안 그녀의 얼굴을 감추어 두었다가 졸고 있는 어린 학생의 옆에서 고개를 드는 그녀의 얼굴을 서서히 보여준다. 교장수녀가 학생들의 모든 것을 통제하며 장악하고 있음을 보여주는 상징적인 장면이다. 그녀의 몸에 배어 있는 익숙한 감각과 철저한 감시 능력이 단적으로 드러나는 대목이기도 하다. 플린 신부가 추상적이고 관념적인 말(강론)로써 공간을 채우고 있다면 교장수녀는 직접적이고 물리적인 위압으로 그 공간을 지배하고 있는 셈이다.

두 번째 성당 장면(00:54:15-00:57:02)에서 플린 신부는 '칼로 찢겨

바람에 날린 베개의 깃털은 다시 모을 수 없다'는 요지의 이야기를 들려준다. 자신의 추행을 의심하는 교장수녀를 겨냥한 비유적 우화다. 신부와 교장수녀의 대립이 극단으로 치닫는 과정에서 겪는 자신의 심적 고통을 단적으로 피력하고 있는 장면이다. '주워 담을 수 없는 깃털'이라는 비유를 통해 근거 없는 의심의 위험성을 비판하며 자신의 무죄를 에둘러 강조하는 플린 신부의 얼굴과 그 강론을 앉아 듣는, 얼음같이 차갑게 굳어 있는 교장수녀의 표정은 대조를 이룬다.

세 번째 성당 장면, 즉 신부의 마지막 강론 장면(01:30:57-01:33:08)은 '바람'에 쫓겨 교구를 떠날 수밖에 없게 되었음을 밝히면서 신도들과 마지막 인사를 나누는 장면이다. 물론 직접적인 이유를 신도들에게 밝히지는 않지만 자신의 억울함을 넌지시 담아 전한다. 이 마지막 강론 장면에서 신부는 단상에서 내려와 신도들과 일일이 악수하며 인사를 나눈다. 앞서 두 성당 장면과는 달리 교장수녀의 모습은 보이지 않는다. 신부가 높은 단상에서 '내려온다'는 위치 이동이나 교장수녀가 '나타나지 않는다'는 공간적 처리는 두 인물의 달라진 위상이나 인물 간 관계 양상의 변화에 대한 비유적 설정이다.

이렇듯 세 차례 등장하는 성당 안 공간은 플린 신부의 강론으로 이루어지는데, 모두 영화 서사에 있어 주요한 지점들에 놓인다. 이곳에서 플린 신부는 '의심'에 관한 자신의 철학을 주장하였고, 그로 인해 '의심'을 받으면서 자신을 해명해야 했으며, 그럼에도 결국 '의심'을 해소하지 못한 채 자리를 옮길 수밖에 없게 된다. 자신이 지배하던 공간을 지키지 못하고 그곳에서 내쫓기고 만 셈이다. 자신의 '말'을 일방적으로 전달할 수 있었고, 교장수녀 역시 자신의 말을 들을 수밖에 없었던 공간에서 더 이상 아무런 힘도 발휘할 수 없게 된 것이다.

요컨대 성당은 플린 신부의 위상 변화를 극적으로 보여주는 장소이면서 교장수녀에 대한 신부의 입장과 심적 정황을 압축적으로 드러내는 공간이다. 교장수녀로 하여금 의심의 씨앗을 갖게 한 발단의 무대가 되면서, 인물 간 갈등의 지속과 증폭의 양상을 비유적으로 드러내고, 결국 그 갈등이 파국으로 이어지는 일련의 과정들을 단계별로 매듭짓는, 서사의 흐름을 축약하는 공간이 된다.

2) 교장수녀실 : 위치의 점유와 전치

신부의 성당이 문제발생 공간이라면 교장수녀실은 신부와 교장수녀의 대립이 극적이고 본격적으로 펼쳐지는 문제 충돌 공간이 된다. 이곳은 교장수녀의 집무실이며 당연히 그녀의 주요 공간이다. 교장수녀의 공간인 만큼 이 공간은 원칙과 규율을 내세우는 그녀의 성향이 투영된다. 많은 책들과 책장들, 소도구들이 정갈하게 정돈되어 있으면서 질서와 규칙을 이룬다. 이곳에서 교장수녀는 우연히 유리창 너머로 학생의 손을 만지는 신부의 모습을 보게 된다. 그것은 그녀에게 있어 신부에 대한 의혹의 뿌리가 된다. 이후 몇 차례 유리창 너머로 신부의 수상쩍은 행동을 내려다보게 되는데, 그러한 점에서 이곳은 교장수녀의 권력적 시선이 발생되는 공간이다. 무엇보다 교장수녀와 플린 신부 사이의 추궁과 해명이 첨예하게 부딪히며 영화의 정점을 담고 있는 곳이다. 두 인물이 끊임없이 주고받는 날선 질문과 대답은 공간 내 사물들의 흐트러짐 없는 배치와 맞물리면서 숨막히는 긴장감을 조성한다. 이곳에서 인물들의 감정은 점진적으로 고양되면서 극으로 치닫게 된다.

사소한 의심과 관련된 그럴듯한 상황들이 이어지면 대상에 대한 의혹과 경계는 단단해지고 예민해진다. 플린 신부의 일상의 습관들, 손톱을 기르고 고기를 먹고 볼펜을 쓰고 설탕을 즐기는 등의 사소한 행동들도 교장수녀에게는 미움과 의심의 이유가 된다. 그녀에게 있어 신부에 대한 의심의 "증거는 점진적으로 축적되고, 첫 인상 때 생긴 감정이 해석을 만들어"[12]내고 있는 셈이다. "분노하면 사람들은 자신의 감정상태를 정당화시켜 줄 루머를 한층 더 쉽게 받아들이게"[13] 마련인데, 교장수녀 역시 신부의 추행 소문을 확신하며 그를 "교활한 여우"로 본다.

교장수녀실이 무대로 등장하는 시점은 교장수녀와 플린 신부, 제임스 수녀가 처음으로 함께 하는 장면(0:40:00-0:54:05)에서이다. 이 곳 장면에서 흥미로운 것은 교장수녀의 책상과 의자의 배치다. 그녀의 직사각형의 넓은 책상은 공간의 한가운데에 가로로 길게 놓여 있으면서 책상의 이편과 저편의 경계를 뚜렷이 한다. 안쪽의 존재자(교장수녀)와 책상 맞은편의 상대(내방자) 사이를 완강히 가로막는 듯 버티고 있는 형상이다. 책상 주인(교장수녀)의 권위와 존재감을 강조하면서 권력 행사의 방향을 분명히 보여주는 공간 배치인 셈이다.

이 장면에서, 교장수녀의 의자는 당연히 그녀의 몫인데도 플린 신부는 아무렇지도 않게 그 자리에 앉는다. 교장수녀는 순간 당황해 하지만 직접 반발하지 않고 그 맞은편 의자에 앉는다. 교장수녀의 입장에서 본다면 신부는 그녀의 고유 공간(의자)를 침범한 자이며 위협적인 도발을 행한 자이다. 그런데도 장면은 오히려 그녀가 플린 신부를 보좌하는 듯한 이미지로 그려진다. 자신의 방인데도 그녀는 자신의 의자에 앉은 신부를 위해 찻잔에 넣을 설탕을 찾는다. 어렵사리 찾은 설탕을 신부의 잔에 서툴게 넣어주는 그녀의 모습은 당당히 앉아 있는 신부와 흥미롭게 비교된다. 의자로 상징되는 권력의 전치(轉置)인 셈이다.

일단 교장수녀실 공간을 점령한 듯 보이는 신부의 '선공(先攻)'은 교장수녀의 책상 위에 놓인 만년필 대신 자신의 주머니에서 볼펜을 꺼내 메모하는 행위로 이어진다.[14] 이에 교장수녀는 신부가 앉은 의자를 향하는 창문의 커튼을 젖힘으로써 공간을 환하게 밝힌다. 교장수녀가 젖히는 커튼 사이로 새어 들어온 햇빛은 신부가 눈살을 찌푸리게 할 정도로 강하다. 신부의 얼굴을 날카롭게 찌르는 햇빛은 신부의 '어둡고 더러운' 실상을 '밝혀내려는' 교장수녀의 눈빛에 대한 비유적 장치가 된다.[15] 그러나 조금 뒤 신부는 자리에서 일어나 커튼을 약간 내림으로써 조금 전에 교장수녀가 들여놓았던 햇빛을 가린다. 이때 신부와 교장수녀가 주고받는 다음의 대화는 햇빛을 막는 그의 행동과 맞물려 흥미롭다.

> "시대가 바뀌었다."(신부) "뭐가 바뀌었나요?"(교장수녀) "사람들의 마음이 바뀌었다."(신부) "태양 아래 새로운 것은 없다."(교장수녀)

가톨릭에서 '태양'이 의미하는 절대성이나 신성성과 관련짓는다면 태양빛을 들여놓는 교장수녀와 그 빛을 피하고 막으려하는 신부의 행동은 충분히 상징적이다.[16] 햇빛을 들여놓고 막아놓는 둘의 상반된 행위는 교장수녀실에 대한 일종의 '공간 조성'이며, 동일한 공간에 대한 상반된 '공간적 실천'[17]인 셈이다.

신부가 일어나 다시 커튼을 내려 햇빛을 가리는 사이 차를 준비하기 위해 일어나 있던 교장수녀는 자연스레 자신의 의자에 앉는다. 교장수녀로서는 잠시 빼앗겼던 자신의 '자리'를 되찾은 것이다. 찬탈당했던 영역을 복구하는 셈이다. 의자라는 하나의 공간을 두 인물이 번갈아 점유하는 것인데, 마치 요새를 뺏고 빼앗는 이미지를 연상시킨다. 여기서 더욱 흥미로운 것은 교장수녀와 신부가 그 자리에 앉을 때 벌어지는 행위들이다. 서로의 감정이 갈등으로 치달아갈수록 치열해지는 서로의 관계는 의자에 앉아 있을 때 특히 우위에 놓인 것처럼 비춰진다.

자리를 복원한 교장수녀는 신부를 추궁하기 시작한다. 그녀의 발언은 본격적으로 신부 개인을 겨냥한 것이 되고 둘의 갈등은 급속도로 증폭된다. 이때 카메라는 약간 비스듬하게 기울인 앵글 각도로 화면을 구성한다. 이러한 구도는 두 인물의 심리적 대치로 인한 긴장과 불안을 효과적으로 시각화한다. 서 있는 신부의 반발과 앉아 있는 교장수녀의 힐난이 이어지다가 마침내 신부의 해명이 있은 뒤 제임스 신부는 자신의 오해를 인정하고 신부의 결백을 수용하는 입장으로 바뀐다. 이 장면에서 흥미로운 것은 세 인물의 첫 대면에서 '플린 신부(의자)—교장수녀(의자 앞 우측)—제임스 수녀(의자 앞 좌측)'의 위치가 '교장수녀(의자)—제임스 수녀(의자 앞 우측)—플린 신부(의자 앞 좌측)'의 위치로 바뀐다는 점이다. 이를테면 '비판자(심문자)—응대자(피심문자)—제3자'

의 위치가 의자를 중심으로 생성된다는 것이다.

교장수녀와 플린 신부가 가장 극렬하게 충돌하는 장면(01:18:57-01:30:45) 역시 이 공간에서이다. 두 인물이 격한 언쟁을 벌이면서 갈등이 극에 달하는 장면이다. 교장수녀는 열려 있는 창문을 신경질적으로 닫으며 "누가 창문을 열어놓은 거야?"며 혼잣말하듯 내뱉는다. 특정인을 염두에 두지 않고 '열려 있는' 창문에 대한 불만을 토로하고 있을 뿐이지만 '바람'의 메타포를 고려한다면 다분히 플린 신부를 연상하게 되는 대목이다. 당장 언쟁의 대상인 플린 신부에 대한 반감과 불만은 그녀의 신경질적인 '문닫음'으로 표출되고 그 행동에는 외부의 '바람'에 대한 완강한 거부의 의사가 담겨 있다. 그녀는 창문으로 들어온 바람에 어지럽게 흐트러진 종이들을 주워 제자리로 정돈한다. 흐트러진 종이를 정돈하는 그녀의 모습은 그동안 유지되어온 자신의 공간(무대), 즉 교구를 바꾸려 드는 외부의 '바람'을 차단한다는 상징적 의미의 행위에 다름 아니다. "공간 속에서 사람은 형성의 주체지만 동시에 공간을 구성하는 객체이기도"[18] 하다. 창밖에서 들어온 바람에 교장수녀실이 어지러워진다는 것은 교장수녀 자신의 흔들리는 위상을 드러내는 것이기도 하다. 바람을 막음으로써 교장수녀는 자신의 공간, 즉 교장수녀실 나아가 학교의 '원상태'를 지키려 하는 것이다. 그녀는 "예전의 평화로운 상태로 돌아가고 싶은 것"이다. 교장수녀에게는 기존의 교구생활이 '평화로운 상태'이며 그것에 반하는 일체의 외부 세력의 침범이나 변화는 거부하겠다는 것이다. 교장수녀실에서 플린 신부와 교장수녀가 치열하게 대립하고 있을 때에 밖에서는 천둥번개가 내리치고 그것은 결국 교장수녀실의 천정에 매달려 있던 전구의 빛을 나가게 한다.[19] 어느 쪽으로도 기울이지 않는 두 힘이 맹렬히 부딪히며 마침내 정점에 이르는 순간의 장면이다.

격정적인 언쟁은 한동안 이어지고 신부의 항변은 분명하지만 교장수녀의 의심 역시 조금의 물러섬도 없이 단호하다. 그 앞에서 신부는 망연해지고 교장수녀는 그를 남긴 채 방을 나가버린다. 치열한 언쟁 끝의 적요함 속에서 신부는 타인의 공간 안에 갇혀버린 신세가 된다. 공간이 권력이 되어 신부를 옥죄는 셈이다. 교장수녀의 집요하고 강고한 편견과 확신은 그로 하여금 절망과 허무의 심연 속으로 빠뜨린다. 홀로 남겨진 신부의 표정에는 타인의 공간인 탓에 그 고립감과 패배감이 더 효과적으로 드러난다.

3) 교실 : 공간의 규율과 감시

교실은 일단 제임스 수녀가 학생들을 대상으로 교육을 담당하는 공간이다. 학생들은 교실 공간에서 철저히 복종해야 하고 규율적이어야 한다. 노래를 들어서도 안 되고, 다른 생각을 해서도 안 되며, 자리를 벗어나서도, 선생님의 허락 없이 다른 학생을 대신하여 대답해서도 안 된다. 영화에서 교실은 몇 차례 등장하는데, 제임스 수녀의 변화를 주목하게 된다. 첫 장면(00:12:35-00:14:05)에서 그녀는 학생들에게 자상하고 다정한 모습으로 그려진다. 교과서를 갖고 오지 않은 학생에게도 야단치지 않으며 동료와 함께 보도록 친절하게 권한다. 학생들을 엄하게 다루지 않는, 자율적이고 온순하고 상냥한 선생의 모습이다.

교실은 제임스 수녀의 이러한 모습과 함께 상반되는 교장수녀의 모습까지 더불어 부각시킨다. 수업 도중에 예고도 없이 들어온 교장수녀는 마치 자신의 교실인양 아무렇지 않게 학생들 사이를 다니며 '감찰'한다. 이러한 모습은 엄하고 철저한 모습으로 그려지는데 제임스 수녀와는 대비되는 국면을 확연히 보인다. 수업중임에도 예고 없이 들어온 교장수녀를 보자마자 학생들은 일제히 자리에서 일어나고, 교장수녀는 조금의 망설임도 없이 학생들을 검사한다. 여학생의 머리핀을 문제 삼고, 라디오를 빼앗고, 볼펜 사용을 금지하는 식이다. 그러나 제임스 수녀는 아무런 반발이나 불만을 보이지 않으며 교장수녀의 행태를 당연하다는 듯 바라본다. 제임스 수녀가 교육을 담당하는 교실에서도 교장수녀가 학생들에 관한 모든 것들을 우선 장악하고 있음을 보여준다. 성당에서는 그녀의 권력이 간접적이고 암시적으로 드러나고 있다면 교장수녀실은 물론 교실 공간에서도 그녀의 힘은 직접적이고 확연하게 제시되고 있음을 알 수 있다. 교장수녀는 교실을 마치 자신의 공간처럼 지배하고 있는 것이다.

이러한 맥락은 두 번째 교실 장면(00:20:35-00:23:32)에서도 이어진다. 교장수녀는 제임스 수녀의 내밀한 공간이랄 수 있는 교실 내 교탁과 책상을 검사하며 문제점을 지적한다. 책상 위를 살펴보고 서랍을 함부로 열어보며 사탕을 발견하고는 먹지 말 것을 지시한다. 학생들의 동향을 물어보기도 하고 남녀 학생들의 배치를 지시하기도 한다.

이처럼 교장수녀는 제임스 수녀가 학생들을 가르치는 교실에서 오히려 그녀를 가르치며 노골적으로 통제한다. 교장수녀는 아예 제임스 수녀에게 학생들의 통제 방법을 가르쳐준다. 칠판에 판서하고 있는 중에도 거울을 통해 학생들을 통제할 수 있다는 식이다. 학생들의 좌석 배치나 거울을 통한 통제는 교실 공간의 지배 방식을 말한다. 즉 교장수녀는 학생들에 대한 '의심'의 필요성을 말하고 있는 셈이다. 의심이 통제의 효과적인 수단이라는 의미다.

철저한 통제와 감시를 강조하는 교장수녀의 방침은 제임스 수녀에게도 결국 영향을 미친다. 상냥하고 자상하던 제임스 수녀는 학생들을 점차 의심의 대상으로 바라보기 시작한다. 그러한 점은 세 번째 교실 장면(01:04:25-01:05:41)에서 드러나는데, 교장수녀의 말대로 칠판 위에 거울을 놓음으로써 교실 공간을 교묘하게 관리하기 시작하는 것이다. 제임스 수녀에게 교실은 이제 '의심'과 통제의 공간이 되어버린다. 이렇듯 교실은 교장수녀의 권력을 증명하고 제임스 수녀의 변화를 담아내는 공간이다.

그러면서도 교실은 전술한 대로 학생들의 분방함에 대한 제임스의 방임과 교장수녀의 억압이 대비되는 공간으로 주목할 필요가 있다. 제임스 수녀의 부드러운 자율과 교장수녀의 엄혹한 통제가 동시에 공존하기 때문이다. 그런 점에서 교실은 자유와 억압의 이중적·모순적 공간이라 할 만하다. 교실에서도 교장수녀는 창문을 통해 바람을 타고 낙엽들이 들어오자 "올해는 유난히 바람이 많이 분다"며 급히 창문을 내려 닫는데, 이 장면 역시 외부의 '영향'에 저항하며 자신의 공간(학교)을 지키려는 모습이다.

마침 이때 교장수녀는 창문 너머로 플린 신부가 주교와 대화하는 모습을 목격한다. 카메라는 교장수녀의 위치에서 유리창 너머 플린 신부를 내려다 본다. 이러한 장면 구성은 이전에 신부가 학생의 손을 잡다가 거부당하는 모습을 역시 교장수녀가 내려다보는 장면과 유사하다. 물론 이전 공간은 교장수녀실이었음에도 교구 내의 거의 모든 공간들이 교장수녀의 권한 속에 놓여 있음을 보여준다. 교구 내 공간들이 그녀의 감시와 통제의 대상에서 벗어나지 못하면서 동시에 다른 공간을 살펴보기 위한 도구로서의 공간이 되고 있음을 알 수 있다는 것이다. 창문 너머 플린 신부의 수상쩍은 행동들을 '내려다보며' 그에 대한 의혹과 불신을 확대해간다는 점에서 교장수녀실과 교실은 교장수녀에게는 의심과 자기확신을 증폭시키는 곳으로 기능한다.

4) 기타 공간 : 권력의 배치와 변화

성당 안이나 교장수녀실, 교실의 공간 구조는 배제와 억압의 논리가 일정정도 관철되고 있는 곳이다. 성당은 플린 신부가, 교장수녀실은 알로이셔스 교장수녀가, 교실은 제임스 수녀가 그 중심에 있으면서 권력을 행사하는 공간이라는 점에서이다. 특정 개인의 점유 공간이라고 할 만하다. 반면 영화 속 다른 공간들은 상대적으로 그 공간의 주체를 명확히 할 수 없는 곳이라 할 수 있다. 특정 인물의 힘이나 영향력, 또는 교육이나 강론이라는 특정한 목표가 직접적으로 드러나지 않는 공간이다. 공간의 주체와 객체, 혹은 중심과 주변의 구분이 모호하거나 아예 불필요한, "중앙집권화된 위계보다 탈집중화되며 분산적이고 타자와의 동등한 관계를 중심으로 형성되는 탈형식적(deformed) 공간"[20]이라 할 수 있다.

영화에서는 식당, 출입로, 정원이 이에 해당한다. 특정 인물의 고유 자리가 아니라는 점에서 이들 공간에서 벌어지는 상황은 주목할 만하다. 이 공간들은 우선 식당을 제외하고는 특정 건물의 안이 아닌 옥외에 위치하고 있으며 또한 성당이나 교실, 교장수녀실에서와 같은 단층이나 강연대, 탁자가 없다. 사람 사이의 구분이나 단절, 경계를 나누기 어려운 수평적·병렬적 배열의 공간이다. 그만큼 이 공간들의 상황은 이전 건물 내의 사건들과는 사뭇 다른 양상으로 나타난다.

(1) 식당

식당 안에서는 누구나 함께 앉아 식사를 하며, 식탁이나 음식에 큰 차이나 차별이 있는 경우는 많지 않다. 식당에서는 여러 사람들이 대등하게 공동으로 점유하거나 이용할 수 있다는 것이다. 그러나 어떠한 공간에서든 "사람과 관계된 공간에서는 지배, 배제, 억압, 연대, 저항, 갈등 등과 같은 힘의 긴장 관계가 내부화되어"[21] 있다면 식당도 예외가 아니다. 영화 속 식당의 장면 역시 이를 잘 보여준다.

상술했듯 교장수녀와 신부는 우선 규율과 자유의 대비를 극적으로 보여준다. 수녀는 학교 운영상의 엄격한 통제 질서 유지를, 신부는 자유를 통한 개방과 변화를 보여주는 인물이다. 이는 곧 가톨릭의 폐쇄성과 개방성을 각각 상징하는 것으로도 해석 가능하다.

수녀들의 식탁은 시종 엄격하고 경건하며 경직되어 있다. 대화도 없이 조용히 식사할 뿐이다. 기다란 직사각형 테이블의 한 가운데 교장수녀가 마치 감시관처럼 무표정으로 앉아 있는 모습은 권위와 통제의 상징이다. 엄격하고 경건한 수녀들의 식사와 달리 플린 신부는 손톱을 기르고 저속적인 농담과 피가 떨어지는 고기와 담배와 설탕과 볼펜을 즐긴다. 플린 신부 식사 장면에서의 어지러운 식탁과 교장수녀 식사 장면에서의 단정하고 깔끔한 직사각형 식탁의 대비는 상징적이다. 고기와 술 등으로 산만한 듯 자유롭게 얘기하는 유쾌한 장면과 간단한 요리와 우유 등의 간소하고 절제된 음식 속에서 학교 운영에 관해 짧고도 진지하게 얘기 나누는 엄숙하고 조용한 식사 장면은 극명한 대조를 이룬다. 신부는 자유롭고 친절하고 편안한 인품 그대로 다른 이들과 동등한 위치에서 이야기를 함께 주고받는 모습이고, 교장수녀는 엄격하고 원칙적이며 보수적인 성격 그대로 식사 자리에서까지 서열 관계를 유지하며 대화를 일방적으로 끌고가는 모습이다. 평소에 위계와 질서를 철저하게 강조하는 그녀의 생각이 공간을 통해서도 그대로 반영된다. 식사를 하는 다른 수녀들을 바라보는 그녀의 시선 속에서 권위적이고 강압적인 성향이 잘 드러난다. 먹던 음식을 뱉어내려던 제임스는 교장수녀의 눈과 마주치자 다시 그것을 입으로 집어넣을 정도다.

'의심'에 관한 신부의 강론을 들은 직후의 식사 장면에서 교장수녀는 제임스에게 그 내용에 대한 소감을 묻는 중에 신부에 대한 의혹과 경계심을 강하게 표출한다. 순수하고 천진한 제임스의 눈빛과 교장수녀의 눈빛이 대비되면서 교장수녀의 냉혹함이 두드러진다. 이때 카메라는 앙각으로 교장수녀의 비장하면서도 결연한 표정을 비추면서 무언가를 내려다보는 각도의 클로즈업 장면을 연출한다. 화면을 가득 채우면서, 더욱이 앙각인 탓에 그녀는 일견 초월적 절대자의 이미지로 세상을 내려다보는 인상을 준다. 비정하고 냉혹한 표정으로 화면을 압도하는 이 장면에 바로 이어지는 장면은 플린 신부가 성당으로 들어오다 무언가에 놀란 듯 올려다보는 부감(俯瞰)의 장면과 그의 시점에서 자신을 내려다보는 커다란 눈동자 형상의 교회당 벽면 그림 장면이다. 이 그림 속의 눈동자 형상은 자연스레 바로 앞 장면의 교장수녀의 초월적이며 절대적인 이미지를 연상시킨다.

이에 반해 제임스 수녀가 '어린이와 같은' 이미지로 설정되어 있다는 점은 교장수녀에게는 신부에 대한 의심과 자기 확신의 기반이 된다. 플린 신부의 수상쩍은 행동들에 대한 제임스 수녀의 말에 교장수녀는 신부를 교활한 성추행범으로 확신하기에 이른다. 그녀의 눈에 제임스 수녀는 순진하며, 그런 어린이다운 순수성은 그녀로 하여금 신부에 대한 의심을 더욱 확실히 하도록 만든다.[22]

이렇듯 영화는 교장수녀실과 식당 등에서 교장수녀와 제임스의 대비를 통해 교장수녀의 개인적 감정이나 편견이 플린 신부에 대한 그녀의 판단과 평가를 결정지어가는 과정을 보여준다. 사려깊은 숙고나 합리적 논리와는 상관없이 특정인에 대한 개인의 감정이 치명적인 영향력을 행사하고 있다는 것이다. 수녀의 의심이나 확신에는 아무런 근거가 없지만 자신의 경험과 직관으로 상황을 몰아갈 뿐이다. 그런 점에서 그녀는 역설적이게도, "의문은 확신만큼이나 강하게 묶어둘 수 있다."는 플린 신부의 말을 증명해 보여주는 셈이다.

(2) 출입로

영화에서 출입로는 단 한 차례 나온다. 교장수녀가 밀러 부인과 만난 뒤 얘기를 나누며 동행하는 장면에서이다.(01:05:47-01:18:06) 밀러 부인을 학교로 불러 아들의 신상에 대해 상담하면서 신부의 성추행 문제를 부각시키고 결국 그를 교회에서 추방하기 위한 방책으로 삼지만, 밀러 부인은 오히려 교장수녀의 간섭이 아들의 졸업에 방해가 된다고 말한다. 더욱이 자신의 아들이 동성애적 성향이 있으며 학교에서 소외를 당하는 아들에게 다정한 신부는 오히려 고마운 존재라고 두둔한다. 밀러 부인은 아들을 이해하고 싶어하지만 이를 못마땅하게 여기는 권위적인 아빠 때문에 괴로워하고 있음을 고백한다. 밀러 부인은 신부의 추행에 대한 교장수녀의 말에 "어떻게 그렇게 확신하시죠?"라며 꼬집는다. 교장수녀의 확신이 개인의 편견이며 자의적 판단임을 지적하고 있는 것이다. 영화는 이렇게 밀러 부인의 입을 통해 사람 사이의 진정한 이해를 막는 것은 사회적 관습이나 법규뿐만 아니라 개인의 편견이나 관념, 주관적 인식일 수 있음을 말한다.

일찍부터 조금씩 불던 바람은 부인이 돌아간 뒤 거세게 몰아친다. 나뭇가지와 잎들을 떨어뜨리며 교장수녀가 서 있는 길 위를 어지럽게 휩쓸고 간다. 몰아치는 돌풍과 낙엽들이 교장수녀의 몸을 감싸며 그녀를 쓰러뜨릴 듯 한다. 여기서 바람은 두 가지 의미로 해석할 수 있는 바, 하나는 교실과 교장수녀실에서 교장수녀가 신경질적으로 창문을 닫으며 막아내던 개혁과 자유이며, 다른 하나는 교장수녀의 온몸을 휘감고 있는 신부에 대한 경계와 추방에의 욕망이다. 전자는 교장수녀를 위협하는 외부의 침입자로서의 의미이며 후자는 교장수녀의 내부에서 격렬하게 일고 있는 공격적 성향으로서의 의미이다. 무서운 바람이 교구 전체 공간을 휩싸고 있음을 단적으로 확인시켜주는 장면이다.

영화는 시작부터 거리에 바람이 분다. 낙엽들이 어지럽게 날리고 거리를 뒤덮는다. 그런 중에 일반 시민들은 옷깃을 여미며 교회로 향한다. 플린 신부와 교장수녀의 논쟁 속의 비바람과 천둥은 교구에서 벌어지는 긴장감과 갈등의 양상을 표상한다. 길 위에 서서히 불기 시작하면서 점차 강도가 세지고 결국에는 비바람과 돌풍을 몰아오는 교구의 풍경은 그 공간 전반에 위기감과 위태로움, 불안감과 불길함이 채워지고 있음을 보여준다.[23]

영화는 선입견에 사로잡혀 성실하고 투철하게 사실을 확인하고 검증하지 않는 데서 일어나는 돌이킬 수 없는 비극을 보여준다. 플린 신부의 강론 중 칼로 벤 베개의 깃털은 순식간에 사방으로 날아가고 그것을 일일이 주워낼 수는 없다며 "바람이 자신을 밀어냈다."고 표현한다. 남에 대한 험담의 비유로 차용된 깃털은 이미 쏟아진 물과 같이 결코 되돌릴 수 없다는 것이다. 신부의 추방을 가져온 바람이 의심의 의미라면 그것은 이전까지 교장수녀가 신경질적으로 막으려 들었던 변혁과 개방으로서의 바람의 의미와는 상이하다. 이렇듯 바람은 두 가지 상이한 의미로 영화의 서사적 공간들을 채운다.

(3) 정원

영화에서 교구 내 정원은 두 차례 나온다. 정원을 이루는 여러 그루의 나무들과 벤치는 교실이나 교장수녀실과 같이 주체와 객체, 주인과 방문자의 구분을 필요로 하지 않는다. 중심과 주변, 권력의 우열 구분이 소거되거나 미약한 공간이다. 정원은 휴식과 여유의 공간이며 안정과 포용의 이미지를 갖는다. 영화 속 정원의 설정이 앞선 공간들과는 다른 의미로 그려지는 것은 정원이란 공간의 이러한 속성과 관련된다.

정원의 첫 번째 설정은 플린 신부와 제임스 수녀가 대화를 나누는 장면이다.(00:57:09-01:02:52) 교장수녀실에서 플린 신부의 해명을 듣고 난 뒤의 시점이다. 옥내에서는 신부와 수녀가 개별적으로 만나는 것을 금기시하는 규율에서 벗어난, 정원의 개방성과 자유를 단적으로 보여준다. 벤치의 형상이나 크기에 차이가 없어 두 인물은 마주보듯 앉아 이야기를 나눈다. 두 인물의 동등한 배치는 서로의 믿음과 결속을 은유적으로 보여준다.

이에 반해 정원의 두 번째 설정(01:33:51-01:39:21)에서는 교장수녀와 제임스 수녀가 함께 한다. 플린 신부가 교당을 떠난 이후의 시점이다. 하얀 눈이 평온하게 쌓인 정원의 벤치에 두 사람은 나란히 앉아 조용히 대화를 나눈다. 교당을 뒤흔들던 '비바람'의 뒷이야기를 주고받는 장면이다. 교장수녀실이나 교실에서 교장수녀가 제임스 수녀에게 일방적이고 강압적으로 지시를 내리던 장면들과 흥미롭게 비교할 만하다. 뚜렷이 구획되거나 경계가 나뉜 자리에 거리를 두어 있지 않고 하나의 벤치 안에 나란히 함께 앉아 나누는 대화는 사방이 열려 있는 정원의 공간적 설정과 부합한다. 교장수녀는 제임스에게, 플린 신부가 이전에 있었던 교당에 전화를 걸어 그의 추행을 알아내겠다고 위협하자 신부는 반항없이 떠났다면서 그것은 신부가 스스로의 죄를 시인하는 셈이라고 들려준다. 그러나 전화를 걸었다는 것은 거짓이며 제임스는 그 거짓의 부정성을 지적하지만 교장수녀는 신부의 추행 시인을 강조할 뿐이다. 자신의 거짓이 결국 신부의 더 큰 거짓을 밝혀냈다는 것이다.

그런데 이 영화의 마지막 장면에서 교장수녀는 "제 믿음에 회의

가 든다."며 고백하며 흐느낀다. 그동안 자신이 지켜왔던 확신에 대해 의심이 들기 시작했다는 것이다.[24] 손에 쥐고 있던 십자가를 옷깃 속으로 숨기며 힘겹게 내뱉는 고백과 흐느낌 속에서 그녀의 그동안의 냉혈한 이미지는 흐트러진다. 지금까지 보여 왔던 독실하고 강건한 신앙인으로서가 아니라 고뇌와 불안에 싸인 인간으로서의 나약한 모습이기 때문이다. 인간으로서 벗어날 수 없는 본능적인 의심과 그로 인한 자기균열적 표출이기 때문이다.

주목할 것은 이때의 공간이 다름 아닌 정원이라는 점이다. 벽과 창으로 둘러싸인 폐쇄적인 교장수녀실이 아닌 사방이 열려 있는, 종교적 색채나 교육적 성격으로 규정할 수 없는 장소라는 것이다. 더욱이 하얀 눈이 쌓여 고요하고 차분한 정원의 풍경은 교장수녀실이나 교구 내 다른 공간에서 보인 그녀의 냉철한 모습과 그로 인해 발생했던 그동안의 격렬했던 갈등의 양상들과는 선명히 대조된다. 교장수녀의 '자기 의심'이 교장수녀실이 아닌 개방적이면서 중립적인 공간인 정원에서 일어난다는 설정은 그런 점에서 흥미롭다. 교장수녀는 자신의 공간(교구)을 무너뜨리려는 '바람'을 막아냈다고 생각했지만 그 자신 이미 외부에서 몰아쳐 들어왔던 바람을 맞는 사이 스스로 무너지고 있었던 셈이다. 외형상 체제를 유지하는 듯하지만 실질적으로는 자기균열과 해체를 가져왔으며 그동안의 '자기 확신'이 깨지면서 그 힘겨움이 흐느낌으로 쏟아진 것이다.

정원이라는 공간의 개방성과 포용성은 교장수녀의 그동안의 심리적 경계와 긴장을 무너뜨린 셈이다. 마지막 장면에서 흐느끼는 교장수녀와 그를 품에 안듯 껴안는 제임스 수녀 사이에는 경계가 없으며 위계가 없다. 교구 내 질서와 체계를 철저히 여기던 교장수녀의 모습과는 전혀 상반된 이 마지막 장면이 정원을 무대로 하고 있음은 그러한 맥락으로 해석할 만하다.

4. 나오는 말

영화는 끝내 플린 신부의 실제 추행 여부를 확인시켜주지 않는다. 이 진실을 숨김으로써 영화는 누구의 잘못인지 판명할 수 없는 모호한 상황으로 끝을 맺는다. 즉 관객들로 하여금 플린 신부와 교장 수녀 모두의 문제를 생각해보게끔 함으로써 영화적 긴장감을 끝까지 성취해낸다. "어느 한 쪽 편에도 마음 편히 서기 힘든 가치 판단의 딜레마에 관한 영화"[25]라는 평가에 수긍할 만한 이유다. 영화는 이렇듯 치밀하고 섬세한 구조로써 의심에 관해 이야기하면서 끝내 관객으로 하여금 사건의 진상에 대해서도 '의심'을 남겨둔다.

이러한 영화의 '열린' 결말이 정원이라는 열린 공간 속에서 마무리되고 있다는 점은 상술한 바 있다. 이는 영화가 전반에 걸쳐 공간들의 설정과 배치 등을 통해 이야기를 구축하고 있다는 사실의 연장선상에 놓이는 것이며, 바로 이러한 점들을 본고는 세부적으로 살펴본 셈이다.

영화 〈다우트〉의 힘은 개인의 의심이 확신으로 변하며 파국으로 치닫는 과정을 미스터리 형식으로 담아내고 있다는 점에 우선 있다. 그리고 이 미스터리 형식이 발생시키는 긴장감은 인물들 간의 선명한 대립과 집요하고 격렬한 갈등으로 증폭된다. 그 과정에서 영화의 공간들은 단지 보조적 배경 차원이 아니라 적극적으로 의미를 생산하면서 서사에 깊이 관여한다. 인물들의 심리적 정황이나 인물 간 갈등의 발생 혹은 그 전개를 공간의 위치나 구도, 배치 등을 통해 상징적이거나 비유적으로 보여주고 있다는 것이다. 이에 본고는 영화 내 주요 공간들을 나눠 그 각각의 의미 발생 양상과 효과를 살펴보았다. 이를 통해 영화 〈다우트〉의 서사는 공간적으로 구성, 배열, 의미화되고 있음을 알 수 있었다.

영화 〈다우트〉는 요컨대 교구를 바꾸려는 자와 지키려는 자의 치열한 대립의 이야기다. 교구라는 공간을 둘러싼, 보수와 진보, 전통과 변혁 사이의 충돌을 그리고 있는 셈이다. 그런 점에서 영화의 전체 공간인 교구는 성 니콜라스 교회라는 '구체 공간'이면서 사회와 세상을 축소하는 '체제 공간'이기도 하다. 더불어 신부와 수녀의 팽팽한 대립과 긴장은 영화 내 장소와 소품들의 적절한 배치와 구성으로 축조되고 있다. 성당, 교장수녀실, 교실, 식당 등 특정 장소들의 출현 빈도와 순서 등의 영화적 설정은 이야기의 긴장감 조성과 메시지 전달에 상당히 효과적으로 기여하고 있다. 요컨대 영화는 함의적인 장면들로 충만하다고 하겠다. 화면의 구도나 그 안의 소품들의 구성과 배치, 그것들을 포괄하는 특정 공간의 의미가 영화의 서사에 긴밀하고 충실하게 작동하고 있기 때문이다.

주석

1 롤랑 부르뇌프·레알 윌레, 김화영 역, 『현대소설론』, 현대문학, 1996, 148쪽; 서정남, 『영화서사학』, 생각의나무, 2004, 258쪽.

2 조명래, 『공간으로 사회 읽기』, 한울아카데미, 2014, 21쪽; 논의에 따라서 공간과 장소의 개념을 구분하기도 한다. 공간은 장소보다 추상적인 개념이며, 장소는 특정한 맥락 속에서 의미를 갖는 구체적인 공간을 가리킨다는 것이다. 이에 대해서는 이-푸 투안, 구동희·심승희 역, 『공간과 장소』, 대윤, 1999 참고. 그러나 본고에서 '공간'의 쓰임은 일정한 장소, 구역, 위치를 아우르는 일반적이고 보편적인 개념임을 밝혀둔다.

3 박우영, 「한국 사회 내 교회 공간 읽기와 공간 구조 균열 만들기」, 『기독교사회윤리』 27집, 한국기독교사회윤리학회, 2013, 246쪽.

4 감독 존 패트릭 셰인리가 직접 희곡을 쓰고 연출한 동명의 연극을 각색한 영화다. 원작(연극)은 2004년에 발표되어 2005년 퓰리처상을 수상했고 영화는 2008년 아카데미상에서 5개 부문이 노미네이트되었다.(류상욱, 『류상욱의 익스트림 시네다이어리』, 이숲, 2012, 172쪽 참고)

5 이 점은 앞선 각주에서 전술했듯이 이 영화의 원작이 연극이라는 사실과도 관련된다. 연극이라는 무대공연의 성격상 서사적 시공간, 인물 구성에 있어서 일정정도 한계가 주어지게 마련이기 때문이다.

6 이 영화에 대한 논의들은 대체로 비평문의 성격들이며(류상욱, 『류상욱의 익스트림 시네다이어리』, 이숲, 2012; 지은영, 「의혹과 확신의 배경은 무엇인가-다우트」, 『월간 신문예』, 도서출판 책나라, 2007), 본격적인 학술 논의로는 이형식의 논문 「섹스, 거짓말, 그리고 교육: Oleanna와 Doubt」(『현대영미드라마』 24권 2호, 현대영미드라마학회, 2011)을 들 수 있을 뿐이다.

7 영화의 시대적 배경인 1960년대 중반은 가톨릭이 개혁의 한 복판에 있던 시기로 본다. 이 영화에 대한 대체적인 해설들은 플린 신부를 개혁을 상징하는 인물로 해석한다.(http://blog.daum.net/bambi7777/16139088) 감독이자 원작자인 셰인리가 이 작품을 쓴 계기는 가톨릭 사제들이 저지른 성추행 때문이며, 실제로 작가 친척의 경험도 있었다고 한다. 작품은 60년대를 배경으로 하고 있지만 1990년대와 2000년대 초에 미국과 캐나다를 휩쓸었던 신부들의 성추문 사건과 가톨릭 내 보수와 진보 간의 갈등을 극화한 것으로 본다.(이형식, 「섹스, 거짓말, 그리고 교육: Oleanna와 Doubt」, 『현대영미드라마』 24권 2호, 현대영미드라마학회, 2011, 219쪽, 230쪽, 234쪽 참고.)

8 류상욱, 『류상욱의 익스트림 시네다이어리』, 이숲, 2012, 170쪽.

9 캐스 선스타인은 "우리가 갖고 있는 신념은 대부분 우리가 품고 있는 희망이나

목적, 소망에서 비롯된다."고 말한다. 캐스 선스타인, 이기동 역, 『루머』, 프리뷰, 2009, 36쪽.

10 이형식, 「섹스, 거짓말, 그리고 교육: Oleanna와 Doubt」, 『현대영미드라마학회』 24권 2호, 현대영미드라마학회, 2011, 231쪽.

11 조재현, 『공간에게 말을 걸다』, 멘토플레스, 2009, 229쪽 참고.

12 이를 '후광효과(halo effect)'라고 한다. 이에 대해서는 대니얼 카너먼, 이진원 역, 『생각에 관한 생각』, 김영사, 2012, 125쪽 참고.

13 캐스 선스타인, 이기동 역, 『루머』, 프리뷰, 2009, 35쪽.

14 교장수녀가 플린 신부의 일련의 습관들을 좋아하지 않는 것은 그것들이 세속적이며 자극적이라는 이유에서이다. 볼펜이 세속적 도구라면 만년필은 교장수녀를 상징하는 오브제가 된다.

15 교장은 '밝은 공간'을 좋아한다. 햇빛을 들여놓고 전등을 밝히고 책상 위 스탠드는 늘 따스하게 켜져 있다. '어둡고 더러운' 대상을 싫어하는 그녀를 드러내는 공간적 설정이다.

16 영화는 신부의 추행 여부를 밝히지 않고 열린 결말로 끝나지만, 햇빛에 얼굴을 찡그리고 커튼을 내림으로써 햇빛을 차단하려는 신부의 행동은 태양의 상징성을 감안할 때 그의 추행을 의심해보게 한다. 자신의 추행을 감추려는 의식의 잠재적 표출로도 볼 수 있기 때문이다. 신부의 추행에 대한 의심은 소년(밀러)의 동성애적 성향에 의해서도 증폭된다. 또한 플린 신부의 성향 역시 이러한 의혹을 더 키운다. 평소의 자상하고 다감한 성격은 종교인으로서의 품성에 속한다고 할지라도, 예쁜 공주인형을 갖고 있다거나 손톱을 기른다거나 꽃잎을 좋아하는 등의 모습은 관점에 따라서는 여성적 성향으로도 볼 수 있기 때문이다. 더욱이 친척 소년이 실제 신부에게 성추행을 당한 적이 있었다는 감독 자신의 인터뷰(류상욱, 『류상욱의 익스트림 시네다이어리』, 이숲, 2012, 171쪽 참고) 역시 플린 신부의 행위에 대해 의심을 버릴 수 없게 하는 이유다.

17 "사람에게 공간은 주어지거나 본능적으로 추구하는 것이 아니라 의도와 전망을 가지고 조성하는 것이다. 이 조성이란 의미가 곧 공간적 실천의 의미로 이어진다. 즉 공간의 조성은 공간적 실천의 결과에 해당한다."(조명래, 『공간으로 사회 읽기』, 한울아카데미, 2014, 33쪽.)

18 조명래, 『공간으로 사회 읽기』, 한울아카데미, 2014, 20쪽.

19 이전 제임스와 함께 있던 교장수녀실 장면에서 전구가 고장난다. 이후 교장수녀는 직접 전구를 교체하는데, 이 역시 원상태를 복구하고자 하는 그녀의 적극적인 행동으로 의미화된다. 천정에 매달려 공간(교장수녀실)을 비추는 전구는 흡사 세상을 비

추는 태양의 의미로 해석될 수 있다. 전구의 교체 행동과 커튼을 걷어 바깥의 햇빛을 들여놓는 행동은 맥락을 함께 한다고 볼 수 있다.

20 조명래, 『공간으로 사회 읽기』, 한울아카데미, 2014, 124쪽.

21 조명래, 『공간으로 사회 읽기』, 한울아카데미, 2014, 28쪽.

22 사회심리학자들은 정보원에 대한 신뢰를 결정짓는 두 가지 요소로 '전문성'과 이야기를 알려준 '사람에 대한 신뢰'를 든다. "정보원이 청자를 도우려 하고, 청자의 이익을 최우선시하며, 다른 목적을 가지고 있지 않다는 믿음"이 있을 때 정보원을 신뢰하게 된다는 것이다. 순수한 어린이의 진술을 쉽게 믿게 되는 경향을 그 예로들 수 있다.(니콜라스 디폰조, 곽윤정 역, 『루머사회』, 흐름출판, 2012, 162쪽 참고)

23 교장수녀가 밀러 부인을 만난 뒤 혼자 방으로 돌아오는 장면에서 카메라는 수평 시선이 아닌 사선(斜線)으로 그녀를 담아낸다. 불균형적인 각도를 통해 인물의 복잡하고 불안한 심리를 시각적으로 담아내는 이러한 기법은 영화에서 플린 신부의 강론 뒤, 제임스 수녀와 플린 신부의 대화 장면 등에서도 적절히 쓰인다.

24 마지막 장면에서 교장수녀가 흐느낌 속에서 내뱉는 '의심'이란 그동안 자신이 믿어왔던 플린 신부의 추행에 대한 것일 수도, 절대신앙에 대한 복종일 수도, 자기자신에 대한 것일 수도 있다. 그런데 플린 신부가 다른 교구로 영전해갔다는 점과 교장수녀 외 아무도 신부를 의심하지 않는다는 점, 그리고 교장수녀의 냉정하고 혹독한 성향으로 그녀를 좋아하는 이가 주변에 없을 것이라는 추정을 감안한다면, 결국 교장수녀의 그 흐느낌은 철저히 고립되고 소외된 자신의 처지에 대한 서러움일 수도 있다. 이는 마치 교당 내 최초이자 유일한 흑인학생이었던 로버트 밀러의 처지와도 같다고 볼 수 있다. 교장수녀는 밀러의 고단했던 처지를 비로소 이해하게 된 것인지도 모른다. 교장수녀의 자신에 대한 의심을 "맹신에서 벗어나 진실을 찾으려는 진지한 노력"(류상욱, 『류상욱의 익스트림 시네다이어리』, 이숲, 2012, 173쪽)으로도 볼 수 있는 이유다.

25 http://differenttastes.tistory.com/1190. (검색일: 2016.5.25.)

참고문헌

1. 기본자료

존 패트릭 셰인리 감독, 영화 〈다우트(Doubt)〉, Miramax 제작, 2008.

2. 기타 문헌과 자료들

고은애, 「영화 〈건축학개론〉의 장소성과 공간 서사」, 인하대 석사논문, 2014.

류상욱, 『류상욱의 익스트림 시네다이어리』, 이숲, 2012.

박우영, 「한국 사회 내 교회 공간 읽기와 공간 구조 균열 만들기」, 『기독교사회윤리』 27집, 한국기독교사회윤리학회, 2013.12, 237-274쪽.

서정남, 『영화 서사학』, 생각의 나무, 2004.

송명희, 「이상화 시의 장소와 장소상실」, 『한국시학연구』 23호, 한국시학회, 2008.12, 219-242쪽.

영상문화학회, 『이미지는 어떻게 살고 있는가』, 생각의 나무, 1999.

이진경, 『근대적 시공간의 탄생』, 그린비, 2010.

이형식, 「섹스, 거짓말, 그리고 교육: Oleanna와 Doubt」, 『현대영미드라마』 24권 2호, 현대영미드라마학회, 2011.8, 219-244쪽.

조명래, 『공간으로 사회 읽기』, 한울아카데미, 2014.

조재현, 『공간에게 말을 걸다』, 멘토플레스, 2009.

지은영, 「의혹과 확신의 배경은 무엇인가-다우트」, 『월간 신문예』, 도서출판 책나라, 2007.

롤랑 부르뇌프·레알 월레, 김화영 역, 『현대소설론』, 현대문학, 1996.

에드워드 렐프, 김덕현·김현주·심승희 역, 『장소와 장소상실』, 논형, 2005.

안톤 지더벨트·피터 L. 버거, 함규진 역, 『의심에 대한 옹호』, 산책자, 2010.

니콜라스 디폰조, 곽윤정 역, 『루머사회』, 흐름출판, 2012.

캐스 선스타인, 이기동 역, 『루머』, 프리뷰, 2009.

대니얼 카너먼, 이진원 역, 『생각에 관한 생각』, 김영사, 2012.

http://differenttastes.tistory.com/1190 (검색일: 2016.5.25.)

http://blog.daum.net/bambi7777/16139088 (검색일: 2016.10.4.)

여성 교육의 진정한 시작*

- 영화 〈모나리자 스마일〉 텍스트 읽기 -

신희선

1. 영화읽기를 접목한 생각 키우기 교육

영화를 활용한 교육이 늘어나고 있다. 수업 주제와 연관한 영화를 보고 단순히 감상을 나누는 차원이 아니라, 교육적 효과를 극대화하기 위해 영화 텍스트를 수업 도구로 적극 활용하는 것이다. 영화 활용의 유용성은 단순히 학습에 대한 흥미나 관련 지식의 습득만이 아니라 광범위한 사례를 제시하여 다양한 해석과 표현능력을 키우려는 비구조화된 학습에서 학생들의 인지기능을 촉진한다는 데 있다.(이명근, 2005, 4) 디지털 네이티브 세대들은 이제 넷플릭스를 통해 동영상을

* 이 글은 신희선, 「영화 〈모나리자 스마일〉 텍스트 읽기 - 여대생 대상 사고와 표현교육 콘텐츠로서의 유용성 고찰」, 『사고와표현』 12(1), 한국사고와표현학회, 2019, 247~274쪽의 논문과, 2022년 〈용산YES아카데미〉 강의안을 참고로 재구성하였다.

접하고 있다. 책보다는 영상을 선호하는 세대라는 점에서 영화는 학생들의 사고력과 표현력을 높여주기 위한 텍스트로 심리적 접근성이 높고 문자 텍스트를 보완하는 가치가 있다.

사고와 표현교육에서 영화를 활용해 학생들의 생각을 키우는 교육과 관련한 연구는 지난 10여 년간 상당히 축적되어 왔다.[1] 다양한 주제를 생각해 볼 수 있는 영화 텍스트들이 소개되었고, 교육현장에서 이루어진 구체적인 교수학습 과정과 경험이 공유되었다. 비주얼 리터러시(Visual Literacy) 측면에서 영화는 시청각 매체를 읽고 분석하며 의사소통능력을 향상시킬 수 있는 텍스트로써 의미가 있음을 확인할 수 있었다. 그런 점에서 영화를 활용한 교육(Movie In Education)은 영화 텍스트를 분석하며 사회문화적 맥락을 적용해 비판적으로 고찰하고 해석하는 작업부터 시작될 수 있다. 영화의 시각적 요소와 내용 구성과 전개를 살펴보고, 구체적인 장면과 대사를 통해 주제가 어떻게 표현되고 있는지 함의를 발견하는 것이다.(황영미, 2018, 55-59) 사고와 표현 수업 목적에 적합한 영화 텍스트의 발견과 적절한 활용은 교육적 효과를 높여준다고 하겠다.

본 글에서 살펴 볼 영화 〈모나리자 스마일〉은 학생들의 젠더의식과 사고와 표현능력을 키워주기 위한 텍스트로서 가치가 있다. 마이크 뉴웰(Mike Newell) 감독의 모나리자 스마일(Mona Lisa Smile, 2003)은 117분 분량의 영화로 네티즌 평점 8.03을 받았다. 엘튼 존이 부른 주제곡 'The Heart of Every girl'이 골든글로브 주제가상에 노미네이트 되었고, 줄리아 로버츠 등 대중들에게 많이 알려진 배우들이 출연하였다.

1950년대 미국 명문여대인 웰즐리 대학(Wellesley College)을 배경으로 상류층의 안주인이 될 현모양처를 길러내는 보수적인 여성 교육에 반기를 든 진보적인 여교수와 학생들의 갈등과 성장의 서사를 내용으로 한 영화다. 전통적인 성역할에 길들여져 있는 학생들과 미술사 교수로 새로 부임한 주체적인 캐서린 왓슨 교수 모습이 대비되면서, 여성이 대학에서 교육을 받는다는 의미와 페미니즘 교육의 의의를 생각해 보게 하는 텍스트로써 의미가 있다.

이에 본 글은 페미니즘 교육과 사고와 표현교육의 측면에서 젠더적 문제의식을 키워주는 콘텐츠로써 영화 〈모나리자 스마일〉의 가치에 주목하였다. 영화 텍스트의 내용분석을 통해 남성과 여성을 분리 교육하던 시대에 여자대학의 풍경을 비판적으로 살펴보고, 여학생들을 주체적 개인으로 성장시키기 위한 교육적 접근에 대해 생각해 보았다. 특히 학생들의 변화와 성장을 이끌어낸 동인이 무엇인지 교수자와 학습자의 소통방식에 주목하였다.

영화 〈모나리자 스마일〉 내용 분석을 하면서 여성학 교육 콘텐츠로서의 의의를 찾아보고자 한다. 〈모나리자 스마일〉 텍스트 읽기를 통해 여자대학을 다니고 있는 학생들을 미래 여성 리더로 육성하기 위한 교육적 시사점을 살펴보게 될 것이다. 여자대학에서 교양교육을 강의하고 있는 필자의 현장 경험을 접목하여 학생들의 비판적 사고력을 키워주기 위한 교수자 역할은 어떠해야 하는지, 이 영화를 통해 1950년대 미국 사회에서 여성의 위상과 여자대학의 역할, 교육내용과 학생들의 모습을 젠더적 관점을 통해 분석하게 될 것이다.

2. 여성교육 렌즈를 통해 영화를 들여다보다

1) 영화 〈모나리자 스마일〉 내용

〈모나리자 스마일〉은 1950년대 미국 명문 여대를 배경으로 전개된다. 영화는 미술사 강사로 갓 부임한 캐서린 왓슨 교수의 진보적인 교육관이 보수적인 학교 당국과 부딪치고 전통적인 여성교육의 틀에 길들여진 학생들과 갈등하며 서사를 구축해 간다. 자유롭고 개방적인 미국 서부의 분위기를 반영하는 UCLA에서 현대미술을 공부한 왓슨 교수와, 보수적인 동부지역에서 최고의 권위를 내세우는 웰즐리 여대에서 고전적이고 전통적인 교육을 하고(받고) 있는 기존 교수와 학생들의 모습이 대비를 이루며 전개된다. 특히 캐서린 왓슨(Julia Roberts 배역) 교수를 중심으로 베티 워렌(Kirsten Dunst 배역), 조안 브랜드윈(Julia Stiles 배역), 지젤 레비(Maggie Gyllenhaal 배역), 코니 베이커(Ginnifer Goodwin 배역)[2] 등의 학생이 중심 인물로 그들간의 갈등과 화해, 성장 스토리를 담고 있다.

〈모나리자 스마일〉은 1953~54년 미국을 배경으로 전통적 젠더 역할이 강조되는 여자대학의 풍경을 그리고 있다. 당시 웰즐리 여대의 교육목적이 하버드 대학의 남학생과 잘 어울리는 교양있는 여성을 양성하는 것임을 공공연히 비춰준다. 좋은 가문의 남성과 결혼하는 것이 곧 여성의 성공이고, 남편을 잘 내조하고 아이를 잘 양육하고 가정 살림을 잘 꾸리는 것이 여학생들이 선망하는 미래였던 당시 상황을 묘사하고 있다. 웰즐리 대학의 졸업장이 현모양처를 입증하는 자격증처럼 여겨졌던 여자대학의 교육 풍경을 보여주고 있다.

영화의 갈등은 새로 부임한 왓슨 교수가 대학 공부는 결혼을 위한 도구가 아니라 자신을 발견하는 것이며, 결혼 후에도 독립적으로 자신의 길을 가야 함을 강조하며 전통적인 성역할을 주입하는 교육 방향에 이의를 제기하면서 비롯되었다. 그는 부모가 주입하는 삶이 아니라 자신이 진짜 원하는 삶을 선택할 것을 학생들에게 강조한다. 여성의 독립과 사회적 진출을 중요하게 생각하는 왓슨 교수와, 사교계의 세련된 교양과 매너를 갖춘 여성으로서 명문가 남성과 결혼하는 것이 대학교육을 받는 이유였던 학생들과의 관계가 갈등과 긴장을 거쳐 변화되어 가는 과정을 그리고 있다.

왓슨 교수는 우수하고 똑똑한 여학생들이 대학교육의 종착점으로 결혼만을 생각하는 여자대학 분위기에 문제를 제기한다. 학생들이 받고 있는 대학 교양교육이 사교계에 입문하는 매너와 에티켓을 익히는 내용으로 구성되었고, 교재를 암기하는 지식을 자신이 알고 있음을 과시하는 수업이라는 점을 비판한다. 남성과의 관계에서 지적인 여성이 갖추어야 할 수단으로 웰즐리 대학의 교양교육이 진행되고 있었기 때문이었다.

그러나 왓슨 교수의 혁신적인 교육적 시도는 학교의 보수적인 분위기를 바꾸는데 한계가 있었다. 학교 당국은 왓슨 교수에 대해 '웰즐리 전통'을 따라야 한다며, 학기 시작 전에 강의계획서를 제출하여 승인을 받고 교육하라는 조건을 걸고 재임용을 결정한다. 이에 왓슨 교수는 "웰즐리와 결코 타협하지 않겠다"는 메시지를 남기며 웰즐리를 떠난다. 웰즐리 여대를 떠나는 마지막 장면에서 학생들은 자전거를 타고 왓슨 교수를 따라가며 아쉬운 표정으로 진정한 스승이자 멘토였던 왓슨을 배웅하는 모습을 보여준다. 활짝 미소를 띠고 학생들에게 굿바이 인사를 던지고 떠나는 왓슨 교수의 환한 모습에서 또 다시 새로운 길을 만들어가는 희망을 보여주었다.

2) 페미니즘 교육 콘텐츠로서의 의의

〈모나리자 스마일〉은 페미니즘 영화로 불러도 손색이 없다. 여성학 교육 콘텐츠로서 해석해 볼 수 있는 여지가 풍부하다. '미술사'를 가르치는 계약직 강사가 보수적인 여대 캠퍼스에 입성하면서 벌어진 여러 일들은 당시 여자대학의 분위기와 통념을 전복하는 메시지를 던지고 있다. 남녀평등의 측면에서 여성에게도 대학교육을 받을 수 있는 교육 기회를 주고자 설립된 여자대학 커리큘럼 대부분이 남성을 보조하고 뒷바라지는 세련된 아내로서의 성역할 규범을 가르치고 있었다는 점이다. 똑똑한 여성들이 단지 가정에서 아내와 주부, 엄마로서 살아가는 것을 이상화 하는 사회 분위기를 반영했던 것이다. 이와는 대조적으로 왓슨 교수는 여성의 주체적인 선택과 자유를 강조하는 교육으로 학생들의 자아를 깨우고자 하였다.

레오나르도 다빈치의 유명한 작품인 '모나리자'를 딴 이 영화는 제목만으로도 상징적 의미가 있다. '모나리자'라는 작품의 이미지를 통해 고전적이고 얌전한 여성의 아름다움을 드러내고 전통적인 예술가치와 보수적인 미덕을 중시했던 1950년대 웰즐리대 학풍을 보여주는 것이다. 또한 관객들로 하여금 '모나리자'의 신비한 미소와 우아한 모습 이면의 실상이 무엇일지 생각해보도록 질문을 던진 것이다. 영화에서 가장 보수적인 학생으로 나온 베티는 엄마와 남편의 인형처럼 살아왔던 자신의 모습에 '모나리자'를 투사하였다. '모나리자' 그림 속 모델인 여인의 모습을 통해 타인에게 보여주기 위해 만들어진 자신의 허상을 발견한 것이다. 스스로 어떻게 남성문화의 구성물이 되었는지, 진정한 행복이 결여된 결혼생활에서 자신이 짓고 있었던 가짜 미소의 모순을 자각하였던 것이다. 즉 당시 사회와 부모가 정해놓은 기준에 스스로 얽매여 살고 있었던 것은 않은지, 자신의 삶에 대해 진지하게 고민하며 그림 '모나리자'를 언급한다. "모나리자, 그녀는 행복할까요? 행복해 보이면 그걸로 된 걸까요?"

이처럼 영화 〈모나리자 스마일〉은 시간이 지나면서 학생들이 주체적으로 자아를 발견해 가는 모습을 담아내고 있다. 자신이 원하는 삶의 모습을 그리며 스스로 목표를 선택하고 행동하는 셀프 리더십[3]을 키워가는 과정을 보여주고 있다. 타인의 기대와 부모가 써 준 각본대로 사는 것이 아니라 자신의 의지대로 원하는 삶을 살아가려는 학생들의 주체적인 변화를 영화에 담고 있다.

기본적으로 셀프 리더십의 기초는 스스로 설정한 자신의 비전과 꿈에 있다. 삶의 원칙, 신념, 소신을 토대로 타인에게 영향을 미치는 것이 리더십이라는 점에서 학생들은 왓슨 교수와의 만남을 통해 자신의 삶의 또 다른 가능성을 찾아 나서며 셀프 리더십을 갖추게 되는 것이다. 왓슨 교수의 선구자적인 모습, 멘토로서 학생들에게 롤 모델이 됨으로써 학생들은 현모양처로 젠더화 되었던 틀에서 벗어나 주체적인 개인으로 성장하였다. 그런 점에서 리더십교육의 측면에서 유의미하게 살펴볼 수 있는 지점들이 있다.

이처럼 〈모나리자 스마일〉은 여성학 교육 콘텐츠로써 학생들과 함께 논의할만한 적합한 내용을 담고 있다. 여성학 공부는 우리 일상에 스며있는 젠더 이데올로기를 살펴보고 여성의 삶에 영향을 주는 다차원적 주제들을 다루기에 자연스럽게 토론의 과정을 필요로 한다.(알프레드 스나이더, 맥스웰 슈누러, 2015, 325-327) 영화 〈모나리자 스마일〉은 가부장제 문화를 유지하는데 여성들 스스로 복무하고 예속되어 있던 당시 여자대학의 모습을 비판적으로 고찰하게 하고, 동시에 주체적으로 성장하여 세상으로 나아가는 여성들의 모습을 비춰준다는 점에서 페미니즘 교육 자료로써의 의의가 있다. 영화의 다양한 장면들을 젠더적 관점에서 비판해 보고 영화 밖의 현실과 연계하여 해석해 볼 수 있다.

3. 젠더적 관점에서 텍스트 읽기

1) 여성이 대학교육을 받는다는 것의 의미

영화 〈모나리자 스마일〉은 여성이 고등교육인 대학교육을 받는 의미를 생각해 보게 한다. 1870년 웰즐리대학을 설립할 때 여성 교육을 시작한 이유가 현모양처를 양성하기 위한 것이었는지, 근본적으로 여자대학의 설립이유에 대해 질문하게 한다. 영화에서 1953년의 웰즐리 여대는 여성의 아름다움[4]을 강조하고 여성성을 강화하는 커리큘럼으로 구성된 수업으로 학생들을 가르친다.

가정, 가사 수업과 같은 커리큘럼으로, 여성스러운 덕성에 어울리는 대화술을 익히고 에티켓과 테이블 셋팅, 교양있는 매너를 익히는 교육으로 이루어진다. 학생들에게 현명한 아내로서 어떻게 처신하는 게 좋은지 생각해보도록 하는 문제상황을 사례로 제시한다. 예를 들어 "남편이 승진해서 파티를 준비한다고 가정하고 두 라이벌이 초대된 상황에서 어떻게 좌석을 배치하는 게 지혜로운지, 그런 자리에는 어떤 음식을 차리는 게 좋은지" 등을 상정하여 이러한 상황에 센스있게 대처하는 방법에 대해 생각해 보도록 하는 것이다. 이 과목을 담당하는 교수는 "몇 년 후에 너희도 주부가 되어 있겠지"라고 하며 이러한 교과가 실질적으로 학생들의 미래에 도움이 되는 실질적인 교육이라는 점을 강조한다. 심지어 체육시간에 수영을 배울 때조차 "미소를 잃지 마"라고 지적하며, 물 위로 얼굴이 떠오를 때는 아름답게 미소를 지으라고 학생들에게 가르친다.

대학의 교과과정만이 아니다. 축제에서도 웰즐리 여대의 캠퍼스는 '신부 양성 학교'와 같은 분위기로 묘사된다. 하버드 대학에 다니는 남학생을 파트너로 초대하여 쌍쌍파티를 하고, 남학생들에게 최대한 예쁘게 보이도록 꾸미고 치장하며 여성성을 최대한 드러내 보인다. 학생들에게 외적인 아름다움을 주입하고 이를 철저히 내면화하는 과정을 보여준다. 남학생과 동등하게 여성에게도 교육 기회를 제공하고 있음을 강조하지만, 웰즐리 여대의 당시 교육은 남성을 잘 내조하는 여성을 육성하는 것에 지나지 않았다.

하버드대학이 1977년이 되어서야 여성의 입학을 허용하였다는 점에서 여대의 설립은 성역할 분리의 전형성을 교육 현장에서 보여주는 것이다. 남성과 여성이 분리된 가부장제 문화 속에서 여성을 교육시키고자 설립된 여자대학이 그 사회의 질서를 견고히 하기 위해 여성성의 덕목을 강조했던 것이다. 결국 세계 최고의 대학인 하버드대학 남학생과 어울리는 여성임을 증명하는 것이 웰즐리 여대의 존재 이유가 된 시대적 한계를 비춰주고 있다. 대학교육이 결혼생활을 위한 장식에 지나지 않는 현실을 폭로한 왓슨은 학생들에게 자신을 발견하는 것이 대학교육의 목표이며, 결혼 후에도 자신의 삶이 있다고 강조하고 자신이 선택한 길을 가라고 하였다.

여성에게 단지 대학교육을 받을 수 있는 기회가 주어졌다는 것만으로는 부족하다. 어떤 내용으로 교육을 받는가가 사실 더 중요하다. 그런 점에서 영화에서 새로운 학기가 시작되는 개강 의식에서 조안이 학생 대표로 강당의 문을 두드리자 총장이 "누가 배움의 문을 두드리는가?" 묻는 장면은 중요한 함의가 있다. "진리를 탐구하고 영혼을 깨우고 싶다"고 학생이 말하자 닫힌 문이 활짝 열리며 새 학기가 시작되었음을 선포한다. 이 장면처럼 대학교육의 본연의 목적은 진리를 추구하고 탐색하는 것이다. 여자대학도 동일하게 그러한 교육 목적을 추구하는 것이다. 그럼에도 당시 커리큘럼은 고정된 성역할을 강화하는 내용으로 이루어졌다는 점에서 여성 교육의 한계를 보여주었다.

일찌기 존 스튜어트 밀은 『여성의 종속』에서 언급한 바 있다. 여성과 남성은 근본적으로 동등하지만 사회가 여성에게 능력을 발휘할 수 있도록 허용하는 기회의 격차로 문제가 생겼다(서병훈 역, 2011, 192)는 것이다. 따라서 여자 대학의 존재 의미는 여성을 단지 교육대상으로 삼고 있음이 아니라, 교육을 통해 사회활동에 주체적으로 참여할 수 있는 기회를 제공하는 데 있어야 한다. 양성이 진정으로 평등한 문화가 자리잡기 위해서는 교육을 통한 여성의 위상 변화가 선제적으로 요청되기에, 대학에서 교육을 받는 진정한 의미는 여성 스스로 자신의 미래를 주체적으로 만들어가는 것이어야 한다.

2) 여성과 결혼, 가정에서의 젠더화

영화 〈모나리자 스마일〉은 여성에게 있어서 '일'과 '결혼'의 문제를 생각해 보게 한다. 영화에서 학생들은 명문 대학을 나온 유수한 집안의 남성과 결혼하여 귀부인이 되는 것을 인생목표이자 최대의 행복으로 생각하였다. 가장 우수한 학생인 조안 조차 "졸업하면 결혼할 거에요"라고 당당하게 말하며 그 이상의 개인적인 꿈이 없었다. 웰즐리 대학을 다니는 자부심은 남들이 보기에 근사한 화려한 결혼을 하는 것에 맞추어져 있었다. 대학을 다니는 여성들이 적었던 당시 사회에서, 우수한 여학생들 조차 낭만적 사랑과 결혼 이데올로기를 내면화하고 있음을 보여주었다. 명문가에 시집가서 상류층의 교양을 갖춘 안주인으로 사는 것이 가장 행복한 삶이라는 신화를 별다른 생각 없이 받아들이고 있었던 것이다.

그런 까닭에 재학 중에 결혼하는 일이 다반사였고, 외려 이는 학생들 사이에서 부러움의 대상이 되었다. 1950년대 미국 여성의 평균 결혼 연령이 20.3세라는 사실만 보더라도 이는 이상하거나 유별난 일이 아니었다. 결혼을 하면 결석도 상관없고 학업에 소홀해도 전혀 문제가 되지 않는다는 분위기였다. 많은 여성들이 최소한 스물 다섯에 결혼하지 않은 상태라면 가망이 없다고 생각했고 괜찮은 사람은 다 결혼했을 것이라고 여기는게 일반적인 인식이었다.(마이라 스트로버, 2019, 109)

영화에서 부모가 맺어준 명문 가문의 남성과 결혼한 베티는 친구 조안을 신혼 집에 초대해 집안 곳곳을 안내하며 편리하고 깨끗한 가전제품으로 예쁘게 꾸민 공간을 보여주며 자랑스러워 한다. “이이가 승진했다”며 남편의 출세가 마치 자신의 성공인양 말한다. ‘아름다운’ 신혼 가정의 풍경을 본 친구 조안은 “예쁘다, 꿈을 이뤘구나”라고 부러워하고 베티의 성공한 결혼을 축하한다. 한편 조안이 “예일대 로스쿨에서 입학허가서가 왔다”고 말하자, 베티는 로스쿨에 진학하는 것은 “네가 평생 원하던 걸 다 잃게 될 것”이라며 여성의 최고의 가치는 결혼임을 역설한다.

이처럼 당시 여자대학의 교육은 결혼을 위한 엑세서리에 지나지 않았다. 실제 1950년대 웰즐리 대학 연감에는 우아한 드레스를 입고 한 손에는 책을, 다른 한 손에는 프라이팬을 들고 있는 주부의 모습을 한 학생 사진이 게재되었다고 한다. 명문여대를 다니며 공부하는 중요한 이유는 명문가에 시집을 잘 가기 위한 것이었던 당시 상황을 보여주었다. 결혼으로 인해 한동안 결석을 했던 베티가 학교에 나와 출석을 못한 이유를 신혼살림으로 바빴다고 당당하게 말하는 장면이 그러한 예다. “기혼자들에겐 출석 일수 같은 거 안 따져요. 출석을 안 해도 졸업장은 줘요”라고 당연스럽게 말하는 장면은 재학중 결혼에 최고의 의미를 부여했던 당시 모습을 보여준다. 이에 대해 “결혼했다고 수업을 무시하지 말라"고 단호하게 말하는 왓슨 교수는 단지 결혼을 위해 '폼'으로 학교를 다니던 많은 학생들에게 충격을 주었다.

왓슨 교수는 학생들에게 '광고'에 나타난 여성 이미지를 슬라이드로 보여주며 학생들이 스스로 무엇이 문제인지 발견하도록 하였다. 사회가 주입한 여성의 상품화된 이미지를 깨닫도록 한다. "미래의 학자들이 주부로 취직이 되었다. 지금 대학의 모습은 현모양처의 산실이다. 너희가 공부한 물리학이 고기 근수를 재는데 사용되고 있다"고 말하며, 결혼이 지상목표가 된 대학 분위기를 비판한다. 광고에 나타난 당시 여성들의 모습은 학생들이 받아왔던 교육과정에 대해 반성적 성찰을 하도록 이끈다.

왓슨 교수는 자신의 삶에서도 주체적이고 독립적인 모습을 보여주었다. 학생들이 초대한 '아담의 갈비뼈'라는 비밀 서클에서 결혼관에 대해 묻자 왓슨은 "사귄다고 다 결혼하지는 않아. 결혼하더라도 거기에 얽매이지는 않아"라고 말한다. 결혼에 대한 관습과 여성의 본연의 역할이자 덕목이라고 사회가 주입한 이데올로기를 거부하고 남성 혹은 남편의 존재와 관계없이 스스로 독립적인 삶을 살아가려는 모습을 보여준다. 왓슨 교수는 웰즐리대가 이제까지 학생들에게 가르쳤던 "가정을 굳건히 지키며 전통을 계승할 아기를 낳는" 것에 한정된 여성의 모습에 문제를 제기한다. 결혼과 가족이데올로기를 사회화하며 남편 내조와 자녀 양육이 여성의 본질이라고 했던 당시 대학 사회를 비판하였다.

이처럼 왓슨 교수는 학생들에게 결혼만이 전부가 아니라 가정을 갖는 것도 선택이고 혹은 가정과 사회생활을 병행할 수 있는 것도 여성 자신의 선택이라는 점을 인식하도록 하였다. 웰즐리 여대가 해왔던 그동안의 여성교육, 즉 여성의 타고난 역할은 결혼하여 자녀를 낳고 기르며, 남편을 잘 내조하는 것이라는 전통적인 교육에 반발하고 변화를 시도한 것이다. 왓슨은 학생들에게 "지도자의 아내가 아닌, 여성 리더로 키우고 싶었다"고 말한다. 웰즐리 대학 학생들에게 결혼 너머 새로운 세계를 상상하도록 이끈 것이다.

3) 주체적 개인으로서 자아발견

〈모나리자 스마일〉은 학생들이 자신의 삶의 주체로서 자아를 발견하는 과정을 비춰준다. 웰즐리 여대 학생들은 자신이 진정 원하는 삶이 무엇인지 고민하기보다 주어진 교육과정에 순응하며 살아왔다. 왓슨 교수는 학생들에게 "이 나라에서 가장 똑똑한 여성들에게 내가 감히 도전하려 들다니 어리석었다"며, 학생들이 대학교육을 받는 이유가 모두 결혼으로 귀결되고 있는 분위기에 반기를 든다. 대학을 가장한 신부를 양성하는 학교라고 비판하며, 여성의 타고난 역할을 강요하는 또 다른 코르셋이라고 말한다.

왓슨 교수는 학생들에게 자신이 좋아하는 것을 하며 사는 것이 정말 중요한 일임을 강조한다. 학교에서 가장 우수한 학생인 조안에게 직접 예일대학교 로스쿨 원서를 가져다주며 자신의 잠재된 역량을 개발할 것을 권유한다. 그러나 조안이 남편을 따라 필라델피아로 갈 예정이라고 하자 "필라델피아에도 대학원이 있어. 포기하면 네가 노력한 것이 물거품이 되잖아. 너는 둘 다 해 낼 수 있어"라고 말하며 독려한다. 그러나 조안이 결혼반지를 보여주며 “저는 가정을 원해요. 저는 아내와 엄마가 되는 게 더 좋아요”라며 진학보다는 가정을 ‘선택’했다고 말하자 왓슨 교수는 자신이 원하는 것을 선택하는 것이 무엇보다 중요하다는 점을 받아들이게 된다. 결국 페미니즘의 핵심은 ‘선택(choice)’이라는 점을 보여준 것이다. 여성에게 결혼 이외의 또 다른 목표가 있다는 점을 학생들에게 가르쳤지만 이를 혹시 강요했던 것은 아닌지 반성하며, 왓슨 교수는 ‘사랑하는 남자의 아내로 만족한다’는 조안의 말을 통해 결혼을 주체적으로 선택했다면 그 또한 의미가 있는 것임을 인정한다.

학생들에게 일과 가정생활을 병행할 수 있다고 했지만, 보다 중요한 것은 여성 스스로 자신이 선택한 삶을 사는 것이라는 점을 보여준 것이다. 각자의 가치관에 따라 자신의 삶에서 소중하게 여기는 것이 다르기에 왓슨은 조안의 선택을 존중해 준 것이다. 이러한 왓슨의 교육은 학생들의 인식에 새로운 변화를 만들어낸다. 무엇보다 기존의 틀을 깨고 나오는 용기가 중요하다는 점을 학생들이 깨닫게 된 것이다. 극적인 변화는 가장 먼저 화려한 결혼을 했었던 베티에게서 나타났다. 베티는 사랑과 신뢰가 없는 불행한 결혼생활에 대해 “결혼은 참는 것이다. 화장을 하고 남편을 기다리라”는 웰즐리대 동문회장이자 가문의 명예를 중시하는 엄마의 당부를 거부한다. 학업보다 결혼이 우선이었던 베티가 결국은 이혼 서류를 접수하고 불행했던 결혼 생활을 청산하고 자신만의 길을 찾아 떠나는 것이다. 왓슨 교수가 공부했던 서부로 가서 법대 대학원에 진학하겠다고 선언한 베티는 남편에게 종속되어 아내와 주부로만 남게 될 포장된 삶을 거부한 것이다. 이제

남에게 보여지는 삶을 더 이상 살지 않겠다는 점을 실천하며 스스로 자아정체성을 찾아가는 모습을 보여주었다.(성민정, 2012, 34)

또한 〈모나리자 스마일〉에서 외모에 자신이 없어 연애에 소극적이던 코니의 태도 변화도 주목해 볼 필요가 있다. 코니는 자신과 만나던 남학생의 진심을 확인하고자 '여자 출입금지'인 남자 기숙사로 쳐들어가는 모습을 보여준다. 혼자서 가슴앓이를 하기 보다는 "두 번 실수하기는 싫다"며 당당하게 남자친구를 찾아가 자신을 좋아하는지를 물어보고 직접 사랑을 확인하는 것이다. 남성에게 선택받기를 마냥 기다리는 수동적인 여성상이 아니라 자신의 감정에 충실하고 자신이 사랑하는 남성을 능동적으로 선택하는 모습을 보여주었다.

이처럼 왓슨 교수는 학생들이 주체적으로 생각하고 독립적으로 행동하는 자각의 계기를 제공하였다. 젠더적 시선에 갇혀 부모와 사회가 기대하는 모습으로 순치화된 삶이 아니라, 학생들 스스로 자신이 원하는 삶을 선택하는 독립적인 자아를 형성하게 되는 큰 변화를 이끌어낸 것이다. 이는 〈명작 따라 그리기〉 수업에서 고흐의 '해바라기'를 똑같이 모사했던 과거와는 달리, 학생들이 각자의 개성을 살려 다르게 표현한 해바라기 작품들로 상징화 되었다. 왓슨 교수가 웰즐리대를 떠날 때 학생들은 "우리를 기억하시라구요"라고 말하며 '해바라기'를 모티브로 개성있고 다양한 해바라기를 그린 작품을 비춰주는 장면으로 형상화 되었다. 학생들이 자신의 관점을 지닌 자주적인 개인으로 성장하고 있음을 보여주었다.

4) 여자대학의 존재 의미 고찰

〈모나리자〉 영화는 '여자대학'의 존재 의미를 고찰하게 한다. 영화의 배경이 된 웰즐리 칼리지[5]는 미국 북동부 매사추세츠 주의 보스톤 근교인 웰즐리에 위치한 전통과 역사를 자랑하는 여자대학이다. 리버럴 아트 칼리지(Liberal arts college) 순위에서 매년 상위 5위 안에 선정되고 있는 명문대학으로 많은 여성 리더들을 배출하였다. 교양교육 차원에서도 리더를 키우기 위한 다양한 노력을 하고 있다. 예컨대 웰즐리 플러스(Wellesley Plus)는 신입생 25명을 대상으로 운영되는 프로그램으로, 학문 역량 강화와 특별 워크숍, 인턴십으로 구성되어 있다. 멘토 2명, 튜터 1명, 교수학습센터의 디렉터, 학장이 팀이 되어 신입생과 정기적인 만남을 통해 학생들이 효과적으로 대학생활에 적응하도록 지원하고 있다. 모든 단체활동을 운영하는 주체가 여학생들이기에 웰즐리대를 졸업한 여성[6]들은 뛰어난 리더십을 발휘해 미국 사회에서 중요한 역할을 담당하고 있다.

〈모나리자 스마일〉 영화를 통해 한국의 여자대학 현실을 되짚어 보는 것도 의미가 있다. 과거 여자대학이 창립되었을 때 설립 이유가 지금 한국 사회에도 유효한지 질문해 보는 것이다. 남성중심 사회에서 여성도 교육받을 기회를 가져야 한다는 인식하에 세워진 여자대학들이 이제는 "여대의 존재 자체가 역차별"이라는 말을 듣고 있는 상황이기 때문이다.[7](임세은, 2019) "여대의 존재이유는 여대 소멸"이라는 말처럼, 점차 여자대학들이 남녀공학으로 전환되고 있는 추세에서 여전히 여학생만 따로 분리하여 교육하고 있는 여자대학의 존재 의미와 역할에 대해 생각해 볼 필요가 있다.

영화의 시대적 배경이 되었던 1950년대와 2022년 현재의 여자대학은 70여 년의 시간의 흐름만큼 많은 차이가 있다. 과거 한국의 여자대학도 영화속 웰즐리 여대와 마찬가지로 현모양처를 키우기 위한 교육으로 가정, 가사 교육과정이 중심이었다. 그러나 이제는 미래 여성리더를 양성하고자 리더십 교육이 강조되고 있다. 남녀평등이 법적, 제도적으로 구현된 사회에서 현재 여성들 앞에 남아 있는 문제는 무엇인지, 사회문화적으로 여성들에게 어떤 변화가 있는지, 여자대학에 대한 인식은 어떤 변화가 있는지, 여대의 역할과 더불어 여대가 배출한 여성들의 역할과 사회 활동 등에 대해 생각해볼 필요가 있다.

현재 한국 사회는 여학생들의 높은 대학진학률에도 불구하고 여자대학의 선호도는 낮아지고 있다. 몇몇 여자대학이 남녀공학으로 전환되고 대학원 과정에 남학생 입학이 허락되면서 실질적으로 여학생만을 대상으로 하는 여자대학의 수가 줄어들고 있는 추세다. 한편으로는 최근들어 여성혐오 문제가 불거지고 대학에 여성학 수업들이 많이 개설되면서 학생들이 페미니즘에 대한 관심이 높아지고 있는 상황이기도 하다. 여성에게 평등한 교육기회가 주어졌지만, '유리천장'이라는 표현처럼 여성이 커리어를 계속해서 성장시키기 어려운 불평등한 현실이 존재하고 있다. 보이지 않게 작동되고 있는 가부장적 문화와 연관지어 〈모나리자 스마일〉은 여성과 젠더, 페미니즘 이슈들에 대해 생각의 문을 열어주고 있다.

4. 사고와표현교육 관점에서 텍스트 읽기

1) 학생들로 하여금 생각하고 표현하게 하라

영화 〈모나리자 스마일〉은 교육의 본질이 무엇인가 생각해 보도록 한다. 진정한 배움은 단순히 지식을 암기하는 데 있지 않고 학생 자신의 생각과 느낌을 발견하는 데 있다. 왓슨 교수는 '미술사' 강의 첫 시간에 학생들의 뛰어난 역량에 놀란다. 교재에 수록된 미술 작품들을 미리 학습하고 와서 더 이상 가르칠 것이 없는 아주 '똑똑한' 학생들과 만난다. 왓슨이 보여주는 슬라이드의 미술 작품에 대해 학생들은 이미 완벽할정도로 다들 알고 있었다. 왓슨 교수가 "교재를 전부 완독한 사람 손들어 보라"고 하자 학생들 모두가 손을 들었고, 심지어는 부교재도 예습해 와서 해당 내용을 숙지하고 있음을 보여주었다. 자신이 무엇을 가르쳐야 할지 당황하는 왓슨 교수에게 학생들은 "자습할께요"라고 말하며 강의실 밖으로 나간다. 왓슨 교수는 첫 수업에서 교재에 있는 내용을 전부 파악하고 있던 학생들로부터 자신의 수업이 필요가 없다는 듯 무시를 받았다.

다음 수업 시간에 왓슨 교수는 강의 방법을 완전히 바꾼다. 학생들에게 자신의 생각을 말해보도록 한다. 학생들의 생활기록부를 보고 한 명 한 명을 파악한 상황에서 학생들 스스로 말을 하도록 전환한다. 학생들은 다 아는 듯이 말했던 이전 수업과는 달리, 자신의 시선을 통해 작품을 해석해 보는 것을 어려워한다. 또한 고전 작품을 소개하는 것에서 벗어나 잭슨 폴락을 비롯해 파블로 피카소, 빈센트 반 고흐의 작품을 보여주며 학생들에게 자신의 느낀 점을 말해보도록 한다.

교재에는 나오지 않은 새로운 텍스트를 수업에 활용함으로써 학생들의 고정관념을 무너뜨리고 새로운 생각과 느낌을 일깨우고자 한다. 익히 알려진 고전 작품이 아니라 추상적인 작품을 보여주면서 "이에 대한 느낌을 말해봐. 어떤 답도 괜찮아, 새로운 사고에 마음을 열어"라고 학생들에게 주문한다. 예술에는 정해진 기준이 없고 정답을 강요하는 교재도 없다며 학생들로 하여금 창의적으로 생각해 보도록 독려한다. 개방적이고 실험적인 왓슨의 교육방식은 학생들과 함께 야외 스튜디오에서 잭슨 폴락의 '연보랏빛 안개'라는 현대 미술 작품을 직접 감상하는 체험으로 이어진다. 교재에 정리된 지식을 암기하는 교육이 아니라 현장에서 자신의 느낌과 생각을 들여다보도록 하였다. '이래야만 한다'는 고정적인 해석에서 벗어나 작품의 제작과정과 우연한 표현을 중시하고 다양한 시선 차이를 발견하게 하였다.

학생들 스스로 생각해 보도록 하는 수업을 경험하며 학생들은 서서히 작품을 바라보는 자신만의 시각을 갖게 되었다. 그런 점에서 왓슨 교수가 미술 수업에서 활용했던 교육방법은 사고와 표현 교육에도 시사점을 준다. 교재에 쓰여진 텍스트만을 중심으로 원리와 지식을 가르치는 수업이 아니라, 서로의 생각을 나누며 문제의식을 키우고 자신의 말로 표현하도록 유도하는 교육이 중요하다는 점이다.

2) 토론과 글쓰기로 접근하라

〈모나리자 스마일〉에서 왓슨 교수는 '미술사' 과목을 담당하였다. 그의 수업은 일방적인 강의가 아니라 토론과 글쓰기로 이루어졌다. 학생들은 각자의 느낌과 생각을 자유롭게 말하고 자신의 글로 표현하였다. 왓슨 교수는 고흐의 '해바라기' 작품을 보여주며 학생들이 테이블 앞에 모여 앉아 상호 토론하도록 유도한다. 명작을 그대로 따라 그리는 미술 수업이 아니라 작품에 대한 각자의 느낌과 의견을 자유롭게 주고받으며 대화하고 토론하는 열린 교육을 한 것이다. 교육내용은 미술에 대한 것이지만, 수업방식은 사고와 표현교육의 핵심인 토론과 글쓰기를 통해 진행되었다.

왓슨 교수는 학생들이 편하게 토론할 수 있도록 자유로운 분위기를 만들어 준다. 교수자가 일방적으로 전달하는 교육방식에 익숙했던 학생들이 정답을 기계적으로 말하던 것에서 벗어나, 직접 느끼고 생각한 것을 자신의 언어로 표현해 보도록 이끈다. 토론식 수업은 주장, 질문, 반론을 통해 더 깊게 주제에 대해 생각해 보도록 만든다. 토론과정에서 학생들은 상대의 말을 집중해서 경청하고 정확하게 요점을 잡아 반응하는 학습을 경험하게 되기 때문이다.(알프레드 스나이더·맥스웰 슈누러, 2015, 62) 대화와 토론을 활용한 수업을 통해 학생들은 교육받은 사람의 중요한 자질인 토론 능력을 키우게 되는 것이다.

또한 왓슨 교수는 글쓰기를 통해 학생들이 자신의 생각을 표현하도록 지도한다. 수업에서 C를 받은 조안이 개인적으로 찾아와 이제까지는 늘 A만을 받아 왔다고 말하며 성적에 이의를 제기하자, 왓슨 교수는 이미 누군가가 말한 지식이 아니라 자신의 생각으로 작품을 분석한 글이 좋은 것이라는 점을 말한다. 남이 이미 연구했던 내용을 암기해서 그대로 적는 답안이 아니라 자신의 생각을 탐색하고 새롭게 해석한 것이 더 가치가 있고 높은 평가를 받는다는 점을 강조한다. 시험 문제도 "1,500자 에세이로 미술작품을 비교 분석하라"는 서술식 답안을 요구했기에 학생들은 미술 작품을 관찰하고 비교해 보며 자신의 느낌과 생각을 글쓰기로 정리하도록 하였다. 이는 하버드 대학의 글쓰기 수업 Expos20에서 하고 있는 글쓰기 학습 유형(이상원, 2019, 29-32)[8]처럼, 두 세 자료를 비교분석하는 글쓰기를 미술교육에 접목한 것이다.

이러한 왓슨 교수의 수업 주제와 운영방식에 대해 학교 당국은 "웰즐리 전통과 맞지 않는다. 현대미술 강의는 자제해 달라"고 요구한다. 그러나 왓슨 교수의 수업은 수강신청 결과 개교 이래 최고의 등록률을 기록하며 학생들의 높은 호응을 받았다. 지식 중심, 암기 위주, 교수자 일방의 강의식 교육이 아닌 학생들이 자신이 느끼고 생각한 것을 글쓰기와 말하기로 표현하는 활동이 교육적으로 더 큰 의미가 있음을 보여준 것이다. 토론과 글쓰기 활동을 통해 미술 교육의 의미를 확장한 것이다.

3) 질문과 대화로 소통하라

영화 〈모나리자 스마일〉에서 왓슨 교수는 학생들이 서로 질문하고 대화하는 가운데 능동적인 학습이 이루어지도록 하였다. 협력학습 분위기에서 왓슨 교수는 강의실 뒤에 학생들과 함께 앉아서 작품 슬라이드를 보며 얘기를 나누고, 학생들이 어떤 말을 하더라도 지지해 주었다. 학생들이 정답을 말하는 것이 아니라 자신의 생각을 발견해가도록 지켜봐주고 자신감과 자존감을 키워주었다. 강단에 서서 교수자가 설명하는 수업이 아니라 학생들 곁에서 슬라이드를 함께 보며 편하게 얘기를 나누는 교육을 하였다. 학생들을 학습대상화하기 보다 수업을 함께 만들어가는 동반자 관계로 위치시켜, 학생과 교수가 상호학습이 가능한 분위기, 학생들 상호간에 서로의 생각이 오가는 자연스러운 분위기를 만들었다. 학생들의 자발적인 참여를 통한 능동적인 학습을 독려하였다.

왓슨 교수는 질문과 대화의 방식으로 수업을 이끌어갔다. 미술작품에 대한 학생들의 생각과 느낌을 찾아가는 교육은 교수자 중심의 지식전달 수업에서는 불가능하다. 학생들 각자의 경험을 재구성하고 다양한 생각과 표현을 장려하기 위한 참여형 교육을 실천한 것이다. 결과적으로 왓슨 교수의 교육적 시도와 접근으로 학생들은 자신의 관점을 갖고 스스로 텍스트를 읽는 힘을 갖추게 되었다. 또한 학생들은 교육과정을 만들어가는 학습 주체로 변화되었다. 결국 교수자의 개방적인 교육철학과 열린 수업방식이 학생들을 성장시켰고 자존감을 키워준 것이다. 학생들이 해바라기 그림을 고흐 작품처럼 그대로 따라 그리지 않고, 각자 다르게 자기식으로 표현한 창의적인 '해바라기' 그림은 각 개인의 차이를 존중한 왓슨 교수의 열린 교육의 결과라고 볼 수 있다.

교육은 지식으로 안다는 것만으로 충분하지 않다. 진정한 삶의 변화로 연결되어야 그 의미가 있다.(성민정, 2012, 31) 반복적으로 암기하여 머리로 저장하는 기능적인 학습이 아니라 학생들이 자신의 생각을 주체적으로 형성하도록 유도하는 것이 사고와 표현교육의 핵심이다.

그런 점에서 질문과 대화가 오가는 교육과정을 통해 학생들에게 지적인 자극을 제공하고 상호학습을 통해 교육적 효과가 배가된다는 점을 확인할 수 있었다.

4) 멘토링을 통해 동기를 부여하라

교수자의 역할에서 가장 중요한 것은 학생들 스스로 학습동기를 갖게 하는 일이다. 교육은 수업 내용만을 전달하고 가르치는 티칭이 아니다. 학생들의 성장과 변화를 가져오는 전인적인 과정이 교육이다. 사고와 표현 교육의 경우 학생들이 해당 수업을 이수하고도 평생 키워가야 하는 의사소통 역량이라는 점에서, 계속해서 스스로 글쓰기와 말하기 능력을 키워갈 수 있도록 학습동기를 유발하는 것이 중요하다.

영화 〈모나리자 스마일〉에서 왓슨 교수는 학생들에게 교수자로서만이 아니라 비공식적인 멘토로서의 역할을 하였다. 멘토링은 멘토 자신의 지혜와 경험을 들려주며 멘티의 능력과 성장을 돕는 과정이자 활동이다. "이런 곳을 대학이라고 부르다니! 내가 마누라 양성소 선생인줄 알았어"라고 말하며 왓슨 교수는 보수적인 웰즐리 대학을 비판함과 동시에 학생들에게 새로운 롤모델을 보여주었다. 총장 앞에서 "대학은 또 다른 코르셋을 강요하고 있어요. 미래의 지도자를 배출하는 곳이 아니라 대학을 가장한 신부학교에요"라고 당당하게 자신의 생각을 밝히며, 결혼만을 유일한 미래로 생각했던 학생들의 삶에 전환점을 제공하였다.

그런 점에서 왓슨은 단지 교양강좌를 맡아서 수업만 했던 교수가 아니라, 학생들이 독립적인 여성으로 성장하도록 격려하는 코치이자 멘토였다. 학생들의 가능성을 보고 잠재력을 키워주고자 학생들 한 명 한 명을 파악하고자 하였고, 학생들이 자신의 미래를 진취적으로 만들어가도록 이끌어주고 주체적인 선택을 할 수 있도록 용기를 주었기 때문이다. 왓슨 교수가 "남들이 기대하는 모습대로 되거나"라고 말하자, 이에 대해 "내 스스로를 찾는 거죠"라고 답하는 학생의 모습에서 나타난다. 독립적으로 자신의 삶을 살아가라는 왓슨 교수의 교육적 메시지가 진정성있게 소통되었음을 보여준 명장면 중의 하나다. 먼저 교육을 받은 여성 선배로서 학생들이 전통적인 성역할의 틀을 깨고 주체적인 개인으로 성장하도록 이끄는 멘토 역할을 한 것이다.

왓슨 교수의 교육을 통해 학생들은 여성도 가정에 국한되지 않고 사회에서 중요한 역할을 할 수 있다는 생각을 갖게 되었다. 왓슨의 멘토로서의 영향력은 가장 보수적인 생각을 가졌던 베티가 교내 신문에 투고한 글에서도 나타난다. "우리를 변화시키려고 노력했던 아주 특별한 여성에게 이 글을 바친다. 그녀는 새로운 도전을 향해 유럽으로 향하고 있다. 이미지에 가려진 진실의 빛을 강조하였다"며 웰즐리 대학을 떠나는 상황이 된 왓슨에게 감사를 표하는 것으로 나타났다. 남에게 근사하게 보여지는 모습이 중요한 것이 아니라 자신이 스스로 원하는 삶을 살라고 했던 왓슨 교수의 가르침은 베티 자신도 왓슨을 따라 그가 공부했던 서부로 가서 법대 대학원에 진학하는 결정을 내리도록 하였다. 왓슨에게 가장 대립적이었던 베티가 왓슨 교수처럼 독립적으로 자신의 미래를 만들어간다는 점이 이 영화가 관객들에게 주는 반전 매력이다.

〈모나리자 스마일〉의 마지막 장면은 특히 시사하는 바가 크다. 왓슨 교수가 학교를 떠나는 것을 아쉬워하며 자전거를 타고 뒤쫓아 가며 배웅하는 학생들의 모습은 많은 것을 함의하고 있다. 당시 여성들은 영하로 내려가지 않으면 바지를 입을 수 없었다. 미국 사회에서 1970년대 중반까지 바지는 전문직 여성의 적절한 근무 복장으로 받아들여지지 않았다. 또한 자전거는 자신이 직접 발로 페달을 밟아야만 앞으로 나아가는 물건이다. 이런 점에서 마지막의 자전거 장면은 자기 동력을 가진 주체적인 여성으로 학생들이 성장하고 있음을 상징하는 오브제로 제시되었음을 알 수 있다. '자전거'를 통해 누군가가 운전하는 뒤에 얌전하게 앉아 수동적인 꽃으로 살기 보다는 스스로의 삶을 주체적으로 만들어가는 여성으로 나아간다는 것을 보여준 것이다. 이처럼 왓슨 교수와의 만남과 멘토링을 통해 학생들은 자신의 삶에 새로운 변화를 만들었다.

5. 자전거 페달을 힘껏 밟으며

영화 〈모나리자 스마일〉은 페미니즘 교육과 사고와 표현교육의 측면에서 다양한 생각거리를 제공한다. 전통적인 성역할이 지배적이었던 1950년대 미국 사회 분위기에서 진보적 교육관을 가진 왓슨 교수가 보수적인 명문여대에 부임하면서 생긴 갈등을 중심으로 교육이 학생들에게 어떠한 긍정적인 변화를 이끌어내는가를 잘 보여주었다.

영화 속의 1950년대 웰즐리 여대는 명문대학 출신의 남성과 대학 졸업 전에 결혼하는 것이 성공이고, 자식을 잘 키우고 가정에서 행복을 찾으라는 현모양처 이데올로기가 팽배해 있었다. 그런 시대에 왓슨 교수는 결혼으로 자신의 미래를 포기하지 말 것을 강조한 것이다. 남편을 잘 내조하기 위해서는 지적인 교양도 있고 '모나리자'처럼 우아한 미소와 세련된 매너를 갖춘 여성이어야 한다는 '여성성'에 기반한 젠더 교육에 반기를 든 것이다. 왓슨 교수는 학생들을 성공한 남편의 아내가 아닌 자신이 선택한 삶을 사는 주체적인 여성으로 성장하길 기대하였다. 영화 〈모나리자스마일〉은 이러한 왓슨 교수와의 만남을 통해 학생들이 독립적이고 개성 있는 개인으로 변화하며 스스로 자신의 미래를 선택하는 모습을 보여주었다.

〈모나리자 스마일〉에서 학생 베티는 자신의 불행한 결혼생활을 반추하며 "보이는 것이 다 진실이 아니다"라고 말한다. 타인의 시선을 의식하며 살아온 자신의 삶의 이면을 성찰하며, "모나리자는 웃고 있어요. 과연 이 여자는 행복할까요? 행복해 보이면 그걸로 된 걸까요?"라고 질문을 던진다. 그리고 타인에게 행복하게 보여지는 전시된 삶, 웰즐리대 동문회장으로 가문의 명예와 체면을 중시하는 엄마의 영향에서 벗어나 자신의 길을 만들어 가고자 변화한다. 영화는 성별 적합성의 논리에 의해 여학생들을 교육했던 보수적인 여성교육의 한계를 비판하며 학생들의 의식을 일깨운다.

영화에서 그려진 당시 미국 여자대학의 모습은 한국 사회의 여자대학의 과거와 비교해 볼 때 기시감을 주기도 한다. 그러나 지금의 여자대학은 더 이상 현모양처의 산실이 아니다. 미래 여성 리더를 배출하는 교육과 훈련의 장이 되고 있다. '탈코르셋',[9] '미투'의 사회적 분위기 속에서 여자대학 학생들은 한국사회 여성문제에 대해 큰 관심을 갖고 발언하고 있다. 다양하고 민감한 페미니즘 이슈에 대해서도 목소리를 높이고 있다.

이처럼 〈모나리자 스마일〉은 영화를 활용한 사고와 표현교육에서 페미니즘과 관련해 여성에 대한 문제의식을 던져줄 수 있는 콘텐츠로써 가치가 있다. 특히 젠더적 관점에서 풍부한 해석 거리를 제시하고 있다. 영화의 배경이 된 1950년대에서 70여 년이 지난 지금, 가정생활에서 남성의 책임이 늘어나고 사회속에서 여성의 참여가 확대되고 있다. 그럼에도 불구하고 여성들이 몸담고 있는 곳곳에 젠더 차별은 아직도 남아 있다.

〈모나리자 스마일〉이 1950년대 미국을 배경으로 한 영화라는 점에서 한국사회의 여자대학과 여성교육에 주는 시사점을 시간적, 공간적으로 보다 면밀하게 분석해 보면 흥미로운 작업이 될 것이다. 오프라 윈프리(Oprah Winfrey)가 웰즐리 대학에서 했던 연설[10]처럼, 이제 여자대학은 여성 리더를 키우는 장이 되고 있다. 영화 〈모나리자 스마일〉은 젠더적 관점에서 여성교육의 과거와 현재를 넘나들며 비판적으로 사고하는 기회를 마련해 주는 텍스트로써 의미가 있다. 젠더 평등을 위한 여정속에서 영화를 활용한 페미니즘 교육은 우리 사회에 바람직한 변화를 이끌 것이다.

주석

1 영화를 활용한 교육 가운데, 특히 의사소통교육과 연관된 연구는 2010년을 기점으로 증가하고 있다. 이는 한국사고와표현학회에서 2009년 11월부터 매달 진행되고 있는 '영화와 의사소통교육' 콜로키움에 힘 입은 바 크다고 하겠다. 대표적인 논문을 예로 들면, "영화 텍스트를 활용한 의사소통 교육 연구(이재현, 2017)", "영화 〈그녀 Her〉를 활용한 글쓰기 교육모형 연구(이경희, 2016)", 영화를 활용한 딜레마 토론 교육 방법 모색(김경애, 2016)", "환경영화를 활용한 융합적 사고와 표현 교육모형 연구(황영미, 2015)", "영화 텍스트를 활용한 협상교육 콘텐츠 개발 연구(신희선, 2015)", "영화를 활용한 이과생 대학 글쓰기 교육 방법 연구(황영미, 2013)", "영화를 활용한 '창의적 사고와 표현' 교육 수업 모형(박현희, 2011)", "수사학 전통과 영화를 활용한 글쓰기 교육(김영옥, 2011)", "영화를 활용한 〈사고와 표현〉 수업 방안(황혜영, 2010)" 등이 있다. 이들 논문은 영화 텍스트 내용분석만이 아니라, 읽기교육, 글쓰기교육, 토론 및 협상교육의 영역에 영화를 실제 활용한 구체적인 방법론에 대한 논의로 확장되고 있음을 보여주었다.

2 〈모나리자 스마일〉 영화 http://movie.naver.com/movie/bi/mi/basic.nhn?code=37884 참조(검색일자: 2019.3.14.)

3 서영근은『셀프 리더십』에서 "셀프 리더는 방향설정(뚜렷한 인생목적과 목표), 활동관리(목표에 집중해서 효율적으로 실행), 사고관리(전반적으로 긍정적이며 어려움 속에서도 가능성 발견), 함께 가기(적극적으로 도움 받고 아낌없이 나눔), 지속학습(성찰하고 끊임없는 자기계발)의 5가지 역량을 갖추고 있다"고 하였다.

4 나오미 울프는 『무엇이 아름다움을 강요하는가』에서 "여성에게 통제력을 발휘하는 아름다움이라는 이데올로기는 여성에 관한 낡은 이데올로기 중 마지막으로 남은 것"이라고 강조하며, "아름다움의 신화는 1970년대에 정치적 행동주의의 부활과 1990년대 페미니즘 세 번째 물결을 통해서만 물리칠 수 있었다"고 하였다. 그런 점에서 〈모나리자 스마일〉 영화의 배경이 되었던 1950년대는 여성들에게 아름다움이 강요되었던 시대였다.

5 미국 웰즐리 대학(Wellesley College)은 미국의 60여 개의 여자대학 중에서 1위를 차지하고 있다. 웰즐리 대학은 '세상을 바꾸는 여성으로 교육하라'는 모토로 최고의 여성교육기관이라는 목표를 추구하고 있다. 마운트 홀리오크 컬리지(Mount Holyoke College), 바서 컬리지(Vassar College), 스미스 컬리지(Smith College), 래드클리프 컬리지(Radcliffe College), 브린모아 컬리지(Bryn Mawr College), 버나드 컬리지(Barnard College) 등과 더불어 웰즐리 대학은 아이비 리그 대학과 비교하여 전통과 역사가 있는 7개의 명문 여자 대학을 지칭하는 세븐 시스터즈 대학(Seven Sisters College)으로 불리고 있다. 이들 여대는 모두 1883년부터 1889년 사이에 설립되었고 전교생이 2,300여 명 내

외로 소규모이며, 교수 대 학생의 비율은 평균 1대 8정도이며 재학생의 96%가 기숙사 생활을 함으로써 사제 간에 더 친밀한 분위기를 유지하고 있다. 미국 최고의 여자대학으로 이들 대학의 공통점은 여성의 특성을 살리는 다양한 교육과정을 개설하여 운영하고 있다는 점과, 소수 정예의 여성 인재를 육성하는 리버럴 아트 칼리지라는 점이다.

6 웰즐리 대학 출신으로 미국 최초의 여성국무장관인 매들린 올브라이트(Madeleine Albright)와 민주당 대통령 후보였던 힐러리 클린턴(Hillary Clinton), 세계적인 여성 앵커인 다이앤 소여(Diane Sawyer)가 있다. 웰즐리대학은 학교 규모가 소규모인데 비해 다수의 노벨상 수상자, 장관, 정치가를 비롯하여 사회 각 분야에서 활약하는 유명 여성인사를 배출하였고, 미국 전체 리버럴 아트 칼리지 순위에서도 항상 상위권에 위치해 있다. 웰즐리 대학 홈페이지(http://www.wellesley.edu/) 참조

7 임세은, 「여성교육을 넓히는 여성학」에서 여대의 존재 의미와 여성학 강의에 대한 학생들의 요구와 필요를 전하는 인식 조사 결과를 보여주고 있다. "우리 사회에서 여성 차별이 현존하는 한 여대의 존재는 역차별이 아니다. 여대는 여성이 남성과 같은 수준의 고등교육을 받고 본인의 능력대로 인정받을 수 있는 유일한 장소이다. 여대는 여성학 강의를 개설해 여대의 설립 목표를 이루는데 기여하였다…. 여성의 교육권 보장을 위해 설립됐으나, 설립 당시 여대가 추구하는 여성교육은 주로 가사노동에 대한 교육이었다. 여성의 역할에 대한 고정관념이 반영된 결과였다. 이제는 여대 설립 당시의 목표인 교양 함양과 바느질 교육이 여성교육의 목표가 아니다." 라고 언급하며 여성의 자립과 성장을 위해 여성학 강의가 확대되어야 한다는 주장을 하고 있다.

8 이상원의 『하버드는 어떻게 글쓰기로 리더들을 단련시키는가』, 북오션, 2019에 의하면 Expos20의 과제들은 '면밀하게 읽고 분석하기(4-6쪽)', '자료의 주장 평가 혹은 2-3개 자료 비교분석하기(6-8쪽)', '3-10개 자료를 바탕으로 학문적 논쟁에 대해 의견을 밝히거나 현상을 파악하기(8-10쪽)'로 학기가 진행될수록 분량이나 요구조건이 까다로워진다는 것이다.

9 '탈코르셋' 운동은 날씬한 몸매로 여성성을 보여주기 위해 입었던 체형 보정 속옷인 코르셋을 벗어버리자는 것으로, 여성들에게 억압적으로 강요되었던 긴 생머리, 화장, 다이어트 등 꾸밈노동과 규범적 여성성으로부터 여성해방을 추구하는 것이다.

10 오프라 윈프리는 여성 스스로 자신의 삶을 살아가라고 강조하며 웰즐리대에서 연설하였다. "당신 인생에 있어 가능한 한 최고로 크고 원대한 꿈을 꾸십시오, 왜냐하면 여러분은 여러분이 믿는 대로 되기 때문입니다. 제가 바로 그 증거입니다. 제가 특별하기 때문이 아니라, 정말로 가능한 일입니다. 여러분 자신을 위해 가장 야심찬 꿈을 꾸십시오.", 『경향신문』 2017.4.5.

참고문헌

김양희, 『여성, 리더 그리고 여성리더십』, 삼성경제연구소, 2008.

마이클 뉴웰 감독, 영화 〈모나리자 스마일〉, 2003. http://movie.naver.com/movie/bi/mi/basic.nhn?code=37884(검색일자: 2019.3.14)

박정하, 「왜 영화로 글쓰기 교육을 해야 하는가?」, 한국사고와표현학회 제20회 정기학술대회자료집, 2014, 9-14쪽.

서영근, 『셀프 리더십』, 좋은땅, 2016.

성민정, 「영화 읽기를 통한 교육과정 속 교사의 역할-영화 〈모나리자 스마일〉을 중심으로」, 『모드니 예술』 6, 2012, 2335쪽.

신희선, 「여대생 리더십교육 콘텐츠로서 영화 〈모나리자스마일〉 내용분석」, 한국교양교육학회 2017춘계전국학술대회 자료집, 2017.6.23.

_____, 「영화 〈모나리자 스마일〉 텍스트 읽기-여대생 대상 사고와 표현교육 콘텐츠로서의 유용성 고찰」, 『사고와표현』 12(1), 2019, 247-274쪽.

_____, 「영화 〈모나리자 스마일〉에 나타난 미국 사회 시공간 읽기」, 숙명여자대학교 교양교육연구소(편), 『용산YES아카데미』, 2022, 161-175쪽.

유지나, 변재란 엮음, 『페미니즘/영화/여성』, 여성사, 1995.

이명근, 「영화의 교육적 활용」, 『미래교육학연구』 18(1), 2005, 1-26쪽.

이상원, 『하버드는 어떻게 글쓰기로 리더들을 단련시키는가-하버드 전교생 필수 글쓰기 교과목 Expos 20의 비밀』, 북오션, 2019.

이현재, 『여성의 정체성-어떤 여성이 될 것인가』, 책세상, 2009.

임세은, 「여성교육을 넓히는 여성학」, 숙대신보, 2019.3.18.

정일환 외, 『여성교육론』, 교육과학사, 2003.

한국사고와표현학회 영화와 의사소통연구회 편, 『영화로 읽기 영화로 쓰기』, 푸른사상, 2015.

한국여성연구소 엮음, 『젠더와 사회』, 동녘, 2018.

Mill, J. S., 『여성의 종속』, 서병훈 옮김, 책세상, 2011.

Murray, Margo, 『멘토링, 오래된 지혜의 현대적 적용』, 이용철 옮김, 김영사, 2009.

Snidr, Alfred·Schnurer Maxwell, 『수업의 완성 교실토론』, 민병곤·박재현·이선영 옮김, 사회평론, 2015.

Strober, Myra, 『뒤에 올 여성들에게』, 제현주 옮김, 동녘, 2019.

Wolf, Naomi, 『무엇이 아름다움을 강요하는가』, 윤길순 옮김, 김영사, 2017.

Wood, Julia T., 『젠더에 갇힌 삶』, 한희정 옮김, 커뮤니케이션북스, 2006.

정신분석학 이론을 재구성한 영화 읽기와 자기성찰 교육*

- 영화 하네케의 〈피아니스트〉 -

—

이진숙

1. 자기 성찰과 정신분석학 그리고 영화

아우렐리우스는 『명상록』에 "다른 사람들의 정신 속에서 무슨 일이 일어나고 있는지를 잘 살피지 않았다고 해서 사람이 불행해지는 경우는 거의 없지만, 자신의 정신의 움직임들을 주의 깊게 잘 살피지 않는 사람은 반드시 불행해지게 된다."[1]라고 말한 바 있다. 여기서 타자의 정신이 아닌 나의 정신에 주의를 기울이는 것, 즉 나 자신에게 집중하는 것은 넓은 의미에서 자기 성찰을 의미할 수 있다.

자기 성찰은 '나는 누구인가?' '나는 어떤 존재인가?'라는 질문으

—— * 이 글은 『사고와 표현』 11집 2호에 실린 「정신분석학의 이론과 윤리를 통한 자기 성찰 교육의 가능성 모색-미하엘 하네케의 영화 〈피아니스트〉를 중심으로」(2018)를 수정·보완한 것이다.

로부터 시작하여, '나는 지금 어떻게 살아가고 있는가?', '인간답게 살고 있는가?' 등과 같은 질문으로 확장된다. 이러한 질문들은 결국 자기 이해와 성숙을 가능케 하고 궁극적으로 인간을 인간답게 만든다. 이때 자기 성찰의 중요한 기제는 깨달음이다. 이때 깨달음은 거창한 삶의 사건이 아닌, 일상에서 마주치는 어떤 계기를 통해 일어난다. 이 계기로부터 자기 성찰적 질문이 시작되고 궁극적으로 자기반성이 일어나, 나는 물론 타인과의 관계에 긍정적인 변화를 야기한다.

그러나 환경, 사회, 기술 등 모든 것이 급격하게 변화하는 지금 이 시대에 외부 환경에 적응하기 위해 타자가 정해준 안전한 삶의 방향대로 살아가다보면 정작 자신이 어떤 존재인지, 무엇을 원하는지에 대한 질문은 쉽게 간과되곤 한다. 오히려 타자에 대해, 혹은 타자가 가진 정신과 물질에 더 관심을 갖고 그것을 좇는 일에 매달리게 된다. 2019년 말에 발생한 코로나19로 인해 한국 사회에서 부동산 폭등과 함께 '영끌로 패닉바잉'하고, 대학생조차 '빚 내서 주식 투자하는 빚투'가 이런 현상을 잘 보여주고 있다. 이처럼 너도 하니, 나도 한다는 불안 심리가 만연한 시대적 분위기 속에서 자기가 진정 무엇을 원하는지에 대한 질문을 하기란 어렵다. 그러나 아우렐리우스의 말처럼 타자의 정신이 아닌, 우리 자신의 정신에 주의를 기울이지 않는다면 우리는 필연적으로 불행할 수밖에 없을 것이다.

이러한 시대에 교육은 학생들에게 자기성찰의 장을 마련해 주어야 한다. 이런 장은 우선 '나는 누구인가?' 등과 같은 자기 성찰적 질문으로부터 나를 있는 그대로 직면할 수 있게끔 해줘야 한다. 정기철에 따르면 이때 직면은 억제, 무관심, 회피 그리고 생각을 돌리는 변환과 대립하는데, 직면의 힘은 과거나 현재의 부정적인 경험이나 감정들, 그리고 미래에 대한 불안 등과 맞서게 한다고 한다. 또한 이런 경험이나 감정들을 회피하거나 억제하지 않고 그것을 있는 그대로 수용하는 것도 직면의 힘이라고 말한다.[2] 이런 직면의 힘은 나의 부정적인 경험과 감정을 이해하고 곧 그것을 극복할 수 있게 만들어 결국 미래에 대한 긍정적인 자기 구상을 가능케 하는 것이다.

이러한 직면하는 힘을 길러줄 수 있는 다양한 교육 방법 중 이 장에서는 정신분석학 이론으로 영화를 읽어내는 방법을 제시하고자 한다. 무엇보다, 정신분석학 이론은 '나'는 물론 '타자'를 이해하며 공감하고 나아가 내가 살고 있는 세상에 대한 비판적 인식을 기를 수 있는 넓은 의미의 자기 성찰이 가능한 이론적 접근법이다. 특히 프로이트(Sigmund Freud)와 라캉(Jacques Lacan)뿐만 아니라, 지젝(Slavoj Žižek) 등과 같은 정신분석학의 대표자들이 강조한 '욕망'과 '환상' 이론을 '자기 성찰'과 긴밀하게 관련지을 수 있다. 그러나 이 장에서는 정신분석학 이론에 관한 상세한 해명이 아닌, '자기 성찰'과 관련시킬 수 있는 몇몇 이론을 새로이 재구성하는 데 초점을 맞추려고 한다.

정신분석학 이론을 적용하여 읽어낼 영화는 오스트리아의 영화 감독 미하엘 하네케(Michael Haneke)의 〈피아니스트〉(2001)이다. 하네케는 〈퍼니게임〉(1997)을 시작으로 〈피아니스트〉(2001)와 〈하얀 리본〉(2009)를 거쳐 〈아무르〉(2012)까지 발표하는 작품마다 칸느와 같은 국제 영화제에서 굵직한 상을 수상하는 유럽을 대표하는 감독 중에 한 사람이다. 하지만 그의 작품은 영화제의 수상으로 증명된 예술성에도 불구하고 '폭력'과 '살인', '강간'과 '자살' 등과 같은 사회적으로 터부시되거나, 논란이 되는 주제를 여과 없이 스크린에 옮겨 놓음으로써 많은 논쟁과 이슈를 야기했다. 그 중에서 영화 〈피아니스트〉는 2004년 노벨문학상을 수상한 엘프리데 옐리네크(Elfriede Jelinek)의 장편소설 『피아노 치는 여자』(1983)를 영화화한 작품으로 원작 못지않은 연출로 2001년 칸느 국제영화제 그랑프리, 여우주연상, 남우주연상을 석권했다. 그러나 영화는 외설적이면서도 충격적인, 그리고 난해하기까지 한 장면들로 인해 학생들에게 선뜻 추천하기 어렵다. 그럼에도 불구하고 정신분석학으로 영화에 접근할 때 이런 충격적인 영화의 내러티브는 자기 성찰 교육에서 타자의 욕망대로 살아온 주체의 문제를 고민할 수 있는 다양한 실마리를 제공하고 있다. 이를테면, 영화 속 타자의 욕망에 의해 수동적으로 살아가던 주인공의 비극적인 결말을 통해 학생들은 자기를 되돌아보고, 현재와 과거에 수동적이었던 혹은 부정적인 감정을 억압하려고만 했던 나를 직면하는 계기를 가질 수 있다.

이제 본격적으로 정신분석학의 대표자로 간주할 수 있는 프로이트와 라캉 그리고 지젝으로부터 '욕망'과 '환상' 이론을 재구성해보고 이를 영화 읽기에 적용함으로써 자기 성찰의 가능성을 살펴보고자 한다.

2. 정신분석학의 '욕망'과 '환상' 이론 재구성하기

오늘날 대부분의 학생들은 자기 욕망이 아닌, 타자의 욕망을 실현하면서도 그것을 깨닫지 못하는, 본질적으로 나의 욕망에 대한 성찰 없이 살아가는 데 익숙하다.[3] 특히, 어려서부터 좋은 성적, 좋은 학교, 좋은 직장을 원하는 부모를 비롯한 타자의 욕망에 따라 살아가기에 정작 자신이 진정 무엇을 원하는지 물을 수 있는 기회가 적다. 또한 성인이 되어서도 내가 속한 집단이나 사회의 요구에 순응하며 살아간다. 하지만 주체의 진정한 욕망에 대한 성찰 없이 자신의 욕망을 억압하고 타자의 욕망에 길들여진다면 이는 정신분석학에서 이야기하는 다양한 정신 병리학적 증상처럼 한 개인은 물론 사회를 병들게 하는 원인이 될 수 있다.

그렇다면 정신분석학에서 말하는 '욕망'과 '환상'은 무엇일까? '욕망'과 '환상'은 프로이트에서부터 라캉을 거쳐 그리고 최근에는 지젝에 이르기까지 정신분석학에서 지속적으로 그 연구의 폭을 넓혀온 개념이다. '욕망'과 '환상'이 프로이트의 경우에 그의 무의식-전의식-의식과 초자아-자아-이드 등과 같은 굵직굵직한 개념들에 가려져 있었다면, 프로이트에게서 이 두 개념을 보다 적극적으로 발전시킨 사람은 바로 라캉이다.[4] '욕망 이론가'로도 알려진 라캉은 프로이트가 이미 파악하고 있었던 욕망과 환상을 주체의 욕망이 아닌, 타자의 욕망이라고 정언하고 이러한 타자의 욕망을 환상하고 그 환상에 자신을 동일시하는 주체를 문제시한다.

환상 이론은 정신분석학 초기에 프로이트가 자신의 환자들이 어린 시절에 성과 관련한 사건을 경험하고 그 경험이 차후에 어떤 증상으로 나타난다는 사실에 주목하면서부터 시작됐다. 당시 프로이트는 환자들이 고백한 그 트라우마적 사건들이 현실에서 전혀 일어나지 않은 단지, 환자들 자신의 환상이었다는 사실을 발견하게 된다. 그로 인해 프로이트는 실제로 일어났던 사건으로서의 트라우마와 그 증상에 대한 확신을 버리고 오히려 자신의 환자들이 성적으로 유혹당했다고 환상하는 그 동인이 무엇인지 밝히는 데 주력하게 된다.[5]

결국 프로이트는 환자의 욕망이 환상의 원인임을 밝혀낸다. 즉, 환상은 주체가 자신의 욕망을 연출하기 위한 시나리오이다. 이러한 시나리오로서 환상은 대상을 향한 것이라기보다 주체의 어떤 것이 반영된 것, 또는 주체가 직접 등장인물로 나타나거나 혹은 그렇지 않더라도 분명히 주체가 그 환상에 보이지 않게 관여하고 있는 것이다.[6] 그런 의미에서 정신분석학은 환자의 상상적 시나리오를 통해 환자의 욕망을 밝히고 환상으로 구현된 욕망을 찾아내고 분석하는 작업이다.

보통 욕망은 환상의 동인으로 이해된다. 예를 들어, 부자가 되길 욕망하기 때문에 부자가 되는 환상을 갖는 것처럼 주체의 욕망이 선행하고 환상은 그에 따라 생겨나는 부차적인 작용으로 볼 수 있다. 그러나 프로이트는 생전에 이미 두 개념의 선행관계가 분명하지 않다는 점을 인식하고 있었다. 말하자면, 욕망은 환상에 우선하는가에 대한 질문에 대한 답은 모호하다. 바로 이 지점에서 환상은 욕망이 전제된 뒤에 일어나는 부차적인 것이 아닌, 오히려 환상이 주체에게 욕망하게 만드는 동인이 된다. 이런 관점에서 환상은 주체의 욕망을 상상적으로 구현하기 위한 정신적인 작용이 아니라, 반대로 주체가 환상 속에서 자신의 욕망을 발견하게 되는 것이다.

호머(Sean Homer)는 "환상은 욕망의 대상이 아니라 그 무대이다."라는 라캉의 말을 인용하면서 환상이 단순히 욕망하는 대상을 상상적으로 보여주지 않고 오히려 욕망을 구성하고 조직한다고 강조한다.[7] 말하자면, 우리는 환상을 통해 어떻게 욕망하는지를 배운다. 따라서 환상은 주체가 욕망하게 되는 근원이라 할 수 있다. 주목할 만한 점은 이런 환상의 구조화 과정에서 타자의 욕망이 개입하게 되고, 주체는 이 타자의 욕망을 환상으로 구현함으로써 자신의 욕망을 재구성한다는 사실에 있다. 여기서 라캉의 유명한 명제인 '주체의 욕망은 타자의 욕망이다'가 출현하게 된다.

프로이트 딸의 일화는 이러한 라캉의 명제를 적절하게 보여준다. 프로이트의 딸은 부모에게 딸기케이크를 요구하는데, 이때 이 어린 소녀는 자신의 욕망에 따라 지금은 없는 딸기 케이크를 원한 것이 아니다. 오히려 부모가 딸기케이크를 먹는 자신의 모습에 흡족해 했다는 사실을 깨닫고 부모가 원하는 욕망 대상으로서 딸기 케이크를 먹는 자신을 상상하고 이를 욕망한 것이다. 즉, 부모의 욕망을 자신의 욕망으로 환상하고 그 욕망에 나를 동일시한 것이다. 이는 인간은 태어나면서부터 타자의 욕망과 긴밀하게 상호작용한다는 사실을 보여주는 사례이다.[8]

라캉은 타자와 관련한 주체의 욕망 형성이 주체화 단계에서 필연적임을 거울단계를 통해 밝히고 있다. 어린 아이가 거울 속에 비친 자신의 모습을 보고 환호성을 지를 때, 이때 아이는 자기 자신이 아닌, 거울에 비춰진 상으로부터 자신과 분리된 어떤 완전한 대상을 경험한다. 그리고 차차 거울에 비친 상이 나와 동일한 인물임을 확인하는 과정을 거치게 되는데 이때 그것을 확인해 주는 존재가 바로 타자, 아이에게는 어머니이다. 이 거울단계에서 어머니의 시선 혹은 말에 의해서 어린아이는 거울 속에 자신을 확인한다. 그리고 이때 아이는 자신을 일어설 수도 있고 걸을 수도 있는 완전한 존재로 착각하게 된다.

태어나면서부터 완전함을 갖춘 다른 포유류와 달리, 이러한 능력을 결여한 인간의 아이는 타자로부터 이런 결여를 채우고 안정감을 얻는다. 예를 들어 아직 걷지 못하는 자신을 일으켜 세워주고 '잘한다! 잘한다!' 말해주는 어머니의 칭찬과 인정을 통해 아이는 자신을 완전한 존재로 인식하고 결여로부터의 불안을 지울 수 있게 되는 것이다.[9] 이처럼 거울 속의 완전한 무언가로서 상상하는 나와 실재의 의미에서 불완전한 무언가로서의 나를 안정적으로 연결시켜주는 것은 바로 타자이다.

어린아이는 거울을 통해 외부에서 자신을 보게 되는데, 이때, 단순히 자기 자신의 모습만 보는 것이 아니라, 타자의 시선과 욕망이 개입된 자신의 모습을 보게 된다. 또한 이 단계에서 아이는 어머니의 욕망을 인식하지 못하지만 이미 아이가 거울 앞에 서서 스스로를 바라보는 것 자체가 어머니의 욕망이 실현된 것이다. 말하자면 어린아이가 거울을 볼 때, 두 발로 설 수 있는 완전한 존재를 보는 것은 자신의 아이가 완벽하길 바라는 어머니의 욕망이 깊이 관여된 것이다. 그런 의미에서 거울 속 자신은 이미 타자의 욕망으로 구성된 주체이다.[10] 이 거울 속 모습에서 바로 라캉의 역설적인 명제인 '주체의 욕망은 타자의 욕망이다', '나는 타자다'가 설명된다.

거울단계는 생후의 일정한 시기에 국한된다. 하지만 그것의 영향은 사후적으로 재구성되어 현재에 영향을 미친다. 거울 단계에서 어린 아이는 근본적인 심리구조를 형성하고 자라면서 이를 다양하게 변화시킨다. 정신분석학에 따르면 인간은 평생 타자의 불가해한 욕망에 질문하는 것을 통해 자신의 욕망을 구현하면서 살아간다. 그런 의미에서 라캉의 계승자로 알려진 지젝은 욕망의 근원적 질문을 '나는 무엇을 원하는가'가 아니라, '다른 사람들이 내게 원하는 것은 무엇인가?', '그들이 내 안에서 보는 것은 무엇인가?' '나는 그들에게 어떤 존재인가?'로 확대시킨다. 환상은 정확히 이 수수께끼에 대한 답을 제공해준다. 즉, 환상은 우리에게 어떻게 욕망할지를 가르쳐 준다.[11]

이처럼 정신분석학에서 '욕망'과 '환상'은 주체의 심리나 정신발달에 지대한 영향을 미친다. 타자의 욕망에 대한 물음에 대해 답하기 위해 우리는 스스로 끊임없이 타자의 욕망을 환상한다. 이것은 주체가 타자로부터 '인정'과 '사랑'을 끊임없이 욕망한다는 것을 의미한다. 그러나 비극은 우리가 상상하는 환상이 허구 그 자체이며 타자의 욕망에 영원히 도달할 수 없다는 점이다. 타자의 욕망을 우리는 완전히 알 수 없다. 단지, 그것을 허구적으로 상상할 뿐이다. 욕망은 결코 충족될 수 없는 결여 그 자체이다. 우리는 그 결여를 환상으로 메우고 있는 것뿐이다. 그래서 우리가 추구하는 욕망의 본질은 기만적일 수 있다. 왜냐하면 이런 욕망이 타자의 욕망에서 비롯될 수 있기 때문이다.

이처럼 정신분석학은 자신의 욕망이 아닌, 타자의 욕망에 답하기 위해 환상하고, 그 환상에 자신을 동일시하는 주체를 문제시한다. 그런 의미에서 자기 성찰 교육에서 정신분석학의 교훈은 타자와 자기의 욕망을 구분하고 내 자신의 욕망이 무엇인지 들여다보는 것으로부터 출발할 수 있다.

3. 영화 〈피아니스트〉에서 주체의 욕망과 타자의 욕망 들여다보기

1) 모녀관계

하네케의 영화 〈피아니스트〉에서 시종일관 부각되는 것은 어머니와 딸의 관계이다. 특히 남자 주인공인 클레머가 등장하기 전까지 영화는 딸에 대한 어머니의 노골적인 욕망을 보여준다. 영화에서 어머니는 에리카의 삶을 전방위로 통제하며 딸이 자신의 욕망대로 살기를 강요한다. 무엇보다 어머니의 욕망은 딸을 피아니스트로 성공시켜 사회·경제적으로 안정된 삶을 누리길 바라는 것에 맞춰져 있다. 하지만 어머니의 바람과 달리 딸은 그저 그런 피아니스트이자, 음악학교의 교수가 된다. 딸의 반쪽 성공이 성에 차지 않은 어머니는 딸의 일상을 일거수일투족 감시하는 것을 낙으로 삼으며 살아간다.

무엇보다 어머니의 욕망은 딸의 귀가가 늦어진 것에 대해 추궁하는 영화의 첫 장면에서 인상적으로 나타난다. 어머니는 에리카가 충동적으로 구매한 원피스에 대해 맹렬하게 비난한다. 딸은 자신을 비난하는 어머니를 아이처럼 몸으로 제압해 보려하지만 이내 포기한다. 육체적으로는 어머니를 이길 수 있지만, 정신적으로 그녀는 어머니를 이길 수 없기 때문이다.

> 어머니: 어쨌든 그 원피스는 너무 천박해. 네 나이에 뭐가 어울리는지는 알아야지.

딸: 제발 그만 좀 하세요. 그만큼 했으면 됐잖아요. 제가 원하는 건...

어머니: 뭐?, 감히 말 못하지? 신경 꺼! 네가 뭘 원하는지 알고 있으니까. 너무 놀라서 심장마비에 걸릴 뻔 했어. 그게 네가 원하는 거라면 마음대로 해봐.

에리카: 그만해요. 엄마, 그런 말 하지 말아요(00:03:53-00:04:19).

다툼에서 어머니는 딸의 말을 가로막고 그녀가 무엇을 원하는지 이미 안다고 단언한다. 그리고 딸은 어머니의 말에 적절히 대꾸하지 못한다. 오히려 에리카는 어머니에게 소극적으로 저항하고 먼저 '죄송하다'고 사과할 뿐이다. 영화에서 모녀관계의 주도권을 잡는 사람은 항상 어머니이다. 나이 든 어머니는 육체적으로 딸을 이길 수 없지만, 정신적으로는 딸을 완벽하게 통제할 수 있다고 믿는다. 영화는 아버지의 부재로부터 딸을 완벽하게 소유하고 지배하는 권력자로서 어머니의 욕망을 여과없이 보여준다.

어머니: 인생엔 공짜란 없어. 넌 피아노 과외를 더 많이 해야 해. 니 쇼핑하느라 아파트 살 돈이 없음 안 되지. 내 말에 반박할 수 없을 게다(00:05:12-00:05:25).

영화는 어머니의 본질적인 욕망이 딸을 통해 아파트의 대출금을 갚는 것, 그래서 자신의 노년을 편안하게 보내는 것에 있음을 보여준다. 에리카는 이런 어머니의 욕망 실현을 위해 살아가지만, 정작 자신이 무엇을 원하는지는 알지 못한다.

딸: 제 기억이 맞다면 어머니도 똑같은 원피스를 가지고 있었잖아요. 기억나요?

어머니: 꿈에서였겠지(00:06:01-00:06:07).

에리카는 타자의 욕망, 즉 어머니의 욕망에 의지하면서 살아왔다. 그래서 자신이 원해서 샀다고 생각한 원피스마저 궁극적으로는 과거에 어머니의 욕망이 투영된 대상물이었고, 그것과 비슷한 원피스를 구매함으로써 어머니로부터 인정을 받거나 혹은 어머니의 욕망과 자신의 욕망을 일치시킴으로써 스스로를 어머니와 동일시하고자 한다. 프로이트 딸의 일화에서처럼 에리카의 욕망은 전적으로 어머니의 욕망에 기댄 환상의 결과물인 것이다. 이런 환상을 통해 에리카는 자신의 욕망을 형성해 간다.

영화는 이처럼 어머니의 욕망에 기대어 살아 온 에리카의 모습을 덤덤하게 보여준다. 하지만 성인인데도 어머니와 한 침대에서 자는 에리카가 어머니의 감시에서 벗어나 있을 때, 즉 어머니의 욕망이 미치지 않은 곳에 있을 때, 그녀는 완전히 다른 존재가 된다. 예를 들어, 그녀는 어머니의 눈을 피해 남자들만 우글거리는 포르노샵을 방문하거나, 드라이브 영화관에서 섹스하는 커플을 몰래 훔쳐보며 소변을 본다. 영화 내내 주인공은 어머니뿐만 아니라, 관객이 피아니스트이자 교수로서 상상하지 못하는 행동들을 한다.[12] 즉 영화에서 우리가 놀라게 되는 장면은 어머니 혹은 사회의 욕망에 맞춰져 살아온 주인공이 타자가 기대하는 욕망과 전혀 다른 욕망을 부단히 추구할 때이다.

이와 관련하여 영화는 타자의 욕망에 기댄 삶의 충격적인 단면을 보여주는 데 집중한다. 타자의 욕망에 기대어 그것이 자신의 욕망이라고 착각할 때, 주체는 능동적으로 자신의 삶을 영위할 수 없다. 오히려 끊임없이 타자를 통해 자신의 욕망을 구현하려 한다. 이런 수동적인 주체가 보여주는 일탈적 욕망은 타자의 욕망을 관찰하고, 이를 자신의 욕망으로 바꾸려는 변태적 관음증으로 나타난다. 그러나 영화는 단순히 에리카를 변태 성욕자 혹은 비정상인으로 쉽게 낙인찍을 수 없게 만든다. 오히려 그녀를 둘러싼 인물들의 행동을 통해 주체의 욕망을 타자에게 강요하는 것이 얼마나 폭력적인지 보여주고 있다.

2) 연인관계

영화는 폐쇄적인 모녀사이에 클레메가 등장하면서 새로운 국면을 맞는다. 주인공의 주위를 맴돌며, 끊임없이 유혹하는 클레메는 자신의 욕망에 충실하다는 점에서 에리카와 대비된다. 공학을 전공하지만, 피아노 연주에 상당한 재능을 가지고 있는 클레메는 우연히 실내연주회에서 에리카를 보고 첫 눈에 반한다. 그는 전공을 피아노로 바꿔가면서까지 에리카에 대한 자신의 욕망을 적극적으로 표현한다.

> 클레메: 전 교수님의 관심을 끌려고 애썼어요. 제게 기회를 주세요. 그런 척 하시는 만큼 관심 없지 않다는 거 알아요. 당신 때문에 제 학업을 포기했어요. 이건 사실이에요. 우습게

보일지는 모르지만 블론스키에서의 연주회 이후로 당신이 제 마음에서 떠나지 않아요. 마치 볼트에 박힌 나사처럼요. [...]

에리카: 거짓말 그만해. 그런 거짓말 함부로 하는 거 아니야 (00:43:48-00:44:18).

여기서 클레메 역시 어머니와 마찬가지로 에리카를 자기가 원하는 방식으로 환상하고 욕망한다. 에리카가 그를 어떻게 생각하든 그녀가 자신을 원하고 있다고 확신하는 것이다. 그러나 상반된 욕망을 가진 에리카와 클레메의 관계는 처음부터 갈등을 유발할 수밖에 없다. 특히 서로를 다른 방식으로 욕망한다는 점에 있어서 그렇다. 먼저, 에리카는 자신이 무엇을 욕망하는지 몰라, 끊임없이 그 욕망을 타자로부터 찾는다. 그렇기 때문에 에리카는 모정이라는 이름하에 자신을 강요와 억압으로 키운 어머니의 사랑을 남녀 관계에 대입시킨다. 즉 어머니의 자식에 대한 왜곡된 (통제하고 억압하는) 사랑을 클레메와의 관계에서 실현하고 그것을 사랑이라고 믿는다. 반면, 클레메는 자신의 욕망을 실현하기 위해 환상에 의지하고 그 환상으로 구성된 욕망을 현실화한다. 즉 클레메는 에리카를 자신이 상식적으로 생각하는 여성으로, 자기보다 나이가 많은 교수라는 지위를 가졌지만 연애에 있어서만큼은 '공평한 놀이'의 상대로 생각한다.

화장실 장면은 이 둘이 서로를 어떻게 욕망하는지 극명하게 보여주고 있다. 에리카는 어머니가 그랬듯 클레메에게 명령하고 요구한다. 하지만 나이와 지위와 무관하게 남녀관계에서 리드해야 하는 존재는 남성이라고 믿는 클레메는 에리카의 명령에 불쾌해하고 결국 그의 본심을 드러낸다.

> 에리카: 그만해. 어리석게 굴지마. 응석부리지도 말라고 [...] 날 쳐다봐!
>
> 클레메: 어리석은 건 제가 아니에요. 당신이죠. 남자에게 할 수 있고, 할 수 없는 게 뭔지 아셔야 해요. [...] 놀이는 공평해야 한다고 생각해요(01:11:19-01:12:17).

에리카는 어머니가 자신에게 욕망을 투영하는 방식 그대로 클레메에게 이를 실현한다. 클레메를 아이 다루듯 통제하고 명령하는 것이다. 반면 클레메는 에리카에 대한 사랑을 "놀이"라고 간주하고 그 놀이는 선생과 제자의 상하관계 혹은 나이차와 무관하게 공평해야 한다고 주장한다. 여기서 주목할 만한 점은 클레메가 에리카와의 관계를 진지한 연애가 아닌 하나의 게임으로 보고 있다는 것이다.

영화의 결정적인 장면은 에리카가 그녀의 욕망을 직접적으로 말하는 대신 편지로 전달하는 부분이다. 온갖 마조히즘적인 성적 욕망을 담고 있는 편지의 내용은 클레메뿐만 아니라, 영화의 관객에게도 충격적이다. 이는 마치 어머니의 통제 속에서 자라 온 에리카가 연애 관계에서 무엇을 욕망해야 할지, 상대방이 자신에게 무엇을 욕망하는지 모르기에 스스로 환상하는 대신 포르노그래피에서 배운 내용을 그대로 옮겨 적은 것으로 보인다.

클레메: (클레메가 편지를 읽는 장면) 〈그게 내가 간절히 원하는 거야. 등 뒤로 손과 발을 묶어. 우리 엄마 옆 방에 가둔 채. 엄마가 볼 수 없게 내 침실 문 뒤에 다음날 아침까지. 우리 엄만 신경쓰지 말고 내가 알아서 할테니까. 아파트 문의 모든 열쇠를 가져가. 하나도 빠트리지 말고.〉 날 보고 어쩌란 거죠? 그 교양 있는 입으로 이 더러운 것들을 말해 보라고요.(01:30:39-01:31:22)

여기서 에리카의 욕망은 전적으로 어머니를 전제로 하고 있다. 즉 그녀가 원하는 것은 어머니를 가두고 어머니의 시선으로부터 벗어나는 것에 있다. 그리고 그러한 자신의 욕망을 실현하기 위해 에리카는 가학적인 성적 욕망을 클레메에게 표출한다. 아이러니하게도 자신을 상처 입히려는 이런 마조히즘적인 욕망은 어머니가 자신을 통제했던 방식을 통해서 구현된다. 그녀는 자신의 욕망을 어떻게 타자에게 보여줘야 하는지 알 수 없기 때문에 어머니의 억압적인 양육 방식을 그대로 모방한다. 이 양극단을 오가는 에리카의 욕망은 클레메의 혐오에도 불구하고 계속된다.

에리카: 나한테 화났니? 아니길 바래. 잘 쓰지 못한 건 알아. 난 피아니스트지 시인이 아니거든. 어쨌든 사랑은 진부한 것에서 시작하는 거야. [...] 말했듯이, 난 네가 원하는 모든 걸 원해. 우리가 필요한 모든 게 나한테 있어. [...] 나랑 말 안할거니? 내가 역겹니? [...] 널 기다렸어. 알아? 내가 쓴

> 건 농담이 아니야. 알잖아. 이제부턴 네가 지시해. 이제부턴 네가 내가 입을 걸 지시해. 어떤 색이 좋니? 말한 적 없잖아. 나랑 얘기 안할 거니? 화났어? 그럼 뭐든 얘기해봐(01:35:00-01:31:22).

클레메의 침묵과 대조적으로 에리카의 독백은 장황하다. 말로 표현할 수 없는 욕망을 편지로 대신한 에리카는 자신을 사랑한다고 고백한 클레메가 자신의 욕망을 이해할 거라 믿지만 이는 착각이었다. 관계가 역전되자, 에리카는 어머니처럼 클레메가 자기가 어떤 옷을 입을지 자신에게 명령하고 지시할 수 있다고 말한다. 왜냐하면 에리카는 그렇게 하면 어머니처럼 클레메가 자신을 원할거라 믿기 때문이다. 여기서 에리카는 클레메의 불가해한 욕망에 답하기 위해 어머니의 욕망을 끌어온다. 그녀는 어머니가 자신을 욕망하는 방법이 곧 사랑이고, 클레메도 그런 방식으로 자신을 사랑해 줄 거라 믿는다.

반대로 클레메는 마조히즘적인 환상으로 빼곡히 채워진 편지를 읽고 아연실색한다. 자신이 상상했던 욕망의 대상으로서 에리카와 전혀 다른 존재에 직면했기 때문이다. 이런 당혹감은 불쾌감으로 그리고 나아가 분노로 발전한다. 그로 인해 클레메는 에리카가 편지에서 요구한 방식보다 더 폭력적인 방식으로 에리카를 폭행하고 강간한다. 지젝은 에리카가 편지를 통해 그녀의 환상을 직접 노출시키는 것은 클레메에게 그녀의 위상을 근본적으로 변화시키는 계기가 되었다고 말한다. 다시 말해 매혹적인 사랑의 대상을 클레메가 도저히 견뎌낼 수 없는 혐오스런 실체로 바꾸었다는 것이다.[13]

우리는 여기서 상대의 욕망을 알게 됐을 때 클레메가 어떤 태도를 취했는지 주목할 필요가 있다. 그는 궁극적으로 자신이 환상한 욕망의 대상과 에리카가 전혀 다른 존재라는 이유만으로 그녀를 비정상적인 존재로 취급한다. 그리고 자신을 모욕했다는 이유로 그녀를 폭행하고 강간한다. 그러나 그러한 이유만으로 클레메의 폭력과 강간을 정당화할 수 없다. 그 이유는 에리카를 변태적인 성적 욕망을 가진 이상성욕자, 비정상인으로 낙인찍고 폭력을 휘두른 클레메의 행동을 전적으로 옳다고 말할 수 없기 때문이다.[14]

오히려 우리는 여기서 타자 욕망의 폭력성에 주목할 필요가 있다. 클레메는 일방적으로 자신이 환상하고 욕망한 대상으로서만 에리카의 존재를 인정하고 있다. 그리고 이런 환상으로 구성된 욕망을 에리카의 어머니처럼 그녀에게 강요한다. 따라서 에리카와 클레메와의 관계를 자기 성찰의 의미에서 이해하자면 우리가 타자의 욕망을 전적으로 이해하거나 공감할 수는 없어도, 그러한 욕망이 있다는 것을 인정하는 것에 있을지 모른다. 왜냐하면 무엇보다, 존재는 존재 그 자체일 뿐이기 때문이다. 타자는 완벽하게 우리의 환상에 맞아떨어지는 존재도 아니며, 완벽하게 정의 내릴 수 있는 존재도 될 수 없다. 오히려 우리의 욕망을 투영하고 의미화한 존재는 존재가 아닌, 우리가 환상한 허구적 대상일 뿐이다. 클레메는 어머니와 마찬가지로 환상으로 구현한 자신의 욕망을 에리카에게 강요한다. 클레메는 자신이 상상했던 피아니스트이자, 교수로서, 놀이의 파트너로서만 에리카를 환상했다. 하지만 에리카는 그런 그의 환상과 전혀 무관한 존재 그 자체이다. 그래서 그는 이 불가해한 존재의 욕망에 직면하여 충격에 빠지고, 이에 대한 불안감을 폭력으로 표출하고 있는 것이다.

〈피아니스트〉를 정신분석학 이론을 통해 살펴봤을 때, 모녀 관계 혹은 연인 관계에서 주체와 타자 간 욕망의 개입은 필연적으로 갈등을 야기한다. 주체가 자기의 욕망을 억누른 채로 혹은 무시한 채로 타자의 욕망에 의지한다면, 주체의 욕망은 더 이상 주체의 것이 아니며, 극단적인 의미에서 독립적인 주체로 존재하기를 포기하는 것이다. 반대로 어머니와 클레메의 행위처럼 자신의 욕망을 타자에게 강요하는 것 역시 타자에게 정신적·육체적 폭력을 가할 수 있다. 하지만 그렇다고 정신분석학은 주체에 대한 타자의 욕망 개입을 전적으로 부정하지 않는다. 오히려 주체를 주체로 존재하게 하는 것이 바로 타자의 욕망이라고 말한다. 하지만 이때 타자의 욕망은 주체의 욕망에 대한 타자의 '인정'과 '사랑'일 때에만 긍정할 수 있다.[15] 여기서 주체에게 중요한 점은 그의 욕망이 타자의 욕망과 결부되어 있을지도 모른다는 것을 깨닫고 언제든 '내 욕망을 확인하는 것'이라 할 수 있다. 결국 자신의 욕망이 무엇인지에 대한 물음이야 말로 자기 성찰의 출발점이다. 영화에서 에리카와 그녀의 주변 인물의 '욕망' 관계는 이런 물음을 어렵지 않게 도출해 낼 수 있다.

그러므로 정신분석학 이론으로 분석한 영화를 활용한 자기 성찰 교육은 '내가 진정 원하는 것은 무엇인가?'에서 시작하여 '나는 내가 진정 원하는 삶을 살아가고 있는가?' '혹여 타자의 욕망에 의지하여 살아가고 있는 건 아닌가?'라는 질문을 가능케 한다. 나아가 자기 성찰 교육은 자신이 살아왔던 인생을 되돌아보고 '앞으로 어떻게 살아갈 것인가?'를 가늠해보는 맥락에서 수행될 수 있다. 또한 영화의 주인공을 둘러싼 인물의 욕망을 통해 단순히 '자기'를 성찰하는 데 그치지 않고 타자의 욕망을 이해하고 공감하는 데 이를 수 있다.

4. 정신분석학의 윤리를 통한 자기 성찰의 가능성

욕망의 성찰적 질문은 "네 욕망을 포기하지 말라."[16]라는 라캉의 유명한 정언과 긴밀하게 연관된다. 지금까지 욕망은 윤리와 접점이 없는 평행선을 달리는 개념이었다. 우리는 우리의 욕망을 있는 그대로 표출하는 방법보다 사회적으로 우리의 욕망을 억누르고 다스리는 방법을 배워왔다. 사회는 도덕적 선과 경제적 효용성을 위해 건전한 상식을 토대로 한 사회적 욕망을 개개인에게 강요해 왔다. 자연스럽게 개개인은 성숙한 시민 사회의 일원으로 거듭나기 위해 자신의 욕망을 단념해야 했다. 하지만 라캉은 이처럼 사회적으로 당연하게 받아들여지는 '건전한' 상식의 윤리를 전면적으로 거부한다. 같은 맥락에서 김용수는 개인의 욕망을 억누르고 사회적 질서를 위해 학습해왔던 다양한 사회적 윤리는 '권력의 질서'를 정당화하고 유지하는 데 기여하는 이데올로기에 불과하다라고 역설한다.[17]

따라서 라캉의 '네 욕망을 포기하지 말라'라는 정언은 내 욕망에 있어, 한치의 양보도 하지 말라는, 그게 사회적 질서에 위배될지라도 내 욕망을 끝까지 관철하라는 말과 동의어이다. 라캉은 상징적 질서로부터 나 자신을 구성한 즉, 타자의 욕망 대상이었던 나로부터 벗어나 나의 욕망을 끝까지 실현하라고 이야기한다. 여기서 라캉은 자신의 욕망을 사회적 질서에 저항하여 끈질기게 관철시킨 인물로 호메로스의 비극 『안티고네』의 주인공을 제시한다. 안티고네는 자신의 오빠가 반역죄로 죽자, 반역죄인은 장례를 치르지 못한다는 크레온의 법을 어기고 오빠의 시신을 수습해 장례를 치른다. 그녀는 인간이 장례도 치르지 못하고 들짐승의 먹이가 되는 것보다 법을 어겨 장례를 치루는 것이 윤리적으로 옳다고 믿는다. 그 결과 그녀 역시 반역죄로 몰려, 크레온에서 쫓겨나고 결국은 자살하고 마는 비극을 맞는다. 이 비극에서 그녀의 욕망은 분명하다. 바로 법을 어겨서라도 오빠에게 인간에게 걸맞는 죽음의 예우를 해준 것이다. 그것이 크레온이라는 상징적 체계의 법을 어기는 일 일지라도 그녀는 자신이 원하는 바를 실현했고 이것이 바로 라캉이 말하는 정신분석학의 윤리이다.

극단적인 의미에서 안티고네처럼 에리카 역시 자신의 욕망을 고집스럽게 추구하는 인물로 볼 수 있을지 모른다. 그녀는 어머니에게 벗어나고자 하는 욕망을 어머니가 전혀 상상할 수 없는 방식으로 실현한다.[18] 딸로서, 교수로서, 여자로서 사회적으로 요구하는 질서 혹은 상식과 반대로 터부시되는 욕망과 자신을 동일시한다. 여기서 우리는 우리가 일반적으로 생각하는 '정상'과 '비정상'의 엄밀한 구분을 문제시할 수 있다. 비극적인 사건 이후에 에리카와 콘서트홀에서 처음 마주친 장면에서 클레메는 보란 듯이 사람들과 어울리면서 아무렇지도 않게 에리카에게 인사를 건넨다. 재빨리 정상성의 가면을 쓰고 사회에 편입된 클레메의 모습은 에리카의 변태적 욕망만큼 문제적이다.

그런 맥락에서 정상이라는 이름으로 비정상과 미성숙을 억압하려는 행위는 폭력을 동반할 수 있다. 자신이 지극히 정상적이라 생각하는 클레메는 변태적이고 비정상적이라고 에리카를 규정하고 교묘하게 자신의 폭력을 정당화한다. 영화는 이처럼 에리카와 클레메의 관계를 통해 정상과 비정상의 경계를 해체함으로써 사회적으로 통용되는 환상의 다른 이름인 통념의 허구성을 폭로하고 있다.

또한 하네케의 영화는 라캉의 '환상 횡단하기'라는 윤리적 차원과 긴밀하게 연관될 수 있다. 영화에서 에리카가 어머니의 욕망을 비교적 쉽게 내재화할 수 있었던 이유는 어머니가 자신의 욕망이 무엇인지 그녀에게 분명하게 지시하고 있기 때문이다. 그러나 근본적으로 타자의 요구는 항상 분명한 것이 아니다. 타자가 무엇을 원하는지 말로 표현한다고 해도 우리는 타자의 욕망을 전부 알 수가 없다. 왜냐하면 우리는 인간관계에서 우리의 욕망을 있는 그대로 말로 표현하며 살아가지 않기 때문이다. 그러므로 인간의 언어는 말과 실제 의도가 분열되어 있다고 할 수 있다.[19] 이 불가해한 타자의 욕망에 답을 주는 것이 앞서 이야기한 주체의 환상이다. 이 환상이 주체를 욕망하게 만들며, 또한 이런 환상을 통해 주체는 타자에 대한 욕망하기를 계속하는 것이다.

이런 논의와 같은 맥락에서 라캉의 '환상 횡단하기'는 주체가 불가능한 대상을 환상으로 추구하는 것을 그만두고 그러한 환상 이면에 아무것도 존재하지 않는다는 사실을 받아들이는 것이다. 말하자면, 주체는 환상을 계속해서 만들어내는 욕망 대상에 결코 도달할 수 없다는 것을 받아들일 때 '환상 횡단하기'를 경험하게 된다.[20] 이런 환상을 가로지르는 행위는 역시 주체가 타자의 욕망에서 벗어나 주체화를 경험하는 과정이기도 하다. 타자의 욕망 대상이길 환상하는 자아는 "내

안에는 비밀스러운 보물이 전혀 없다는 사실, 나를 지지하는 것이 순전히 환상적이라는 사실"[21]을 깨닫는 순간에 환상을 가로지르게 된다.

결국 환상 횡단하기는 나와 타자 그리고 나아가 우리 사회를 둘러싼 환상에 대해 문제를 제기한다. 내가 가진 욕망이 정확히 어떤 환상에 의해 지지되고 있는지, 그리고 그런 환상이 정확히 무엇을 은폐하고 오인하게 만드는지 살펴보아야 한다. 예를 들어 개인의 행복을 돈으로 환산하고 끊임없이 소비에 대한 욕망과 그 환상을 유포하는 자본주의 메커니즘의 원리를 의문시하고 비판할 수 있다. 교양 교육에서 이런 질문하기는 나에 대한 성찰은 물론 사회의 숨겨진 이데올로기를 비판할 수 있는 인식으로 확장될 수 있다.

하네케의 〈피아니스트〉는 관객의 환상을 깨고, 그 깨어진 환상을 거슬러 올라가 우리를 그렇게 환상하게끔 만드는 동인에 대해 의문시하게 만드는 성찰의 계기를 제공한다. 또한, 영화는 우리가 통념적으로 생각하는 어머니와 딸, 교수와 피아니스트, 남성과 여성 그리고 연인에게서 기대할 수 있는 것들을 보여주지 않는다. 오히려 왜곡된 모성과 비정상적인 욕망을 가진 여성, 폭력적인 남녀 관계를 보여줌으로써 기존에 우리가 가지고 있던 일반적인 상식을 문제시하고 있다. 그런 의미에서 영화는 어머니와 딸, 남성과 여성, 피아니스트 등의 본질에 대해 우리가 의존하는 일반적인 통념, 어떻게 보면 사회가 구성한 환상에 대해 의문시하게 만든다. 어머니란 존재는 무엇인가?라는 질문에 우리가 익히 알고 있는 자식을 위해 희생하는 존재로서 어머니를 환상한다면, 이는 사회가 제시하는 어머니 환상과 즉 통념과 동일시하는 것이다. 마찬가지로 쾌락과 욕망을 제거한 순수한 여성에 관한 사회적 환상은 여성을 억압하려는 남성 지배 이데올로기일 수 있다. 남성의 관점에서 이해되는 성적 욕망을 갖지 않는 여성의 의미 역시 그 자체로 환상이다. 특히 영화는 모성과 남성으로부터 지지되어 온 사회적 환상을 전복함으로써 이 모든 주체의 본질에 질문을 던진다.

정신분석학의 진정한 교훈은 이런 사회적 환상에 자연스럽게 자신을 동일시할 때, 우리는 우리의 욕망을 억압하고 궁극적으로 사회가 부여한 환상에 자신을 순응시킨다는 것이다. 그러므로 우리는 이런 사회의 욕망에 환상으로 동일시하는 것에서 벗어나 나의 욕망이 무엇인지 물어야 한다. 영화의 관객이 애초부터 주인공으로부터 기대했던 환상을 거둬내고 에리카라는 존재의 본질이 무엇인지 질문해야 하는 것처럼 말이다. 나아가 이상화된 모성과 조화로운 남녀관계라는 사회적 환상 이면에 존재하는 주체를 억압하는 욕망의 논리를 파악하고 그 안에 내재한 또 다른 욕망의 형태인 사회적 욕망을 인식해야 한다.

이처럼 정신분석학의 윤리는 단순히 '나'에 초점을 맞춘 자기 성찰을 넘어 이데올로기로 작용하는 사회적 환상, 즉 일반적인 상식에 의문을 제기함으로써 내가 살아가는 사회에 대한 새로운 시각과 그 사회에 내재된 문제에 대해 비판할 수 있는 계기를 마련해 준다.

5. 정신분석학 이론으로 영화 읽기를 통한 자기 성찰 교육의 의미

자기 성찰은 무엇보다 자기 자신을 있는 그대로 바라보는 것, 비록 그것이 불행하거나, 피하고 싶은 자기일지라도 나를 직면하는 것으로부터 출발한다. 그동안 우리는 우리가 스스로 형성해 왔다고 믿어온 확실한 주체만을 가정해 왔다. 그러나 지금까지 논의한 정신분석학의 '욕망'과 '환상'의 불가분의 관계는 자신의 욕망 안에 얼룩처럼 달라붙은 타자의 욕망에 대해서 이야기하고 있다. 정신분석학은 무엇보다 주체를 구성하는 것이 주체의 욕망이 아닌, 타자의 욕망으로부터 기인한다는 사실에 직면케 한다.

하네케의 영화 〈피아니스트〉는 이와 같은 주체 욕망의 허구성을 보여주고 우리에게 타자의 욕망이 아닌, 나의 욕망에 주의를 기울이도록 만든다. 이를테면 영화의 주인공 에리카는 어머니의 욕망에 자신을 동일시하며 살아왔지만 역설적으로 그녀의 욕망은 이런 어머니의 욕망에서 벗어나는 데 초점이 맞춰져 있다. 결국 주체적으로 자신의 욕망을 구현하지 못한 그녀는 왜곡된 욕망으로 인해 비극에 처한다. 여기서 정신분석학은 주인공의 비정상적인 욕망을 설명하는 이론으로 유효할 뿐만 아니라, 영화의 수용자에게 지금까지 타자의 욕망에 억눌려 왔을지도 모르는 나의 욕망에 직면케 하고 이것이 내가 원하는 것인가라는 성찰적 질문을 가능하게 만든다.

그러므로 자기 성찰을 위한 교육은 정신분석학을 적용한 영화 분석을 통해 '나는 누구인가?' 대신, '나는 지금 내 욕망대로 살고 있는가?', '지금 내가 가진 신념과 사고 그리고 인생에 대한 가치관 나아가 행동까지 스스로 원해서 하는 것인가?' 또한, '타자 혹은 사회의 욕망에 따라 환상하고 그것을 자신의 욕망이라고 착각하고 있는 것은 아닌가?'라는 질문들을 도출해 볼 수 있을 것이다.

아울러 정신분석학은 단순히 개인적 차원의 자기 성찰을 넘어, 사회의 욕망과 그 욕망을 위해 구조화된 사회적 환상을 이해하는 차원으로까지 확대할 수 있다. 정신분석학의 윤리적 측면은 영화에서 문제시되는 '모성', '여성', '남성', '피아니스트'에 대한 사회적으로 구조화된 환상의 허구성을 인식케 하고 사회에 대한 비판적인 안목을 심어주는 데 도움이 될 것이다. 이를 통해 정신분석학을 적용한 자기 성찰 교육은 사회의 욕망에 순응하며 살아가는 수동적인 존재가 아닌, 내가 원하는 것, 내가 욕망하는 것을 부단히 추구하는 삶을 살아가는 능동적 주체의 가능성을 모색할 수 있을 것이다.

주석

1 아우렐리우스, 마르쿠스, 박문재 역, 『명상록』, 현대지성, 2018, 8쪽.

2 정기철, 「글쓰기 능력 향상을 위한 자기표현 글쓰기」, 『한국언어문학』 제74집, 한국언어문학회, 2010, 537쪽.

3 정신분석학에서 말하는 특히 라캉이 말하는 욕망은 단순히 허기나 갈증 등과 같은 본능적인 욕구와 구분된다. 욕구는 충족될 수 있지만 욕망은 인간의 기본 욕구 너머에 존재하는 충족될 수 없는 어떤 것을 가리킨다. 특히 라캉은 스피노자의 말을 빌려 욕망을 '인간의 본질'로서 규정한다. 라캉에 따르면 욕망은 우리 존재의 핵심이자, 결여를 전제로 한다. 또한 욕망은 욕구에서 욕구를 뺐을 때 남는 잔여분이다. 본 장에서는 이러한 정신분석학적 의미뿐만 아니라, 라캉이 프로이트의 '소망 Wunsch'을 욕망으로 번역했다는 점에 착안하여 일반적인 의미에서 우리가 소망하고 원하는 것이라는 의미에서 사용했다. 숀 호머, 김서영 역, 『라캉 읽기』, 은행나무, 2012, 136쪽.

4 비트머(Peter Widmer)는 라캉 작업의 중심 개념이 바로 욕망이라고 밝히고 있다. 그에 따르면 라캉은 이 개념을 가지고 정신분석학의 핵심적 내용을 부정함으로써 그것의 도발적 성격을 완화시키려는 모든 시도들에 대해 도전했다. 나아가 라캉은 윤리적 차원에서 "너의 욕망을 결코 늦추지 마라"라는 표어를 정신분석학의 윤리로 삼고 있다. 페터 비트머, 홍준기·이승미 역, 『욕망의 전복: 자크 라캉 또는 제2의 정신분석한 혁명』, 한울, 2007, 13쪽.

5 임진수, 『환상의 정신분석: 프로이트·라캉에서의 욕망과 환상론』, 현대문학, 2005, 230쪽.

6 임진수는 환상이 현실과 구분되는 의미에서 상상적 드라마라고 밝힌다. 환상은 현실을 그대로 반영하는 것이 아닌, 현실의 변형으로 읽을 수 있다. 그리고 이렇게 현실을 변형시키는 원인이 바로 주체의 욕망인 것이다. 임진수, 같은 책, 235쪽.

7 숀 호머, 같은 책, 162쪽.

8 슬라보예 지젝, 『HOW TO READ 라캉』, 박정수 역, 웅진지식하우스, 2007, 78-79쪽.

9 페터 비트머, 같은 책, 40쪽.

10 페터 비트머, 같은 책, 44쪽.

11 슬라보예 지젝, 같은 책, 76-78쪽.

12 하지만 에리카의 변태적인 관음증은 일반적인 성적 충동과 쾌락의 추구와는 다르

다. 왜냐하면 카메라에 담긴 주인공의 표정에는 그 어떤 성적 흥분과 쾌락을 담고 있지 않기 때문이다. 오히려 덤덤하다 못해 건조한 표정으로 그녀는 포르노그래피의 장면들을 관찰할 뿐이다. 여기서 에리카는 스스로 성적 욕망을 환상할 수 없는 무능력한 존재로 비춰진다. 어머니에 의해 성인이 될 때까지 자신이 직접 성적 환상을 구성할 수 없는 에리카는 이미 만들어진 대중의 성적 환상물을 통해 그런 환상을 배우는 것처럼 보인다.

13 슬라보예 지젝, 이현우·김희진 역, 『실재의 사막에 오신 것을 환영합니다』, 자음과 모음, 2011, 57쪽.

14 우승호는 그의 논문에서 에리카의 변태적 성욕과 비정상상을 부각시키거나, 남성의 폭력에 의해 희생된 수동적인 여성으로 바라보는 기존의 시각에서 벗어나 에리카를 "개별적이고 고유한 의미의 욕망하는 주체로 구해내고자" 시도한다. 그러한 맥락에서 에리카를 다른 시각에서 살펴볼 수 있다. 클레메에게 에리카는 그녀의 사회적인 지위에 있어서 납득할 수 없는 특수한 욕망을 내비쳤다. 그러나 그녀의 그런 남다른 욕망의 표출이 비정상적이거나 병적이라는 이유에서 클레메에 의해 단죄받을 이유 역시 없다. 그런 의미에서 우승호의 주장처럼 정상적인 여성에 관한 통념, 즉 사회적으로 학습된 여성을 욕망하는 클레메와 반대로 에리카는 자신의 욕망을 순수하게 실천하는 욕망하는 주체로 볼 수 있다. 우승호, 「강박신경증의 구조와 욕망: 라깡의 구별적 임상에 따른 미하엘 하네케의 〈피아니스트〉 분석」, 홍익대학교 석사학위논문, 2014, 48쪽.

15 타자와의 관계 속에서 주체는 타자가 욕망하는 것을 통해, 다시 말해 타자의 욕망에 대한 동일시를 통해 욕망하는 것을 배우게 된다. 이때, 주체는 단순히 타자의 욕망을 모방하는 것이 아니라, 타자의 욕망을 확인하는 끝없는 물음을 통해 자신의 욕망을 확인하면서, 자신의 욕망을 지속해나가야 한다. 진상덕·노상우, 「라캉의 정신분석에서 본 욕망의 교육학적 함의」, 『교육철학연구』 37권 2호, 2015, 170쪽.

16 김용수, 『자크 라캉』, 살림출판사, 2015, 12쪽.

17 "도덕적 '선'과 경제적 '효용'에 바탕을 둔 권력의 윤리는 다른 욕구, 소수의 욕망의 가능성을 인정하지 않고 도덕과 쓸모의 이름으로 지배질서에 순응할 것을 강요한다. 다수의 욕망과 배치되는 이질적인 개별 욕망들은 공동체의 이익에 반하는 '쓸모없는' 욕망이고 따라서 도덕적으로 악한 것이다. 이러한 윤리는 결국 기존 질서의 현상유지에 기여하는 체제 순응적인 윤리로 전락하고 만다." 김용수, 같은 책, 13쪽.

18 마지막 장면에서 에리카는 제자 대신 연주하기로 되어 있던 콘서트홀의 문을 열고 나온다. 이 마지막 장면은 에리카가 어머니와 클레메의 세계로부터 벗어나는 것을 상징한다고 볼 수 있다. 에리카는 어머니와 클레메가 바라는 딸과 교수 그리고 피아니스트라는 가면을 벗어던지고 라캉의 '자신의 욕망을 끝까지 포기하지 말라'를

실현하고 있는 것인지도 모른다.

19 김숙현, 「햄릿 캐릭터에 재현된 라캉의 주체화 연구」, 『한국연극학』 45권, 2011, 241-268쪽.

20 Reinhard Heil, Zur Aktualität von Slavoj Zizek: Einleitung in sein Werk, Wiesbaden, 2010, S. 80.

21 슬라보예 지젝, 이수련 역, 『이데올로기의 숭고한 대상』, 새물결, 2013, 80쪽.

참고문헌

1. 1차 문헌

하네케, 미하엘, 〈피아니스트〉(The Piano Teacher), 네이버 영화 다운로드, 2001.

2. 2차 문헌

김숙현, 「햄릿 캐릭터에 재현된 라캉의 주체화 연구」, 『한국연극학』 45권, 2011, 241-268쪽.

김용수, 『자크 라캉』, 살림, 2015.

김주현, 「왜 성찰적 글쓰기인가?: 2016 이화 에크리 기행문 수상작을 중심으로」, 『수사학』 제27집, 2016, 141-176쪽.

나은미, 「영화를 활용한 성찰 글쓰기 탐색-대학생을 대상으로」, 『작문연구』 제31권, 2016, 63-92쪽.

비트머, 페터, 홍준기·이승미 역, 『욕망의 전복: 자크 라캉 또는 제2의 정신분석한 혁명』, 한울, 2007.

아우렐리우스, 마르쿠스, 박문재 역, 『명상록』, 현대지성, 2018.

오태호, 「자기 성찰적 글쓰기의 이론과 실제: 경희대 '글쓰기 1' 교재 나를 위한 글쓰기와 수업 사례를 중심으로」, 『우리어문연구』 43집, 2012, 65-99쪽.

우승호, 「강박신경증의 구조와 욕망: 라깡의 구별적 임상에 따른 미하엘 하네케의 〈피아니스트〉 분석」, 홍익대학교 석사학위논문, 2014.

이진숙, 「정신분석학의 이론과 윤리를 통한 자기 성찰 교육의 가능성 모색 - 미하엘 하네케의 영화 〈피아니스트〉를 중심으로」, 『사고와표현』 제11집, 2호, 한국사고와표현학회, 2018, 243-272쪽.

임진수, 『환상의 정신분석: 프로이트·라캉에서의 욕망과 환상론』, 현대문학, 2005.

정기철, 「글쓰기 능력 향상을 위한 자기표현 글쓰기」, 『한국언어문학』 제74집, 한국언어문학회, 2010, 529-558쪽.

지젝, 슬라보예, 박정수 역, 『HOW TO READ 라캉』, 웅진지식하우스, 2007.

__________, 이현우·김희진 역, 『실재의 사막에 오신 것을 환영합니다』, 자음과모음, 2011.

__________, 이수련 역, 『이데올로기의 숭고한 대상』, 새물결, 2013,

진상덕·노상우, 「라캉의 정신분석에서 본 욕망의 교육학적 함의」, 『교육철학연구』 37권 2호, 2015, 157-177쪽.

프로이트, 지그문트, 윤희기 역, 『무의식에 관하여』, 열린책들, 1997.

호머, 숀, 김서영 역, 『라캉 읽기』, 은행나무, 2012.

Heil, Reinhard, *Zur Aktualität von Slavoj Zizek: Einleitung in sein Werk*, Wiesbaden, 2010.

Janz, Marlies, *Elfriede Jelinek*, Stuttgart, 1995.

3부

영화로 말하기

부자 갈등과 세대 갈등*

- 영화 〈사도〉를 예로 -

—

김경애

1. 서사와 갈등

현재 대학 교양교육에서는 서사물, 특히 소위 '영상세대'인 학습자들의 수준과 기호를 고려하여 영화를 토론 및 글쓰기 교육에 활용하는 사례가 늘고 있다(황영미 외, 2015). 특히 영화는 시의적이고 철학적인 문제를 다룬 것도 많기 때문에 토론 제재로 적합할 뿐 아니라, 이를 활용하면 미디어 읽기 교육도 수행할 수 있는 이점이 있다. 수업 대상으로 삼기 좋은 작품은 학생 대부분이 공감할 수 있는 경험과 지식의 범주에 위치할 뿐 아니라, 기존에 지녔던 스키마를 자극하여 새롭게 재구성할 여지가 있는 작품이라고 할 수 있을 것이다. 아울러 학

* 이 글은 『사고와 표현』 11집 2호(2018)에 실린 「서사에서 갈등을 활용한 의사소통교육 방법 모색-영화 〈사도〉를 예로」를 수정·보완한 것이다.

습 목표와 긴밀하게 연관된 작품이라야 이를 성취하는 데 도움이 될 수 있다.

토론 제재로서 작품을 선별할 때 주요하게 고려해야 할 개념이 '갈등'이다. 필자는 서사에서 갈등이 읽기의 단계와 수준을 정하는 효과적인 도구가 될 수 있다고 보고 갈등을 스토리, 텍스트, 서술, 기능의 네 층위에서 체계화하는 한편, 이를 활용한 교육 방법을 모색한 바 있다(김경애, 2016, 29-51).

갈등은 서사 내적으로도 중요한 기능과 역할을 하지만, 서사외적으로도 중요한 역할을 한다. 관객(독자)들의 흥미를 끄는 서사 안에는 크든 작든 그 사회의 중요한 사회적 갈등이 내재되어 있다. 가령, 우리는 소설 『도가니』와 영화 〈도가니〉가 사회적으로 어떤 역할을 했는지 기억하고 있다. 서사는 사회적으로 갈등하고 있거나 갈등할 소지가 있는 문제들을 표면에 끄집어 올려 해소하거나 전망을 제시하는 역할을 해왔다. 그리고 이러한 점을 고려할 때 서사에서 갈등이 문화적으로 중대한 목적에 기여해 왔다고 말할 수 있다. "가장 설득력 있는 설명 중 하나는 서사가 문화를 파괴해버릴 수도 있는(적어도 그 문화의 생존을 어렵게 만들 수 있는) 위험한 갈등을 재현함으로써, 그와 같은 갈등을 인식하게 만들 뿐 아니라, 가능하다면 그 갈등을 해결하는 방법까지 재현해 왔다는 것"(H. Porter Abbott, 2010, 114)이다.

이 점은 대학 토론 교육에서 제재의 선별 기준을 마련하는 데 시사점을 제공한다. 수업에서 작품을 다룬다면 '어떤 작품을, 어떠한 맥락에서, 왜' 다루는지가 문제될 것이다. 물론 작품에 포함된 논제 자체가 학습자들에게 얼마나 설득력과 공감을 얻을 수 있느냐도 주요하게 고려해야 할 대상이다.[1] 아무리 좋은 작품, 좋은 주제라 할지라도 학습자들의 수준에 맞지 않는다면 좋은 토론 대상이라고 할 수 없을 것이기 때문이다. 토론 제재는 학습자의 수준에 맞을 뿐 아니라, 특정 상황을 제공하거나 환기하여 아직까지 많은 사회적 경험을 지니지 못한 학생들에게 간접 경험하는 효과를 줄 수 있는 것이어야 한다. 아울러 학습 목표 자체가 학생들의 가치관 정립을 목표로 한 것이라면, 의사소통교육과 인성교육이라는 두 마리 토끼를 잡는 수업 구안이 될 수 있다.

2014년에 국회에서 통과된 인성교육진흥법 제2조는 "인성교육이란 자신의 내면을 바르고 건전하게 가꾸고 타인·공동체·자연과 더불어 살아가는 데 필요한 인간다운 성품과 역량을 기르는 것을 목적으로 하는 교육"(인성교육진흥법, 2015)이라고 정의하고 있다. 토론의 주제가 자신의 내면을 바르고 건전하게 가꾸는 데 관련된 도덕적 주제이거나 타인, 공동체, 자연과 더불어 살아가는데 필요한 인간다운 성품과 역량을 기르기 위한 사회적 주제라면, 아울러 예(禮), 효(孝), 정직, 책임, 존중, 배려, 소통, 협동 등의 마음가짐이나 사람됨과 관련되는 핵심적인 가치 또는 덕목이 포함된다면 학생들의 인성 함양에 도움이 될 수 있을 것이다.[2]

이 글에서는 이러한 맥락에서 최근에 개봉했던 영화 〈사도〉에 주목한다. 〈사도〉는 『한중록』과 『조선왕조실록』, 『승정원일기』 등의 역사적 기록을 바탕으로 한 사극이지만(정병설, 2017), 기존 사극들과는 달리 현재적, 시의적 문제를 다룬 영화로 주로 호명되었다(신원선, 2016; 김길훈, 2016; 한영현, 2016; 정병설, 2017; 추다경/백선기, 2017; 박은미, 2018). 이 작품은 한국 사회에 있어 뜨거운 화두 중 하나인 '교육'과 '세대 차이'라는 매우 시의적이고 현재적인 문제를 꺼내놓는다. 특히 교육정책에 가장 민감하다는 소위 '강남엄마'의 필수 관람 영화가 됐을 정도로 뜨거운 관심의 대상이었다.[3] 그러나 더욱 주목해야 할 점은 이 영화가 우리에게 현대적 의미의 '예(禮)'와 '효(孝)', 부모자식 간에도 부족한 '존중, 배려, 소통'이라는 가치를 이야기하고 있다는 점에 있다.

이 영화의 갈등은 오늘의 우리에게 많은 논쟁점들을 시사한다. 예로부터 서사는 우리가 세계를 이해하는 주요한 방식의 하나였고 가치관과 관점을 세우는 데 기여해왔다. 서사에서 갈등은 내적으로 주제적 의미를 형성하는 주요한 대립소의 조합이지만, 외적으로는 우리 사회를 비추는 거울이면서 사회적, 문화적으로 첨예한 문제들의 용광로이자 누구나 참여 가능한 논쟁의 시발점이 된다. 이런 맥락에서 보면 갈등은 단순히 서사에 등장하는 특정 인물들의 역학관계에 국한된 것이 아니라, 사회적이고 문화적인 역학관계를 바탕으로 한 보편적 성격을 지닌 것이라고 말할 수 있다. 기존 연구에서 이 작품의 갈등이 많이 주목되었음에도 불구하고 이를 의사소통교육의 대상으로 삼은 논의가 없었던 것은 갈등의 사회적 효용성에 대한 주의가 부족했기 때문이다.

이 글에서는 이러한 맥락에서 이 작품의 갈등을 분석하고 그것이 현대의 우리에게 시사하는 바가 무엇인지 논구해보고자 한다. 아울러 이를 어떻게 활용할 수 있을지 그 방법을 모색할 것이다. 논의를 위해 최근 서사학 이론을 참고하며(H. Porter Abbott, 2010, Mikye Bal, 1999, S. Rimmon-Kennan, 1999, Seymour Chatman, 1998), 영화 〈사도〉(이준익, 2014)를 대상으로 이 문제를 논의한다.

2. '부→자'로 이어지는 '관용'의 가치

이 영화를 대상으로 가장 먼저 논의할 수 있는 주제는 교육과 부자(父子) 관계에 대한 것이다. 이러한 맥락에서 주목되는 것이 이 영화의 '부자 갈등'이다. 〈사도〉는 삼대(三代)의 이야기라고 할 수 있다. 영화를 보면 조의관, 조상훈, 조덕기로 이어지는 염상섭의 소설 『삼대』와 윤직원, 윤창식, 윤종학으로 이어지는 채만식의 소설 『태평천하』가 자연스럽게 겹친다. 주관이 강한 아버지, 신구세대 사이의 이른 바 '간(間) 세대'로서의 아들, 그리고 새로운 문명아(文明兒)로서의 손자의 3대 구도가 영화 〈사도〉에서도 반복, 변주된다. 먼저 인물의 성격을 살펴본다.

"내가 어렸을 때는 단 한 순간이라도 공부를 못할까 두려워했는데, 이렇게 좋은 환경에서 왜 공부를 못하니?"

영조는 어려운 환경에서 살아남아 왕이 된 아버지로서 인생에 오점을 남기고 싶지 않은 완벽주의자이다. 그의 완벽주의는 결벽증에 가깝다. 사(死)자와 귀(鬼)자 쓰는 것을 꺼리고 정무회의 때 입은 옷은 반드시 갈아입고 내전에 들며, 불길한 말을 들으면 귀를 씻고 미워하는 사람을 불러 한 마디라도 건넨 뒤에 침소에 들며, 좋은 일이 있을 때는 '만안문'으로, 흉한 일이 있을 때는 '경화문'으로 들어가는 그의 습성은 까탈스럽기까지 하다.

그의 그 '까탈스러움'은 자식 교육에까지 이어진다. 그러나 "자식이 잘해야 애비가 산다."고 말하는 영조의 모습에서 완벽하지 않은 그의 태생이 읽힌다. 무술이의 아들로 태어나 공신들의 힘을 빌어 왕이 되었기 때문에 항상 정통성 문제에 시달리며 신하들의 눈치를 보아야 하는 왕, 왕이지만 칼날 끝에 서 있는 것 같은 위치, 그것이 영조가 정의하는 왕의 모습이다. 때문에 완벽함은 그의 정통성을 증명하는 보루와도 같다. 그것이야말로 이제껏 그를 지탱해온 힘이었기 때문이다.

그는 그 자신이 '공부로도 이길 신하가 없'는 것처럼 아들도 자신과 똑같은 길을 걸어주기를 소망한다. 그런데 마흔에 얻은 아들 이선은 자신이 보기에 나태하고 허술하기 그지없다. 하라는 공부는 안 하고 개 그림이나 그려대는 아들에 대한 실망감은 수렴청정을 지켜보는 과정에서 극에 달한다. 완벽하게 왕위를 승계할 아들을 기대했건만, 아들 이선은 모자라도 너무 모자라다. 영조의 실망감은 절망감으로까지 치닫는다. '자식이 하나 더 있었더라면' 하고 후사를 바라지만, 손녀 뻘인 문소원이 낳은 것은 딸이다. 그런데 절망적인 상황에 뜻밖에 기대하지도 않았던 손자에게서 희망의 싹이 보인다.

"어찌 그런 애비에게서 이런 자식이 나왔단 말인가? 우리 삼대에게는 부전자전이라는 말이 다 헛말이구나."

세손의 영특함과 성실함에 감복한 영조는 급기야 그의 인생에서 도려내 버리고 싶은 종기 같은 존재였던 아들을 완벽히 도려낼 결심을 한다. 흠 없었던 자신의 인생을 바로잡으려는 완벽주의의 발현이다. 그는 즉각 이청보, 민백상, 이후 등의 신하들에게 세자를 폐하라는 상소문을 올리라고 명한다. 그러나 충신들은 상소를 올리는 대신 자결하는 쪽을 택한다. 그러던 차에 마침 기회가 온다. 세자가 역모를 꾀했다는 사실을 세자의 생모인 영빈이 고변해 온 것이다. "자네가 충신일세, 자네가 충신이야."라고 말하는 영조의 말에서는 그가 세자를 얼마나 인생의 오점으로 여기고 있는지가 잘 드러난다.

자신의 완벽함과 정통성을 증명해 보이기 위해 결국 그는 아들을 버린다. 아버지는 자결을 거부하는 아들에게 명나라의 형법을 따르는 조선 국법의 절차대로 냉정하게, 사약도 내리지 않고 뒤주 속에서 굶어 죽게 만든다. 8일째 되던 날 뒤주를 뜯은 그는 세자의 숨과 맥박이 없는 것을 확인하고서야 눈물을 흘린다. 그리고 아들이 죽은 날 개선가를 울리면서 과거 금천교에 엎드렸던 아들을 짓밟고 지나간다. 자식을 죽여서까지 인생에 오점을 남기고 싶어 하지 않은 비정한 아버지가 영조였다고 영화는 말한다.

한편, 아들 사도세자 이선은 아버지에 비해 지나치게 인간적이다. 그는 자식을 위해 혁명과 목숨을 포기한 인간적인 아버지로 그려진다. "전하는 공부가 효도이옵니다."라는 말을 어렸을 때부터 들었지만, 공부보다는 그림을 사랑했고, 예(禮)보다는 예(藝)에 뛰어났던 인물이 사도세자이다. 그는 부부관계도 '사랑하고, 또 사랑하고, 끝없이 사랑하는 것'으로 이해한다. 그러나 부인 혜경궁 홍씨는 그렇게 인간적인 사람이 아니었다. 그녀는 명분과 가문이 더 중요한 사람이었기 때문에, 감성적인 성격의 남편을 이해하지 못한다. 체질적으로 인간적이고 감성적이었던 그는 계산적이고 명분이나 따지는 군신관계, 부부관계가 숨이 막혀 도무지 견딜 수가 없다. 신하들과 권력을 조율하는 과정에서 시시각각 움직이는 아버지의 감정에 휘달리며 지쳐가던 세자는, 자신을 늘 감싸주었던 대비 인원왕후가 죽으면서 권력관계 속에 홀로 버려진다. 답답한 마음에 체질적으로 마시지도 못하는 술도 먹어보고 죽은 사람처럼 관속에 누워보기도 하지만 도무지 아버지에 의해 유발된 신경증은 가라앉질 않는다.

물론 세상을 확 뒤엎어버리고 싶은 마음도 있다. 그가 과녁을 쏘려던 화살을 허공으로 날린 것은 아들 정조 때문이었다. 사도세자가 아버지를 죽이려고 칼을 든 날, 영조는 세손에게 세자 이선이 영빈의 회갑연을 열어준 일에 대해 묻는다.

"너도 그 때 4배를 올렸다지? 그것은 예법에 어긋나는 일이 아니더냐?"

"할바마마께서 왕이 아니라도 4배를 올렸을 것입니다. 사람이 있고 예법이 있는 것이지, 예법이 있고 사람이 있는 것은 아니라고 들었습니다. 공자께서도 예법의 말단을 보지 말고 사람의 마음을 보라 하였나이다. 그날 소손은 제 아비의 마음을 보았습니다."

아버지를 겨누려고 칼을 들었지만, 자신을 이해해준 어린 아들을 위해 세자 이선은 칼을 내린다. 칼끝에서 뚝뚝 떨어지는 빗물은 그의 마음에 흐르는 피눈물과 같다. 사도세자는 세손의 앞날을 걱정하여 남편을 버린 빈궁과 그에 추동당한 친어머니 영빈의 밀고로 7일 동안을 뒤주 갇힌 채 죽어간다.

"허공으로 날아간 화살이 얼마나 떳떳하냐!"

그가 한 말처럼 그는 아들에게 떳떳한 아비로서 생을 마감한다. 영조가 자신의 삶을 완성하기 위해 아들을 버렸다면, 사도세자는 아들을 위해 자신의 삶을 버린 것이다. 권력 다툼 속에서 자신을 지키기에는 너무나 허술하고 지나치게 인간적이었기에, 그가 꾸었던 꿈은 허공으로 날아간 화살이 되어버렸다. 그러나 포물선을 그리며 추락할 수밖에 없는 화살은 그의 종말을 명백히 암시한다.

영화에 그려진 두 아버지의 모습은 관객들에게 아버지란 어떠해야 하는가라는 물음을 던진다. 마흔에 세자를 얻고 세자의 영특함을 사랑하여 밤늦게까지 직접 책을 만든 아버지 영조는, 고된 직장생활에 시달리면서도 진학설명회나 학교 행사에 열을 올리는 우리시대 아버지들의 모습을 떠올리게 한다. 영조가 자식교육에 열을 올리는 이유는 "왕이라고 늘 칼자루를 쥐고 신하라도 늘 칼끝에 있는 것이 아니라, 왕이라도 칼끝에 있을 수 있"기 때문이다. 공부가 권력과 삶을 열어주는 기반이라는 생각, 이러한 생각은 우리 시대 아버지들의 생각과 크게 다르지 않다. 어려운 시절을 살아낸 아버지들은 안락한 환경에서 자라난 아들이 그보다 못한 환경에서 자란 자신보다 잘 살아주기를 바란다. 그러나 영특함을 보여주던 아들이 "칼장난이나 하고 개 그림이나 그리면서 공부를 게을리 할 때", 시강원에서 고개를 떨어뜨리며 졸 때 하늘이 무너지는 듯할 것이다.

하나의 인격체로서의 아들이 아니라 자신의 대를 이어줄 후계자를 원했던 영조의 실망감은 우리 시대 아버지들의 실망감과 크게 다르지 않다. 아들을 통해 자신이 못 다 이룬 꿈을 이루고 싶어 하는 것은 아버지의 공통된 심리일 것이다. '자식에게 공부 가르치고 혈압이 오르지 않으면 유전자 검사를 해봐야 한다'는 우스갯소리가 회자될 정도이니 말이다. 자식이 기대에 못 미친다고 해서 "자식이 하나만 더 있었더라면!"이라는 말을 아들 앞에서까지 내뱉은 영조의 모습에 아들의 성적표를 들고 공부 안한다는 꾸지람이 지나쳐 손찌검까지 하고, '어디서 저런 아들을 낳았을까' 하고 폭언을 일삼는 우리시대 부모들의 모습이 겹쳐 보인다.

영화에서 아버지와 아들은 급기야 서로에게 적의(ira)를 품는 단계까지 나아간다. 스피노자(Benedict de Spinoza)는 적의를 "미움에 의하여 우리들이 미워하는 사람에게 해악을 가하게끔 우리들을 자극하는 욕망"(Spinoza, 2014)이라고 정의한다. 적의는 미움과는 차원이 다른데, 그것이 미움의 대상에게 구체적인 해악을 가하고 상대방을 파괴하려는 데까지 나아가는 욕망이기 때문이다. 단순히 미워하는 감정을 넘어서서 어떤 사람을 파괴하려는 음모를 꾸미고 그것을 실행하려고 할 때, 그 감정은 이미 미움을 넘어 적의까지 나아간 것이다. 적의에 사로잡힌 사람은 상대방을 해치는 구체적인 해악에 성공하지 못했을 때 엄청난 결핍감을 느끼고, 반대로 성공했을 때 성취감을 느끼게 된다. 아버지의 영조의 실망감(결핍감)은 아들이 실수할 때마다 고조되어 간다. 그리고는 급기야 아들을 자기 인생의 유일한 오점으로 여기게 되어 버린다. 아들에 대한 미움은 잠들기 전 미워하는 사람에게 말을 건넬 때 세자를 부르고, 귀씻개 물을 세자에게 덮어씌우는 장면에서 이미 적의로 전환되었음을 확인시켜준다.

아들로 인해 자신의 삶에 오점이 생겼다고 생각하는 영조의 생각은 아들을 개별적 인격체가 아니라 복제된 자신으로 여긴 결과라고 할 수 있다. 부모세대가 보기에 젊은 세대는 터무니없이 여리고 약하다. 고생해 본 적도 없고, 무엇이 되고 싶은지도 뚜렷치가 않아 보인다. 소위 '헝그리 정신'도 없고, 악이다 깡이다 뭐 그런 것은 더군다나 기대할 것이 못된다. '폼생폼사', 보이는 것이 중요하다더니, 이제는 '카르페디엠' 같은 말을 운운하며 '즐기면서 사는 것이 최선(最善)'이라고 한다. 되고 싶은 것도 연예인, 디자이너, 쉐프, 축구선수 등 기예(技藝)에 가까운 직업들이다. 하루 두세 시간씩을 컴퓨터 게임하는 데나 쓰고 목표 없이 말초적인 즐거움이나 추구하는 신인류 디지털원주민, 참 한심하기 이를 데 없다. 부모세대의 눈으로 보기에 젊은 세대가 하는 짓은 도려내고 싶은 오점에 불과한 것일지 모른다.

그러나 젊은 세대가 디지털시대에 태어났고 디지털 유목민인 부모세대와 달리 자라난 것이 그들 탓이겠는가? 가볍고 천박하며 말초적인 즐거움이나 추구한다는 것도 부모세대가 이해해야 할 몫이다. 이제 이데올로기의 시대, 명분의 시대, 먹고사는 것이 전쟁이자 투쟁이던 시대, 밥 먹기 위해 공부하던 시대는 지나갔다. 이런 맥락에서 보면, 임오화변을 역사적 사실이 아니라 현재의 우리를 비추는 거울로서 사건화한 이 영화의 메시지는 비교적 간단하다. 한 마디로 요약하자면, '부모의 시선으로 자식을 재단하는 것이 과연 옳은가?'하는 물음을 던지는 것이다. 한 발 더 나간다면, '자식을 부모의 분신으로 여기는 태도는 바람직한가?', '부모세대의 가치관에 자식세대를 맞추는 것이 과연 마땅한 생각인가?'를 묻는 것이라고 볼 수 있다.

이런 관점에서 보면 이 영화는 40-50대 관객 곧 자식에 실망한 아버지, 우리시대의 부모들에게 보내는 메시지라고 할 수 있다. 희생으로 사랑을 보여준 사도세자와 같이, 자식에게 필요한 것은 귀 따가운 설교와 꾸지람이 아니라 묵묵한 희생임을, 진정한 이해가 깃든 '따뜻한 눈길 한 번, 따스한 말 한마디'임을 이야기하려는 것이다. "공부가 그리 중요하고 옷차림이 그리 중요했소?"라는 이선의 절규에는 영조의 방식이 얼마나 그에게 '숨이 막혀서 더 이상 견딜 수가 없는 것'이었는지가 잘 드러난다. 로랑 베그는 도덕적 자아가 우리의 의식적 자아의 한 부분으로서 자신과 타자에 대한 관찰을 통해 소위 선과 악을 조율한다고 주장한다. 그는 우리가 스스로 남들보다 뛰어나다고 지나치게 낙관하고 있다고 말한다. 그래서 소위 '도덕적 인간'은 나쁜 사회를 만들게 된다는 것이다(로랑베그, 2013). 스스로 세운 규범에 스스로를 맞추면서 자식에게까지 그 규범을 지키라고 주장하는 것이 과연 마땅할까? 이 영화는 독자(관객)들로 하여금 이러한 문제에 대한 반성문을 쓰게 한다.

영조와 사도세자가 서로를 조금만 이해했더라면, 자식의 목숨을 거두는 일, 아들이 아버지에게 칼을 드는 일은 없었을 것이다. 이러한 점은 이 영화에서 말하고자 하는 가치가 '관용'임을 증명한다. 관용은 아래에서 위(자→부)로 역진행되기보다는 위에서부터 아래(부→자)로의 진행이 수월한 가치이다. 이 영화의 이런 맥락을 염두에 두고 '가문을 위해 아들을 희생한 아버지'와 '아들을 위해 자신을 희생한 아버지'를 중심으로 위에서 언급한 명제들에 대한 토론이 가능할 수 있다. 물론 결과적으로 두 쪽 다 바람직한 아버지상은 아니지만, 학생들이 이러한 주제로 토론을 수행하면서 사고의 균형을 잡게 하는 것이다. 이런 맥락에서 수업의 목표는 '관용'이라는 가치를 배우는 과정으로 설계하는 것이 바람직하다. 좀더 나아가 '목표를 위해 아이를 다그치는 교육'과 '먼저 산 선배로서 지침을 제공하는 교육' 사이에서 바람직한 교육 방향을 찾는 토의도 진행해 볼 수 있다. 이러한 활동을 통해 학생들이 아버지를 이해하는 시간, 서로 간에 '존중'이 필요함을 깨닫는 시간으로 진행해 간다면, 영화를 활용하여 의사소통교육의 테두리 안에서 인성교육도 수행하는 효과적인 시간으로 완성할 수 있다.

이 영화를 본 학생들이 1인 스터디룸을 현대판 뒤주에 빗대어 자신을 사도세자와 동일시한 글이 SNS를 타고 퍼져나가면서 〈사도〉는 강남엄마가 꼭 보아야 할 영화로 입소문을 타기도 했다. 〈사도〉가 대학생들의 공감을 많이 얻은 이유는 그들이 긴 수험기간을 거쳐 대학에 진학했고 같은 과정을 지내온 바 있기 때문이다. 그럼에도 불구하고 대학생들은 "아버지가 그 때 그렇게 하신 이유를 이제 알겠다",[4] "내가 부모라도 그렇게 했을 것 같다"는 말을 많이 했는데, 이 점은 대학생들이 중등학교 학생들과 부모 세대 사이에 낀 세대로서 양편의 입장을 모두 이해할 정도의 연령이 되었기 때문으로 분석할 수 있다.

3. '자→부'로 이어지는 '소통'의 가치

이 영화를 대상으로 논의할 수 있는 또다른 주제는 현대적 의미의 '효'에 대한 것이다. 이러한 맥락에서 주목되는 것이 영화에 드러난 '세대 갈등'이다. 이는 '자기 자신을 버리면서까지 효도하는 것이 과연 마땅한가?'라는 인식의 문제와 관련되어 있다. 같은 핏줄을 타고 태어났고 같은 집에 산다고 해서 부자간에 생각이 같으란 법은 없다. 개성이나 능력도 마찬가지이다. 사람에 따라 잘 할 수 있는 것은 다르다. 이는 '자신의 소질이나 능력을 감추면서 아버지가 요구하는 삶에 순종하여 사는 것이 과연 바람직할 것인가'의 문제인데, 이 갈등은 서사의 표층이 아니라 심층에서 읽을 수 있다. 이 갈등은 세자 이선과 정조를 중심으로 제시된다. 그러나 그들이 직접적으로 갈등하지는 않기 때문에 표층구조에서 이를 적절히 읽기는 어렵다. 영화의 심층구조를 중심으로 영화에 나타난 세대 갈등의 의미에 대해 살펴본다.

세자 이선은 명분보다는 마음을, 이성보다는 감정을 따르는 사람이었지만 그렇게 살 수 없었다. 그는 어릴 때부터 무예와 예술을 즐겼다. 하지만 아버지는 오직 공부만이 살길이라고 주장한다. "인물로 보나 성품으로 보나 주상보다야 우리 세자가 당당하지."라고 말했던 인원왕후의 말처럼, 세자는 대비뿐 아니라 중전, 신하들에게도 나름 신망을 얻고 있는 인물이었다. 그러나 아버지만은 그를 너그럽게 평가해 주지 않는다. 자신이 밤새워 만든 책의 한 구절을 빼고 외웠다고 꾸중하고, 대님을 제대로 매지 않았다고 다그친다. 고전도 아닌 책을 왜 그리 정확하게 외워야 하며, 옷차림은 왜 그리 신경 써야 하는가? 이해할 수 없는 아버지의 완벽주의는 그를 숨 막히게 한다.

아버지로부터 외면당하자 살을 섞고 서로 의지하면서 살던 빈궁조차도 그를 버릴 준비를 한다. 세손의 살길을 모색하는 빈궁에게 "세자라도 데려가 볼까?"라고 떠보며, "자네 참 무섭고도 흉한 사람일세."라고 말하는 장면은 그가 아내에게 원했던 것이 명분과 실리를 도모하는 계략가로서의 빈궁이 아니라, 자신을 진정으로 사랑해줄 안사람이었음을 나타낸다.[5] 숨 막히는 궁궐에서 자신의 보호막이자 방패가 돼 주었던 대비 인원왕후가 죽자 그는 시끄러운 꽹과리 소리에 싸여 급기야는 죽은 사람처럼 관 속에 누워버린다. "전하께서 저를 죽은 사람 취급하시기에, 제가 제 무덤을 판 것이옵니다."라고 말하기는 하지만, 정작 그렇게 말한 것은 인원왕후의 죽음에 자신에게 일말의 책임이 있다고 생각하기 때문이다. "이게 술로 보이느냐? 내가 죽인 할머니의 피눈물이다."라는 대사가 이 점을 잘 드러낸다.

예술적이고 무인의 기개를 타고 났던 사도세자는 아버지가 둘러쳐 놓은 틀에 영 맞지 않은 사람이었다. 용포를 찢으며 새 용포를 가져오라고 소리치는 장면은 영조가 강요한 문(文)과 예(禮)라는 틀이 그에게 얼마나 맞지 않는 옷이었는지를 장면화하여 보여준다. 그에게 아버지의 권좌는 할머니 같은 많은 무죄한 사람을 죽이고 수호된 것으로밖에 보이지 않는다. '왕좌에 연연하지 않는다'는 말은 아버지 영조의 입에서 나왔으나, 할머니의 죽음을 계기로 정작 왕좌에 연연하지 않게 된 것은 세자 이선이었다.

사도세자가 이처럼 감성적 인간이었다면 정조는 영조와 마찬가지로 계산에 뛰어난 이지적 인간이었다고 해야 할 것이다. 정조는 나이는 어리지만 영특하고 자기관리가 뛰어난 인물로 그려져 있다. 그는 겉으로는 완벽해보이지만 이기적이고 광포한 할아버지와 겉으로 광포해보이지만 따뜻하고 인애한 아버지 사이에서 살아남기 위해 할아버지가 원하는 삶을 살기로 선택한다. 늘 위태위태해 보이는 아버지에게 의탁하기보다 할아버지의 방식에 맞추어 할아버지에 의탁해 살기로 한 것이다. 그것은 그의 뜻이기도 하지만, 어머니 혜경궁 홍씨의 뜻이기도 했다.

"사람이 있고 예법이 있는 것이지, 예법이 있고 사람이 있는 것은 아니라고 들었습니다. 공자께서도 예법의 말단을 보지 말고 사람의 마음을 보라 하였나이다. 그날 소손은 제 아비의 마음을 보았습니다."

앞에서도 인용한 정조의 대답은 그가 얼마나 사리에 밝은 인물인가를 잘 보여준다. 일단 그는 할아버지의 입맛에 맞는 말을 한다. 그러나 예(禮)의 근간이라고 할 수 있는 효(孝)도 놓치지 않고 있다. 정조의 이러한 성품은 영조로 하여금 완벽하게 자신의 자리를 계승할 인물이라는 확신을 가지게 만든다.

물론 그는 자기가 선택한 삶의 방식이 아버지를 죽게 만드는 길이라는 것을 알지 못한다. 꼬이고 꼬인 부자관계가 아버지를 죽음에 몰아넣었다는 것을 깨달은 것은 그가 먼 훗날 '떳떳하게' 성장해서이다. 할아버지 영조는 오랜 치세 후에 사도세자의 기록을 지워주겠다고 하는데, 손자를 위한 것이기보다는 가문을 위한 것일 가능성이 크다. 그때 정조는 '아무 말도' 하지 않는다. 훗날 정조가 "아버님은 소자가 죽였습니다."라고 말하는 이유이다.

정조가 자신의 소회를 밝히지 않기 때문에 정조의 생각은 영화 속에 빈틈(gab)으로 남아 있다. 이런 종류의 틈을 기점(cruxes)이라고 하는데, 비평에서 기점은 곧잘 논쟁의 대상이 되는 작품의 구성요소이며 이를 어떻게 해석하는지에 따라 작품 전체의 해석에 중대한 영향을 줄 수 있다(H. Porter Abbott, 2010, 182). 때문에 이러한 문제가 제기될 수 있다. '정조가 살아낸 삶이 과연 정조가 원했던 삶이었겠는가?' 하는 점이다. 곧 할아버지와 어머니 혜경궁 홍씨에 의해 자신의 의사와는 전혀 상관없이 강요된 삶을 산 것은 아니었을까 하는 의문이다.

이 영화에서 정조는 많이 등장하지는 않으나 아주 어린 시절부터 장성한 청년에 이르기까지 거듭 출몰하면서, 이야기의 현재를 자리매

김하는 데 큰 역할을 한다. 모든 사건이 정조에 의해 매듭지어지기 때문이다. 이런 맥락에서 정조는 영화에서 시점을 제공하는 인물이라고 할 수 있다. 시점은 "시네아스트가 특별한 의도를 갖고 선택한 것이며, 특별한 목적을 위해 계산되고 구성된 지점"(Joel Mani, 2007, 31)이다. 카메라에 의한 것이므로 물리적 의미의 시점을 의미하기도 하지만, 심리적 시점, 나아가 정신적, 이데올로기적 의미의 시점을 의미하기도 한다. 시점은 영화가 독자에게 있어달라고 요청하는 지점이기도 하다는 점에서 매우 중요하다.

영화는 사도세자가 뒤주 속에서 보낸 8일 간의 디스코스 시간을 기반으로 영조 재위 37년의 스토리 시간을 넘나들며 끊임없이 과거를 소환한다. 세자가 쓴 글씨, 세자를 평민으로 강등시키는 교지문, 세자가 아들 정조가 태어났을 때 그린 부채 등의 소품을 매개로 과거를 소환하며, 인물의 클로즈업된 얼굴에서 현재로 돌아오기를 거듭한다. 스토리 시간 속에 그려진 사건들은 가깝지만 가까워지지 못했고 서로를 원했지만 담을 수 없었던 부자간의 엇나감과 억눌린 욕망으로 얽힌 세월의 무상함, 그리고 소통의 부재에서 비롯된 빚어진 참혹한 결말이다. 그런데 이를 바라보는 시점은 영화의 현재, 곧 정조의 시점에 있다.

그 대단원이 바로 정조가 사도세자의 유품인 부채를 들고 어머니 혜경궁 홍씨의 회갑연에서 춤추는 장면이라고 할 수 있다.[6] 이 춤 장면은 그가 자신을 위해 뒤주 속에서 7일을 견디고 죽어간 아버지의 마음을 추억하는 맥락에서 진행된다. 춤추는 사이사이 몽타주된 장면 속에는 사도세자의 지난날이 스크랩되어 들어와 박힌다. 몽타주된 그 장면들에는 사도세자가 아들의 태어남을 얼마나 기뻐했었고, 영조에 대한 울분을 얼마나 억눌러왔었는지, 과녁을 쏘려던 활을 허공으로 쏘아 올리며 얼마나 헛헛한 마음이 되었을지 잘 드러난다. 아들 정조는 이 순간 비로소 모든 꿈을 허공으로 날리고 아들을 위해 '떳떳하게' 죽음을 택한 아버지 사도세자의 사랑을 기리며 비운에 죽어간 아버지를 추모하는 것이다.

기억은 개개인의 마음속에서 이루어지고 평가는 후손에 의해 내려지는 것이다. 이런 맥락에서 보면 영조는 과거시간에서는 승리하였을지 모르나, 현재시간에서는 패배자일 수 있다. 아들의 죽음을 확인하고 흘린 영조의 눈물은 값져 보이지 않았었지만, 아들을 위해 칼을 내렸던 사도세자의 얼굴에 흐르던 빗줄기는 애끓는 부정(父情)이었다. 사랑은 말로 하는 것이 아니라 행동으로 보여주는 것이다. 이런 맥락에서 자신의 정체성을 숨기지 않고 죽은 사도세자와 정체성을 숨기고 살아남은 정조 사이에 형성되는 심층적 대립에 대해서 생각해 볼 수 있다. 이는 '아버지의 뜻대로 사는 것이 진정 효인가?'의 문제인데, 정체성을 버리고 아버지의 뜻대로 사는 삶이 과연 바람직한 삶인가 하는 문제로 이어진다.

종합해 볼 때 이 영화에서 세대 갈등이 시사하는 가치는 '소통'이라고 할 수 있다. 이는 아래에서 위(자→부)로도 위에서 아래(부→자)로도 얼마든지 진행될 수 있는 가치이다. 사도세자였더라면 아버지처럼 신하들에게 약점 잡혀 살면서 하나 주고 하나 받는 것을 탕평이라고 여기는 정치는 하지 않았을 수 있다. 자신이 되고 싶었던 왕, 자신의 꿈을 모두 허공으로 날려 보내며 허허롭게 "허공으로 날아간 화살이 얼마나 떳떳하냐?"라고 말한 그의 언술 속에서 자유롭고 떳떳하게 살고 싶었던 세자 이선의 기개가 읽힌다.

우리 사회에는 가부장제 사회를 지탱해온 이른 바 '대 잇기' 혹은 '장자세습'의 관습이 여전하다. 그러나 제4차 혁명의 영향으로 현대에는 이전의 가치관과 관습에 맞추어 사는 것이 미래의 삶을 보장해 줄 수 없다는 인식이 확산되고 있다. 이 영화의 세대갈등에 초점 맞춘 토론은 현대, 지금 우리가 처한 위치를 되돌아보고 앞으로 전개될 세상을 가늠해보는 맥락에서 수행하는 것이 좋다.

이런 맥락에서 수업의 목표는 '소통'이라는 가치를 배우는 과정으로 설계하는 것이 바람직하다. 현대적 의미의 효는 부모에게 무조건 순종하는 것이 아니라 자신의 색깔을 보여주고 소통하면서 바람직한 방향을 찾아나가는 것이다. 아울러 해결을 모색한다고 할 수 있는데, 이런 맥락에서 로날드 수케닉은 "모든 픽션은 논쟁으로 간주될 수 있다"고 주장한다. 제롬 브루너도 "좋은 이야기와 잘 짜인 논쟁은 서로 다른 종류의 본성을 가지고 있다. 양쪽 모두 상대방을 확신시킬 수 있다는 점에서는 공통적"이라고 말한다(H. Porter Abbott, 2010, 114).

물론 이야기와 논쟁이 설득하는 내용은 근본적으로 다르다. 그러나 "모든 픽션은 서사적 실체들이 겪게 되는 갈등이 절정에 이를 때 우리는 가치, 관념, 감정, 그리고 세계관들과 관련된 갈등들까지도 함께 발견하게 된다." 위에서 제시한 것처럼 수업을 진행하면 학생들로 하여금 효에 대한 인식을 새로이 할 뿐 아니라, 어떻게 살아야 할 것인가 하는 문제를 생각해보고 동기를 부여하는 효과적인 시간으로 완성할 수 있다.

4. 나오며

서사 내부에서 추동되는 문화적, 심리적, 도덕적 갈등들은 관객의 스키마를 자극하면서 가치관의 변화를 이끌어내는데, 인생의 갈등을 공유하고 있기에 관객(독자)들은 감동을 받기도 하고 잠재된 어떠한 갈등에 대해 눈을 뜨기도 한다. 따라서 서사에서 갈등은 단순히 특정인물에 국한되는 것이 아니라, 그 사회, 그 지역, 그 집단의 문제에 귀속되는데, 좋은 텍스트는 그 사회가 지닌 날선 문제들을 꺼내어 등장인물들의 삶 속에 펼쳐 놓음으로써 관객(독자)으로 하여금 그것을 인지하게 만든다. 아들이 아니라 권력의 대를 이을 자신의 분신이 필요했던 영조, 자식을 위해 혁명과 목숨도 포기한 사도세자, 아버지를 제물로 왕위에 오르게 된 정조, 이 비정하고 맹렬한 삼대의 이야기는 낯익으면서도 낯선 가족의 세계로 우리를 초대한다. "이것은 나랏일이 아니라 집안일이다"라고 외쳤던 영조의 말대로 이 영화는 임오화변이라는 역사적 사건을 현재의 우리 이야기로 다가서게 만든다.

영화 〈사도〉는 우리 사회의 가장 첨예한 문제들인 교육, 부자갈등, 세대갈등뿐 아니라 예와 효 등 다양한 가치관의 문제들을 꺼내놓았다. 이런 맥락에서 볼 때 이 영화는 2015년 개봉된 영화들 중에서 단연 가장 현재적인 갈등을 다룬 영화라고 할 수 있다. 이 영화는 예와 사람, 효와 개성 사이의 대립을 부자 갈등과 세대갈등으로 그려낸다. 아울러 예(禮)와 효(孝) 개념도 새롭게 정의한다. 예는 겉으로 보이기에 단정한 것만을 의미하는 것이 아니라 사람을 먼저 위하는 것이고, 효는 부모에게 무조건 순종하는 것이 아니라 자신의 색깔을 보여주고 소통하면서 바람직한 방향을 찾아나가는 것이다. 따라서 이 영화는 부자갈등을 통해 '부→자'로 이어지는 '관용'이라는 가치를, 세대 갈등을 통해 '자→부'로 이어지는 '소통'이라는 가치를 이야기했다고 볼 수 있다.

이 글에서는 토론의 주제가 자신의 내면을 바르고 건전하게 가꾸는데 관련된 도덕적 주제이거나 타인, 공동체, 자연과 더불어 살아가는데 필요한 인간다운 성품과 역량을 기르기 위한 사회적 주제라면 학생들의 인성 함양에 도움이 될 수 있을 것이라고 보고, 영화 〈사도〉에 나타난 갈등을 활용하여 의사소통교육을 수행하는 방법을 모색하였다.

주석

1 가령 필자가 현재 시무하고 있는 대학에서는 2018년 현재 고정 토론 주제로 '동성애와 소수자 문제'를 다루고 있다. 관련 주제에 대한 학생의 비판글을 인용해 본다.

"하나 항의하고 싶은 게 있다면 동성애자 논제와 관련된 것이다. 동성애와 소수자 문제였는데 동성애의 경우 이미 그들의 사랑이고 행해지고 있는 것인데, 그런 일에 관해서 동성애를 찬·반한다는 것조차 동성애에 대해 차별하고 있는 것이고 소수자를 배려하지 못한 일이라는 생각이 든다. 이 강의를 듣는 학생 중에는 동성애자도 있을 텐데, 자신의 생각이라고 하여 지극히 혐오적인 주장을 펼치는 호모 포비아에게서 모욕을 느끼지 않았을까 싶다. 교수님은 좋은 분이시고 수업도 좋았는데, 이 주제는 문제였다는 생각이 든다." (학생 의견)

2 같은 항목에서 "인성교육의 '핵심 가치·덕목'이란 인성교육의 목표가 되는 것으로 예(禮), 효(孝), 정직, 책임, 존중, 배려, 소통, 협동 등의 마음가짐이나 사람됨과 관련되는 핵심적인 가치 또는 덕목을 말한다. '핵심 역량'이란 핵심 가치·덕목을 적극적이고 능동적으로 실천 또는 실행하는 데 필요한 지식과 공감·소통하는 의사소통능력이나 갈등해결능력 등이 통합된 능력을 말한다."라고 설명하고 있다.

3 영화를 본 학생들이 1인 스터디룸을 현대판 뒤주에 빗대어 자신을 사도세자와 동일시한 글이 SNS를 타고 퍼져나가면서 〈사도〉는 강남엄마가 꼭 보아야 할 영화로 주목되기도 했다. "강남엄마의 필수 관람 영화, 〈사도〉 속 250년 전 영재교육", 《엠뉴스》, 2015.10.27. https://blog.naver.com/ad674/220520759975.

4 이 영화를 보고 쓴 학생의 글을 부분적으로 인용하면 다음과 같다.

"예전에는 공부하라는 말이 그렇게 싫었었는데, 이제는 그 말이 그립기도 하다. 부모님이 왜 그렇게 공부하라고 하셨는지 이제는 알 것 같다. 지금은 스스로 무언가를 해야하는데, 무엇을 해야할지, 어떻게 해야할지 사실 잘 모르겠다. 이전에 아버지가 술 드시고 들어오시면 영어 공부를 열심히 해야 성공한다고 늘 빤한 말씀을 하셔서 듣기가 싫었었는데, 이제는 그렇게라도 말해주는 사람이 있었으면 좋겠다." (학생의 글, 부분 인용)

5 이 부분에서 혜경궁 홍씨라는 인물의 설득력 부족을 이야기해 볼 수 있다. 문근영이 연기한 캐릭터가 지나치게 무게가 없는 것도 문제라면 문제이지만, 가장 큰 문제는 혜경궁 홍씨가 지아비인 세자를 버리고 세손을 선택한 이유일 것이다. "아바마마를 무서워하지 마세요. 아바마마께 빈궁은 합격이에요."라며 빈궁의 마음을 읽어주던 세자를 한 순간에 배반하는 이유가 뚜렷치 않기 때문이다. 가문의 존속이 걸린 문제도 아니고 이(利)에 밝은 인물로 묘사된 것도 아닌데, 영빈을 다그쳐 세자를 폐위하는데 앞장서는 이유 또한 명쾌해 보이지 않는다. 어자피 세자는 폐위될

테니, 정조만은 살려야 하지 않겠느냐는 영조의 반은 협박인 거래를 받아들여 정조를 살리는 비련의 여인이 되었더라면 이해가 갔을 것이다. "세손이라도 데려가볼까. 남편보다 자식이 먼저다 이거지? 자네 참 무섭고도 흉한 사람이야." 할 때, "어머니는 세상에서 가장 강한 존재이지요."라고 비장하게 말하는 장면이 한 장면이라도 있었다면 보다 설득력이 있지 않았을까 싶다. 자식을 제 손으로 참소하고 "자식 잡아먹은 에미가 살아서 뭐해. 내 방엔 불도 안 넣을 거야."라고 말하는 영빈의 설득력도 떨어지기는 매한가지이다. 이런 맥락에서 이 영화에 살아 숨 쉬는 여자인물은 인원왕후 하나뿐인데, 때문에 이 영화는 남자들의, 오직 남자들만의 삼대이야기로 읽힌다.

6 이런 맥락에서 보자면, 정조(소지섭 분)가 등장하는 영화의 마지막 부분은 길다고 볼 수 없다. 이준익은 후반부 장면이 지나치게 길었다는 반응에 대해 "관객들 중 어떤 분들은 그 장면을 아쉽다고 느낄 수 있고, 어떤 분들은 그 장면에서 눈물을 흘릴 수도 있다. 관객들의 반응을 존중하며 당연하게 받아들인다. 다만 감독으로서 바람이 있다면 그 장면의 의미도 한번쯤 생각해줬으면 한다"고 말한 바 있는데, 이러한 맥락을 고려하자면 이 장면은 '무엇이 혹은 누가 옳은가'하는 점을 상기시켰다는 점에서 중요한 장면이라고 할 수 있다.

참고문헌

김경애, 「갈등의 함의와 교육적 활용」, 『한국문학이론과 비평』 제71집(20권 2호), 2016, 29-52쪽.

김길훈, 「영화 〈사도〉 관객의 '자아'」, 『한국콘텐츠학회논문지』 제16권 12호, 2016, 233-243쪽.

박은미, 「한중록의 전승과 현대적 변용의 특질-영화 〈사도〉를 중심으로」, 『온지논총』 제55호, 2018, 211-237쪽.

신원선, 「〈사도〉에 나타난 부자갈등의 양상과 그 현재적 의미」, 『현대영화연구』 제23호, 2016, 325-358쪽.

신희선, 「협상 교육 텍스트로서 영화 속 갈등 사례 연구-영화 '내 아내의 모든 것'의 딜레마를 중심으로」, 『사고와표현』 제7집 2호, 2014, 309-349쪽.

이아영, 「영화 〈사도〉(2015)의 클로즈업 쇼트 연구」, 『한국콘텐츠학회논문지』 제16권 7호, 2016, 609-621쪽.

정병설, 「역사 영화화의 한 사례, 〈사도〉」, 『인문평론』 제74권 1호, 2017, 281-308쪽.

추다경·백선기, 「미디어의 역사 재현, 사회문화적 맥락과 이데올로기-TV 드라마 〈비밀의 문〉과 영화 〈사도〉의 기호학 및 담론 분석을 중심으로」, 『기호학연구』 제53호, 2017, 157-190쪽.

한영현, 「'한국영화 7선' 2015년 한국영화를 말하다: "지식, 권력, 존재"의 역사적비화(悲話): 영화 〈사도〉」, 『현대영화연구』 제23호, 2016, 37-59쪽.

황영미 외, 『영화로 읽기 영화로 쓰기』, 푸른사상, 2015.

황영미, 「한국 사극영화 장르의 유형 연구」, 『영화연구』 제68호, 2016, 287-312쪽.

Benedict de Spinoza, 황태연 역, 『에티카』, 비홍, 2014.

H. Porter Abbott, 우찬제·이소연·박상익·공성수 역, 『서사학 강의』, 문학과 지성사, 2010.

Joel Mani, 김호영 역, 『카이에 뒤 시네마 영화이론 4-시점』, 이화여자대학교출판부, 2007.

Mikye Bal, 한용환·강덕화 역, 『서사란 무엇인가』, 문예출판사, 1999.

S. Rimmon-Kennan, 최상규 역, 『소설의 현대시학』, 예림기획, 1999.

Seymour Chatman, 최상규 역, 『원화와 작화』, 예림기획, 1998.

"강남엄마의 필수 관람 영화, 〈사도〉 속 250년 전 영재교육", ≪엠 뉴스≫, 2015.10.27. https://blog.naver.com/ad674/220520759975(검색일: 2018.7.15.)

인성교육진흥법[시행 2015.7.21.] [법률 제13004호, 2015.1.20., 제정], http://www.law.go.kr/%EB%B2%95%EB%A0%B9/%EC%9D%B8%EC%84%B1%EA%B5%90%EC%9C%A1%EC%A7%84%ED%9D%A5%EB%B2%95/(13004,20150120)(검색일: 2018.7.15.)

'피나바우쉬'로부터 배우는 비언어적 소통 방법*

- 〈피나바우쉬의 댄싱 드림즈〉를 중심으로 -

—

남진숙

1. 들어가며

인간의 의사소통은 단순히 언어적 요소로만 표현으로 되는 것이 아니라, 타인의 얼굴 표정, 몸짓, 눈빛, 시선, 침묵, 말투, 억양, 감정, 주변 환경 등 비언어적 요소[1]와 함께 발현된다. 실제 많은 연구에서 이런 부분이 입증 되었으며, 의사소통에서 오직 30~35%만이 언어에 의한 것(Birdwhistell, 1970, 158)이라고 하였고, 나머지 70~65%는 비언어적 요소에 의해 의사소통이 이루어지고 있다는 것(Samovar & Poter & Jain, 1981, 155)이 일반적인 내용이다. 이는 언어만으로는 의사소통을 완전

* 이 글은 『사고와 표현』 14집 1호(2021)에 실린, 「영화를 통해 본, 비언어적 의사소통과 교수학습법에 대한 제언-〈피나 바우쉬의 댄싱 드림즈〉를 중심으로」의 내용을 수정·보완한 것이다.

하게 알 수 없고 비언어적 요소가 상호 작용하여 의사소통의 효과를 높일 수 있다는 점으로, 비언어적 요소가 중요하다는 점을 알 수 있다.

실제 비언어적 의사소통의 중요성이 강조되면서 이에 대한 연구[2]도 많이 진행되고 있다. 비언어적 의사소통과 관련한 그동안 연구에서는 장애인, 비장애인, 외국인 학습자를 대상으로 주로 이루어졌다.

이 중 본고에서 주목하는 것은 비장애인을 위한 비언어적 의사소통이며, 그 중에서도 대학 교육에서 학습자를 위한 비언어적 의사소통 교육 및 교수학습법에 주목하고자 한다. 손세모돌(2002)의 연구에서는 대학생들의 발표에 나타난 비언어적 요소 가운데 청중에게 호감을 주는 신체동작을 분석, 그것이 발표에 미치는 영향관계를 고찰한 후, 청중은 메시지보다는 신체 언어에 더 큰 영향 받는다고 하였다.

정정승(2006)은 한국어 교육에서 비언어적 의사소통의 전반적인 유형과 그 유형에 따라 분석한 후, 의사소통 상황에서 일어날 수 있는 오해의 소지를 최소화하고 이를 통해 비언어적 표현과 관계하여 교재 개발방안을 제안하였다.

김영순, 임지룡(2002)은 몸짓 의사소통적 한국어 교수법 모형을 통하여 외국인을 위한 한국어 초급 과정에서의 비언어적 요소를 활용한 일부의 모형을 이미지를 통해 보여주었다. 최근 논문으로 송윤희(2020)는 교수자의 비언어적 커뮤니케이션이 대학생의 감성적 실재감 및 학습만족도에 미치는 영향[3]을 연구, 교수자의 수업 중 비언어적 커뮤니케이션의 역할을 강조하였다.

그러나 이 같은 연구에서 알 수 있듯, 교수학습법에 대한 연구가 되어 있는 경우는 극히 드물며, 실제 학습자를 대상으로 한 실험 결과는 있으나, 구체적인 교수학습법에 대한 본격적인 연구는 거의 없는 실정이다. 더욱이 대학 교육 안에서 비언어적 요소를 통한 교수학습 이론은 찾아보기 어렵다.

이에 이 글은 〈피나바우쉬의 댄싱 드림즈〉 다큐멘터리 영화에 나타난 비언어적 요소를 분석, 추출하여 그것이 교수학습법에 어떻게 활용될 수 있는지를 연구하고자 한다. 여기서 교수학습법은 대학 교육 전반을 포함하지만 조금 범위를 좁히면, 사고와 표현 교육 혹은 의사소통 교육과 관련한 범위를 상정한다. 사고와 표현 및 의사소통 교육은 언어적 텍스트에 속하는 것 즉, 말과 글로 된 텍스트를 통하는 것이 일반적이다. 따라서 비언어적 텍스트(무형의 텍스트)를 갖고 언어적 텍스트와 같이 똑같이 다루는 데는 분명 한계가 있다. 그럼에도 본고에서는 의사소통 부분에 있어서 비언어적 요소에 해당되는 몸짓, 얼굴 표정, 손길 등을 중점적으로 다루고자 한다. 특히 등장인물들의 말(대사)과 이미지(시퀀스)로 된 하나의 무형의 텍스트에서 비언어적 요소를 찾아, 그것을 의사소통 교육에 어떻게 활용할 수 있으며, 비언어적 교수학습법의 연결지점을 찾을 수 있을지 고민해보고자 한다. 이에 비언어적 의사소통의 시퀀스로 영화의 많은 부분이 표현된, 〈피나바우쉬의 댄싱 드림즈〉라는 다큐멘터리 영화를 비언어적 요소를 중심으로 분석하고 이를 통해 비언어적 의사소통의 교수학습법에 대한 가능성을 타진해보고자 한다. 물론 전자에 더 많은 무게 중심이 있지만, 후자에 대해서도 방안 혹은 아이디어를 제시해보는 것이 이 글의 목적이다.

2. 영화의 특징 및 비언어적 요소

〈피나바우쉬의 댄싱 드림즈〉은 2009년(독일)에서 제작된, 89분짜리 다큐멘터리 영화로, 안네 린셀과 라이너 호프만이 감독하였다. 우리나라에서는 2011년 1월 20일에 개봉[4]되었다. 피나바우쉬[5](1940.7.29.-2009.6.30)는 춤, 연극, 노래, 미술의 경계를 허문 '탄츠테아터'(Tanzetheater)[6]라는 혁신적인 장르를 선보이며 현대무용의 흐름을 바꾼, 20세기 가장 위대한 무용가로 평가 받고 있다. 그녀의 생전 마지막 모습을 담은 유일한 다큐멘터리다. 이 영화는 춤과는 무관했던 10대 남녀 청소년들[7]에게 '콘탁트호프'(Kontaktthof)[8]를 가르치며 공연하기까지 10개월의 과정을 담은 영화이다.

이 영화의 특징이라면, 주인공이 피나바우쉬이지만, 실질적으로 영화에 노출된 장면을 보면 주인공보다는 춤을 추는 10대 청소년들의 노출 시간이 압도적으로 많다. 다른 다큐멘터리 영화와 달리 주인공에만 초점이 맞춰져 있지 않고, 청소년들의 인터뷰와 그들이 춤을 배우는 과정에 더 초점이 맞춰져 있다. 즉 다큐멘터리는 피나바우쉬라는 인물 자체에 맞춰져 있기보다는 영화의 중간 중간에 청소년들의 의견이나 사생활적인 내용을 알 수 있는 것들이 나오고, 피나바우쉬의 인터뷰 내용이 나오기는 하지만 분량이 많지 않다.

또 하나 주목되는 점은 안네 린셀 감독이 일반적인 다큐멘터리 방식과는 조금 다른 상경한 방식으로 영화를 보여준다. 그것은 전체 영상이 매우 빠르게 돌아가고, 어떤 일이 일어나는지, 누가 누구인지 설명하거나 안내가 없다. 또 시간의 순서에 따라 영상을 편집한 것도 아니다. 따라서 처음 이 영화를 보면 구성이 체계적이고, 일목요연하다는 느낌보다는 조금 산만하다. 따라서 잘 편집된 영화라기보다, 무엇인가 인위적인 편집을 가하지 않은 인상을 받게 된다. 이것이 감독이 의도한 것이라면 의도된 것에 무엇이 있지 않을까 한다. 그것은 다큐멘터리가 최대한 취할 수 있는 자연스러움, 인위적인 것을 최대한 배제하고자 하는 감독의 의도한 축으로 읽을 수도 있을 것이다. 어찌됐건, 기존의 다큐멘터리가 지닌 일반적인 특성과 달리 주제의 강조나 감독의 의도성이 의도적으로 잘 보이지 않는다는 점에서, 설령 그것이 고도로 계산된 의도일지라도, '사실'이라는 기본에 충실한 다큐멘터리 영화라는 생각이 관객의 입장에서 자연스럽게 든다. 다시 말해 사실의 기록에 입각하여 제작하는 것이 다큐멘터리의 기본이라는 점에서 그러하다.

반면 다큐멘터리가 일정한 목적성이 있다는 점을 감안하면, 이 영화는 그 목적성이 직접 드러나지 않고 춤을 배우고 공연을 무대에 올리는 과정을 통해 관객 스스로 그 목적성이 무엇인지 모르는 사이에 이 영화가 주는 메시지를 깨닫게 된다. 다큐멘터리가 사회적 문제를 다룰 때에는 더욱 그러하지만 이 영화에서의 청소년의 문제마저도 직접적으로 다루지 않는다. 다큐멘터리가 지녀야 하는 진실성이 진정성을 그대로 느낄 수 있게 해주지, 프로파간다(Propaganda, 선전, 주제의식 드러내기)처럼 직접적으로 구호를 외치거나 보여주지 않는다. 따라서 감독의 의도가 잘 드러나지 않는 다큐멘터리 영화라고 평가할 수 있다. 물론 영화 감독이 비언어적 소통방법 자체에 주목한 것은 아니라고 본다. 그것은 이 다큐멘터리의 주인공과 춤을 배우는 학생들을 대상으로 찍었기 때문에 비언어적 소통 방법 자체가 다큐멘터리 영화의 중심 무게는 아니라는 뜻이다. 다만 비언어적 소통 방법에 주목하는 것은 이 영화를 분석하는 필자의 관점이라고 보는 것이 타당하다.

이는 이 영화에는 대화가 많이 나오지 않는데, 인터뷰를 빼고 전체적으로 얼굴 표정, 몸짓, 몸 움직임, 음악 등을 통한 비언어적 요소가 주류를 이룬다. 이 영화에 주목하는 점은 바로 이 지점이다. 특히 몸짓은 의식이든 무의식중이든 언어적 요소의 본질을 지니고 있다. 즉 몸짓에도 표현하고자 하는 메시지가 분명히 있다는 점이다. 이 영화 자체가 무용 작품이 완성되어 가고 무대에 공연하는 과정을 담은 것이기 때문에, 아무래도 무용을 가르치는 과정에서 언어적 요소보다는 비언어적 표현이 많은 부분을 차지한다. 특히 교수자가 청소년들에게 무용을 가르치는 교습의 과정에서는 더욱 그러하다. 인터뷰가 언어적 요소로 주를 이룬다면(물론 중간에 피나바우쉬가 청소년들에게 춤에 대한 품평, 혹은 조언을 하는 대화가 일부 나오기는 하지만 많은 부분을 차지 하지 않는다) 비언어적 요소에는 시선, 자세, 표정, 몸짓, 몸 움직임, 음악 등이 이에 속한다. 영화는 이러한 비언어적 요소를 통해, 더 상세히 말하면 '콘탁트호프'를 가르치고 무대에 공연하는 과정에서 비언어적 요소를 잘 활용한 영화라는 생각이 든다. 그 과정에서 비언어적 요소를 통해 청소년들을 어떻게 가르치는가 하는 방법에 대해서도 주목하게 된다.

따라서 본고에서 중점적으로 다룰 내용은 청소년들이 춤을 배우는 과정을 통해, 교수자인 피나바우쉬와 무용 선생님, 학습자인 청소년들 사이 간의 의사소통 방식이 어떻게 이루어지고 있고, 어떤 방식으로 표현하고, 배우고, 가르치는지 전반적으로 교육적 의사소통 방법에 주목하고자 한다.

교육현장에서 핵심적인 요소 중 하나는 교수와 학생의 상호작용이다. 교수자와 학생들 간의 긍정적 상호작용과 믿음은 교육적 효과면에서 상이하게 나타나기 때문이다. 학습자들의 자발적 의지력과 창의력을 발휘할 수 있도록 교수자가 최대한 노력해야 한다. 그 중 하나가 비언어적 요소를 어떻게 활용할 것인가 하는 문제와 연결된다. 따라서 교육에서 비언어적 요소가 얼마나 중요한지 이 영화를 통해 재차 확인할 수 있을 것이다.

3. 교육적 소통과 의사소통 방법

일반적으로 교육적 소통이란 '의사소통의 과정을 기본으로 다양한 교육적 활동을 말한다. 이는 인간의 행동을 긍정적으로 변화시키기 위한 교육, 즉 학습, 일반적 지식과 적응, 관계 형성, 문제해결 기술 등을 배우기 위해 사용하는 의사소통 과정으로 일방적인 가르침과 배움이 아니라 상호간 이해가 전제된 상태를 의미한다.'(진미영·서경희, 2014, 256) 그리고 의사소통의 기술은 '대화 과정에서 화자와 청자가 사용하는 언어, 말투, 태도, 그리고 감정과 같은 요소들을 어떻게 사용하느냐에 따라 상호간 관계의 질은 달라지며, 비언어적 요소의 특성으로는 언어와 마찬가지로 규칙적이고 체계적이지만 한 인간이 속해 있는 사회문화의 영향으로 독특함을 지니며 언어보다 많은 정보를 제공해준다. 그리고 무의식적인 표현으로 본능에 충실하며, 다양한 표현

방법을 사용한다.'(진미영·서경희, 2014, 256-257)

이 두 가지 요소를 잘 보여주는 것이 바로 이 영화이다. 이 영화의 시작부터 끝까지 과정을 살펴보면, 학습자와 교수자가 만났을 때, 처음에는 낯설고 생경한 모습부터 보인다. 그러나 그런 모습은 영화의 엔딩장면 어디에서도 찾아보기 어렵다. 이는 무용을 가르치는 교수자와 배우는 학습자간 사이의 감정적 간극이 전혀 없이, 하나로 동화되어 가는 과정 및 모습을 통해 확인할 수 있다. 그것이 완전한 교감의 형태 그리고 완전한 교육적 소통을 통한 효과인지까지 확인하기 어렵지만, 적어도 이 두 가지 요소를 갖고 있다는 점에서 교육적 소통과 의사소통이 잘 결합된 것이라고 할 수 있다. 이를 좀 더 상세하게 알아보기 위해 먼저 전체 영화의 흐름과 비언어적 요소를 간략하게 정리해 보면 〈표 1〉과 같다.

〈표 1〉 전체적인 영화의 흐름 및 비언어적 요소

첫 만남(낯섦, 의심, 스트레스, 부끄러움) ▷ 앞의 요소를 조금씩 없애기 위한 방법(ice breaking)(몸의 표현, 얼굴 표정, 목소리, 음악 등을 통한 긴장 풀어주기, 소극적인 표현) ▷ 적극적으로 그들의 이야기를 들어주기(공감하기, 공유하기), 비언어적 요소로 실제 시현하기, 부딪히기(무용극 안에서 그들의 이야기를 차례대로 조금씩 하는 이야기가 나옴) ▷ 몸짓, 몸의 움직임, 얼굴표정, 음악 등을 통한 적극적인 표현 ▷ 자신을 온전히 드러내기, 자연스러운 표현 ▷ 완전한 의사소통 혹은 공감(성공적 무대 공연으로 드러남)

중간 중간 인터뷰와 무용극 연습 장면의 교차로 이루어져 있는데, 인터뷰는 언어적 요소이고 무용극 연습은 비언어적 요소로 대부분 이루어져 있다.

1) 비언어적 요소를 통한 감정의 교류

영화 속 청소년들은 춤을 배운 적이 없는 학생들이다. 처음에 학생들을 만났을 때, 교수자들과 학습자들 사이에는 어색한 기운이 역력하다. 얼굴 표정은 물론 몸을 어떻게 해야할지를 몰라 어색하게 움직이고 시선도 똑바로 쳐다보지 못한다. 그들의 만남 자체가 언어로 이루질 수 없을 만큼 어색하고 낯설고 생경하다. 이런 모습이 비언어적 요소로 그대로 표현된다. 심지어 학습자들은 피나바우쉬가 얼마나 유명한 무용계의 거장인지도 모른 채, 관심도 없는 채, 그리고 그런 사실이 중요하지 않는 채, 참여하였다.

첫 연습에서도 남녀의 몸이 서로 닿는 것 역시 부끄러워하며 어정쩡한 몸짓과 표정을 짓는다. 늘 낯설고 처음이라는 것은 사람들의 표현을 위축시킨다. 그것은 말보다는 몸이 먼저 감지하고 반응한다. 본능적이다. 이 영화에서도 예외는 아니다. 더욱이 춤을 통한 낯선 표현 방식은 학습자에게 소통에 있어 주눅 들게 만든다. 처음에 공연을 준비할 때는 학생들의 몸짓, 몸 움직임, 얼굴 표정이 빳빳하게 굳어있어 어색하다. 따라서 소통에 있어 가장 먼저 해야 하는 것은 어색함에 대한 긴장을 푸는 것이라고 할 수 있다.

첫 수업시간, 첫 만남은 이 영화에서 피나바우쉬는 긴장을 풀어주기 위해, 표정과 몸짓을 직접 보여준다. 만약에 처음부터 말을 많이 하면서 그것을 지시하고, 교정해주었다면 소통에 있어 더 오랜 시간이 걸렸을 수도 있었을 것이다. 그러나, 그 교정은 영화의 초반부보다는 전체적인 리허설을 끝난 직후에 간략하게 조언을 한다. 만약 이것이 전도가 되었다면 학습자들은 그렇게 무대에서 자유롭게 자연스럽게 공연을 마칠 수 있었을까 하는 의문이 든다. 자신의 연애경험을 솔직하게 이야기하는 것도 공감이 된 후에 이루어진 것이다. 또한 무대 위에서 자유롭게 웃으면서 뛰어다니는 역할을 맡은 소녀 학습자도 처음에는 어색해하고 뭔가 부자연스러웠지만, 이런 점 등도 이내 사라지게 된다.

주인공 피나바우쉬의 교수학습법만 보더라도, 의사소통과 관련하여 얻을 수 있는 것은 언어적 요소보다는 처음엔 비언어적 요소가 더 강력하고 많은 영향을 준다는 것을 확인할 수 있다. 이는 비단 피나바우쉬에만 해당되는 것이 아니라, 춤을 배우는 학생들도 마찬가지이다. 무용극 내용 중 남녀가 만나 처음으로 서로 몸을 알아가고 감정을 교류하게 되는 과정에서 처음에는 학생들이 너무 어색해한다. 그러나 나중에는 너무나 자연스럽게, 감정 표현을 충분히 하면서 그 역할을 제대로 하게 된다. 무대 위에서 남녀가 서로 바라보면서 속옷만 남기고 옷을 벗는 동작들은 매혹적이지만 순수하게 그려진다.

이는 비언어적 요소가 지닌 의사소통의 결과라고 할 수 있다. 학생들이 자신을 내려놓고 춤에 몰두하였듯이, 피나바우쉬도 내성적인 성격의 소유자로서 무대에서만 자신의 존재감을 드러냈던 오랜 관성을 깬 것이라고도 할 수 있다. 무대 이외의 장소에서 자신을 드러내지 않았던 피나바우쉬의 성격으로 볼 때 그녀 역시 낯가림과 수줍음을 이겨내는 한 과정이었을 것이다. 피나바우쉬는 카메라가 돌아가고 있다는 것을 인식하지 못한 채, 학생들과 춤을 가르쳐주고 그들과 함께 호흡한다. 아이들이 두려움 없이 표현할 수 있도록 이끈 무용 선생님의 격려와 조언을 주는 안무가 피나바우쉬의 역할을 잘 보여준다. 사람들이 어색함이 없어지면 감정을 더 자연스럽게 표출하고 얼굴이나 몸짓도 자연스럽게 되기 마련이다. 비언어적 요소는 긴장을 풀어주고 낯가림과 부끄러움, 수줍음을 줄여주는 기본적인 기능을 한다는 것을 이 영화에서도 학생들과 피나바우쉬가 변화되어 가는 모습에서도 확인할 수 있다.

2) 비언어적 요소를 통한 교육적 효과

이 영화에서 주목되는 지점은 춤을 배우기 시작하는 아이들의 내면, 그들의 각자의 삶 속에 지닌 상처와 외로움, 아픔(폭력적으로 살해당한 아버지)을 딛고 조금씩 세상과 소통하는 방법을 배우기 시작하는 것이다. 학생들의 인터뷰에서 어떤 학생은 학교에서 친구들이 자신을 무시했었는데, 이제는 친구와 이야기하며 친구 관계가 좋아졌다는 사례, 자신은 이제 어떤 일이든 서두르지 않게 되었다는 얘기, 한 소년은 춤을 배우면서 자신감이 생겨 구두시험 성적이 올랐다는 사연, 한 소녀는 학교 필기 성적이 많이 올랐다는 것 등을 말한다. 이는 학생 스스로 자신감을 찾고 '나를 찾아가는 과정'이라는 것을 알수 있다. 나를 표현하고 나에게 집중하는 것이다. 한편 작품에 출연했던 학생들이 이를 계기로 전문적인 댄서로 성장하였다는 훗날이 이야기는 그 교육적 효과의 구체적인 결과라고 할 수 있다. 소통하는 교육을 통해 결과적으로 교육적 소통을 잘 이뤄낸 것이라고 할 수 있다.

또한 사람은 어떻게 대우 받고 싶어 하는지, 어떻게 위로해야 하는지 등도 드러난다. 상처받은 한 소녀를 처음에는 소년들이 부드러운 손길로 조심스럽게 천천히 소녀의 몸을 만지면서 위로를 한다. 말이 아닌 손길로의 위로와 안심, 그리고 그들의 얼굴 표정 역시 안쓰러워하는 모습이 역력하다. 소녀에게 위로와 따스한 눈길을 보낸다. 그러나 시간이 점점 지날수록 그들이 손길은 무용극 안에서 매우 거칠고, 폭력적으로 변한다. 극의 내용에 표현되는 이런 내용을 통해 인간존재에 대한 존중의 중요성을 스스로 느끼게 된다. 그리고 연습이 끝난 후 소년들은 소녀에게 다가가 괜찮냐고 묻는다. 안무의 일부이긴 하지만 무대에서 소녀에게 심하게 대한 것에 대해 미안해한다. 소녀에 대한 배려는 타인에 대한 배려와 연결된다. 이는 비언어적인 요소를 직접 체감하면서 몸짓과 손길, 눈길을 통해 사람의 마음을 읽고 그것을 표현하며, 어떻게 의사소통할 수 있는지 체득의 결과라고 할 수 있다. 한편 학생들은 이러한 비언어적 소통에 민감해지고, 섬세해지며, 적극적으로 변화하게 된다. 적극성은 그들이 안무로 표현하는 몸짓이나 손, 얼굴표정, 발의 움직임 등 여러 요소로 매우 적극적으로 표현되며, 어떻게 표현했을 때 달라지는가를 충분히 느끼고 공감한 결과라고 할 수 있다.

자신감이 저하된 학생들이 믿음과 행복, 자신감 충만, 그리고 사회성이 높아져가며 소통의 관계가 좋아진 점은 무용극에서 음악을 통해서도 잘 표현된다. 리듬이 살아있는 음악은 비언어적 요소로 사람들의 몸짓과 얼굴 표정, 극의 내용과 결합되면서 그 의미를 더하게 된다. 무용극은 자신을 온전히 드러내는 방식이다. 연극에 비하여 덜 할 수도 있지만 이 영화 속 무용극은 그러하다. 비언어적 요소와 언어적 요소를 적절하게 배합하여 소통의 과정과 방식을 잘 보여주는 영화라고 할 수 있다. 좀 더 근본적으로 들어가면 무용교수자에게는 비언어적 의사소통이 중요한 것이 당연하게 여겨질지 모르나, 다른 전공자들에게도 비언어적 의사소통이 중요하다는 것은 자명하다.

이 영화가 보여주는 것이 무용극을 통한 소통의 개선이든 아니면, 피나 바우쉬의 예술적 세계관을 드러내는 것이든 관객에게는 그것이 중요하진 않다. 학생들이 어떤 과정을 거쳐 무대 우에서 그들의 언어로 소통하는가 하는 것이다. 이 영화는 그런 점에서 비언어적 요소를 주로 한 소통의 문제를 다루고 있다고 해도 과언이 아닌 것이다.

3) 언어와 비언어적 요소의 적절한 조화

일반인들에게 언어가 그들의 의사소통의 주요한 수단이라면, 무용가 혹은 춤꾼에게의 언어는 몸 혹은 몸짓인 것은 당연하다. 그래서 일반적으로 무용가들에게는 몸짓과 얼굴 표정으로 대변되는 표현, 소통의 방식은 절대적이었다. 그런데 여기에 언어가 개입되면서, 춤과 언어가 만나 예술의 소통이 극대화된다.

영화에서 '달링, 달링, 달링' 하면서 지속적인 말하기는 춤에서 새로운 의미를 강렬하게 전달한다. 몸짓과 얼굴 표정 등으로 전달되는 주요한 소통의 방식을 여지없이 깨는 장면이다. 또 배경음악으로 쓰인 찰리 채플린의 영화 〈모던 마임즈〉의 주제곡은 경쾌하고 우스꽝스럽다. 여기에 맞춰 춤을 주는 학생들의 춤이 화려하지 않지만, 경직되었다가도 다시 분출되는 감정과 몸짓이 보이기도 한다.

앞서도 언급했지만, 몸짓이나 눈빛 얼굴 표정을 통해 무용극을 배우고 가르치는 것뿐만 아니라, 중간에 인터뷰의 내용이 언어적 요소와 비언어적 요소의 배합을 의미한다. 또 리허설 공연이 끝나고 모든 학생들을 모아 놓고, 말로 리허설 공연이 어떠했는지를 처음 공개적으로 평가하면서, 개개인 학생들에게 장단점을 이야기해준다. 이 장면에서 표면적으로는 언어적 요소를 사용하고 있지만, 이미 소통이 잘 되고 있는 상태에서 수정해야 하는 점을 말했을 때는 학생들의 얼굴 표정에는 긴장감보다도 그것을 기꺼이 받아들이는 표정을 짓고, 고개를 끄덕인다. 교수자 역시 얼굴 표정을 통해 '너는 잘하고 있어 이 부분만 조금 수정하면 된다'는 식의 표정은 교수자의 말(언어)과 함께 전달하려는 공연의 결과에 대한 메시지가 분명히 전달된다. 앞서도 언급했듯 이 두 가지가 전도 되었다면, 즉 비언어적 요소보다 언어적 요소가 앞서서 처음부터 평가 부분에 들어갔다면, 이는 그 교육적 소통에 있어 학습의 효과가 반감될 소지도 있을 것이다.

4. 비언어적 요소를 통한 교수학습법 제언

영화 안에서 비언어적 요소를 드러낸 부분을 전체적으로 3가지로 나눠서 분석하였다. 따라서 본고에서는 3장의 내용을 토대로, 비언어적 요소를 활용한 교수학습법으로, 가제로 '만남의 교수학습법, 공감의 교수학습법, 언어/비언어적 요소의 비율 교수학습법' 등 3가지를 제언하고자 한다. 이를 좀 더 상세히 설명하면 다음과 같다.

첫째는 교수자와 학습자의 만남과 관련한 교수학습법에 대한 제언이다. 이 영화에서의 첫 만남과 수업시간은 교수자가 처음 학습자를 마주할 때의 강의실과 별반 다르지 않다. 영화에서처럼 학습자와 교수자의 첫 만남은 실제 대학 강의실에서도 비슷한 풍경이다. 일반적인 대학 수업시간에도 첫 시간은 학습자도 교수자도 긴장하기 마련이다. 긴장감이나 어색함을 어떻게 풀어나가는가 하는 점은 교수자의 몫이기도 하다. 영화적 상황과 수업의 현장은 물론 다르다. 이를 동일선상에 놓고 말할 수는 없다. 일반 강의실의 경우는 교수자가 상대적으로 언어를 통한 말하기를 많이 하기 때문에 주로 말(언어)을 통해 학생들과 첫 만남을 갖는다. 따라서 첫 수업 시간에 교수학습법으로서 학생들에게 어떤 비언어적 요소를 쓸 것인가에 대한 구체적인 '만남의 교수학습법'이 있어야 한다. 교수자가 첫 시간을 너무 어색한 모습과 표정을 짓는다면 학습자들의 긴장이나 어색함을 풀기 어렵다. 따라서 첫 시간에 교수자가 학습자들에게 어떤 시선과 태도, 어투, 행동을 해야 하는지 등에 대한 교수학습 가이드나 유형, 체계적인 모형이 있다면 의사 소통 면에서 좀 더 쉽게 다가갈 수 있을 것이다. 본고에서 말하고자 하는 것은 영화 속의 교수학습법을 실제 수업 현장으로 갖고 나온다면, 즉 영화에서 본 교수학습법을 활용할 수 있는 방안에 대한 아이디어를 얻어, 교수학습법으로 좀 더 객관화, 정교화 할 수 있을 것이다. 따라서 교수자들에게 비언어적 요소의 티칭법을 다양하게 제시함으로써 첫 수업 시간 학습자와의 만남에 있어 교육적 의사소통을 더 원활하게 할 수 있다는 점에서, '만남의 교수학습 모형'을 제안하는 바이다.

교수자가 강의나 수업의 첫 만남에서 학습자를 위한 아이스브레이킹(Icebreaking)[9]를 강조해왔지만, 이제 교수자가 학습자, 학습의 분위기의 아이스 브레이킹을 하는데 있어, 비언어적 요소를 적극적으로 활용할 필요가 있다. 따라서 교수학습법의 새로운 모형을 체계화하는데 있어 아이스브레이킹은 하나의 단초가 될 수도 있을 것이다.

둘째 영화에서 피나바우쉬와 선생님들의 교수법은 직접 몸으로 부딪치고 그것을 느끼고 공감하는 법이다. 그럼 일반 교과목에서 이러한 교수학습법은 어떻게 적용시킬 수 있을까. 그런 지점에서 교수자와 학습자가 공감하는 비언어적 지점 찾기이다. 이는 과목마다 교수자마다 차이가 당연히 생길 수밖에 없다. 그러나 공통적인 부분이 무엇일까 하고 고민해본다면, 학생들이 발표를 할 때 동료학습자와 교수자의 표정이나 리액션, 그리고 교수자가 수업을 진행할 때, 학생들의 반응이나 반응을 끌어내기 위한 제스처나 눈빛, 시선 등에 대한 교수학습법을 체계적으로 만들 수 있을 것이다. 즉 비언어적 요소를 통하여 공감하는 법을 심증적인 부분을 넘어서 더 정교화 체계화할 수 있는 모형을 구상할 수 있을 것이다.

마지막으로 이 영화에서 보여지는 비언어적 요소와 언어적 요소의 적절한 조화의 배합 비율이나 순서처럼, 교수학습법에도 이런 부분을 찾아가는 일이다. 그런 의미에서 교수학습법 안으로 들어왔을 때, 이 둘의 관계에 대한 배분의 문제는 중요한 요소가 된다. 의사소통 교육에 있어 어느 정도 교수자는 비언어적 요소와 언어적 요소를 적절하게 사용하는 것이 학습적인 효과가 더 큰가 하는 점을 고민하지 않을 수 없게 된다. 교수학습법에서 언어적 요소와 비언어적 요소를 어떤 비율로 사용해야 하는가 하는 부분이 연구가 더 심도 있게 된다면, 언어/비언어적 요소를 사용하는 교수학습법을 나름대로 만들 수 있을 것이다. 물론 과목마다 매 수업 시간마다 다를 것이고, 수업 내용에 따라서도 다를 것이다. 교과목마다, 교수자마다 하나하나 다 만들 수는 없지만, 전체적인 차원에서 언어적 비언어적 요소의 배분과 샘플은 제공할 수 있을 것이라고 본다. 이상의 세 가지 교수학습법을 체계화하기 위해서는 먼저 각각 세 가지 모형 즉, '만남의 교수학습 모형, 공감의 교수학습 모형, 언어/비언어적 요소의 비율에 따른 교수학습 모형' 등을 제안한다.

5. 결론

의사소통은 자신을 드러내지 않고서 할 수 없는, 매우 능동적인 일이다. 자신을 내어 보인 학생들의 용기와 도전은 사람들에게 아름다운 감동을 전해준다. 그것은 공연이 끝나고 무대 위에서 기립 박수를 보내는 관객들의 모습을 담은 시퀀스에서도 확인할 수 있다. 다큐멘터리의 감동은 어디에서 오는가. 그것은 우리가 그 여정을 함께 하는 데서, 관객으로서 이 다큐멘터리 영화에 동참하도록 만든 데서 온다.

이 영화를 학생들에게 보여주는 것도 효과적이긴 하겠지만, 교수자들이 보고 어떤 방식의 수업과 교수법이 학생들에게 더 가까이 다가가고 공감할 수 있는 것인가를 생각하게 한다. 물론 이 영화는 대면을 통해서만 가능한 그것도 몸의 움직임과 접촉을 통해 가능한 면이 있어서, 다른 교과목에 한계가 있는 것은 사실이다. 이것을 그대로 활용하기도, 그렇다고 언텍트(untact) 시대에 접촉은 더 더욱 안 될 말이지만, 그래도 교수자로서 먼저 학생들에 대한 이해와 공감이 전제되어야 하는 것은 확실해진다. 따라서 그 이해와 공감의 선을 가르치는데 있어 어느 선까지 할 수 있는가 하는 문제는 여전히 고민으로 남는다. 장르나 가르치는 교과목의 특수성이 작용하지 않을 수 없기 때문이다.

일반적으로 교수학습법은 주로 언어적 요소에 의한 방법이 주를 이루었기 때문에, 현시점에서는 비언어적 교수학습법에 대한 체계화 및 모형화가 필요하다. 따라서 산발적인 비언어적 요소의 교수학습법을 정리하여 하나의 교수학습법으로 만들 것을 제안한다. 이를 위해서는 과목이나 학습의 특징, 교수자의 유형, 학습자와 만남(강의)의 횟수, 학습자와의 친밀도 등과 관련한 조사가 선행되어야 할 것이다. 따라서 비언어적 요소에 대한 교수학습법의 연구를 좀 더 확장해나갈 수 있을 것이다. 이 부분은 구체적인 교수학습법 모형과 함께 추후의 과제로 남긴다. 끝으로 본고는 교수학습법에 있어 비언어적 요소의 교육적 활용의 여지를 영화 분석을 통해, 확인하고 제언한 의미 있는 글이라고 할 수 있다.

주석

1 비언어적 의사소통을 기호언어(sign language), 행위언어, 사물언어 (object language) 세 가지(Ruesch & Kees, 1969, 189)로 나누거나, 몸의 움직임 또는 신체적 행동(Body Motion or Kinesic Behavior), 신체적 특징(Physical Characteristics), 접촉 행위(Touching Behavior), 유사언어 또는 준언어(Paralanguage), 공간언어(Proxemics), 인공물(Artifacts), 환경적 요인(Environmental Factors)으로 나누기도 한다(Knapp, 1978).

2 「교육적 소통을 위한 비언어적 의사소통 국내연구 동향」(진미령, 서경희)이라는 논문은 비언어적 의사소통 관련 연구가 어떻게 진행된 현황에 대한 34편의 논문을 분석하였는데 이 중 몸짓요소는 꾸준히 연구되고 있고 14편을 파악하고 있다.

3 체육, 무용, 마케팅 등 다양한 분야에서 비언어적 커뮤니케이션이 미치는 영향력이나 만족 등에 대한 연구는 비교적 많은 편이나, 이것이 이론이나 교수학습법으로 체계화되어 있지 않다.

4 대학로 하이퍼텍나다극장 외 2개관에서 개봉하였고, 총 관객수 6239명이 관람했다. 2019년 전주디지털독립영화관은 다섯 번째 픽업시네마로 '피나바우쉬의 댄싱드림즈'를 상영하기도 했다.

5 직업안무가, 무용가 독일 졸링겐 출생, 14세 에센의 폴크방 예술대학에 입학하여 무용에 입문, 이 학교에서 가장 재능있는 학생였으며, 줄리아드 음대 졸업, 1969년 퀼른 콩쿠르 1위, 1973년(33세) 독일 부퍼탈 시립극장 발레단 단장으로 취임, 부퍼탈 탄츠테아터로 개명하고 발레단 스타일을 현대무용으로 바꾸는 혁신적인 변화를 시도하였다. 68세로 사망하기 전까지 인간 실존의 문제를 예술로 승화, 〈봄의 제전〉, 〈푸른수염〉, 〈카페뮐러〉, 〈카네이션〉 등의 작품을 남겼다.

6 '탄츠(춤)'라는 단어와 '테아터(연극)'라는 상이한 두 가지 단어가 합쳐진 '탄츠테아터(Tanztheater)'는 무용과 연극이라는 두 개 예술영역의 결합이면서, 동시에 개별적이고 독립적인 단일개념으로서의 탄츠테아터 그 자체이다. 고전발레 혹은 현대무용에서 지향해온 전통적인 동작들을 사용하기보다 사람들의 일상생활에서의 동작들을 추구하며, 그 동작들을 무대로 가져오고 그것을 '춤'이라 지칭한다. (https://movie.daum.net/moviedb/main?movieId=60373#none), 2021.3.19.

7 독일 부퍼탈 인근의 12개 학교에서 온 46명의 학생들로 구성되었는데, 무대에는 26명의 학생들이 등장한다.

8 독일어로는 '매음굴'이라는 의미며, 사람들이 접촉을 위해 만나는 장소라는 의미로 해석된다. 피나 바우쉬가 '부퍼탈시립무용단'과 1978년 초연을 했고, 기존 무용과 다르게 무용에 연극적인 대사를 활용하고, 의자, 거울 등과 같은 일상적인 소품을

활용하는 등 예술의 경계를 허문 것으로 알려져 있다. 콘탁트호프는 첫사랑을 만나는 긴장과 불안, 설렘과 부끄러움, 두려움과 환희 등 복합적인 감정을 독특한 몸짓으로 표현한 무용이다.

9 사전적 의미는 얼음깨기이다. 어떤 모임 등에서 어색함을 깨기 위해, 게임이나, 박수치기 등 여러 활동을 한다. 학습에서도 이런 방법이 활용되기도 한다. 아이스브레이킹은 인위적인 방법을 사용한다는 점에서 본고에서 말하고자 하는 내용과 그 결이 조금 다르다. 즉 보고의 교수학습법에서의 비언어적 요소는 수업의 일환으로 자연스럽게 반영되도록, 즉 학습자가 그것을 잘 인식하지 못하고, 자연스럽게 동화(흡수)되도록 하는 것이 다르다고 할 수 있다.

참고문헌

영화: 안네 린셀과 라이너 호프만 감독, 〈피나 바우쉬의 댄싱 드림즈 〉, 독일, 1961.

김우룡, 2004, 『비언어적 커뮤니케이션론』, 나남.

김영순/임지룡, 2002, 「몸짓 의사소통적 한국어 교수법 모형」, 『이중언어학』, 1-24.

안인숙, 2013, 「비언어적 의사소통의 의미강화 양상 연구」, 『국어국문』, 54집, 51-75.

이성흠, 2017, 『교육방법 및 교육공학: 의사소통, 교수설계, 그리고 매체활용』, 교육 과학사.

손세모돌, 2002, 「신체언어연구-발표에서의 신체동작을 중심으로」, 『한말연구』, 10, 115-156.

송윤희, 2020, 「교수자의 비언어적 커뮤니케이션이 대학생의 감성적 실재감, 라포 및 학습만족도에 미치는 영향」, 『한국콘텐츠학회논문지』, 259-267.

진미영/서경희, 2014, 「교육적 소통을 위한 비언어적 의사소통 국내 연구 동향」, 대구대학교 특수교육재활과학연구소, 『특수교육재활과학연구』, Vol.53 No.3, 255-282.

정정승, 2006, 「의사소통과 비언어적 표현양상」, 『영미어문학』, 제81호, 225-249.

이애리, 2010, 「비언어적 표현교수법의 활용과 효과: 철학 수업에의 응용」, 연세대학교 교육대학원 석사학위논문.

Birdwhistell, R. L, 1970, *Kinesics and Context*. Philadelphia: University of Pennsylvania Press.

Knapp, M. L, 1978, *Nonverbal Communication In Huamn Interaction* (2nd ed).

Boston: Holt, Rinehart and Winston.

Ruesch, J., & Kees, W, 1966, *Nonverbal Communication: Notes on the Visual Perception of Human Relations*. Berkeley and Los angeles: University of California Press.

Samovar, L. A., Porter, R. E, & Jain, N. C, 1981, *Understanding Intercultural Communication*. New York : Oxford University Press.

https://movie.daum.net/moviedb/main?movieId=60373#none, 2021.3.19.

4부

영화로 글쓰기

질문을 통한 사고의 확장과 글쓰기 교육*

- 영화 〈가타카〉를 대상으로 -

—

나은미

1. 질문이 이끄는 사고의 확장

이 글은 영화를 대상으로 질문을 활용하여 사고를 심화하고 표현하는 방법을 탐색한 것이다. 〈사고와 표현〉류 수업에서 영화를 활용하는 이유는 좋은 주제를 흥미롭게 접근할 수 있어서일 것이다. 교양 수업에서 학생들의 흥미를 유발하는 교수법의 개발은 수업의 성패를 좌우할 정도로 큰 비중을 차지한다. 이재현(2017:296)에서 지적하고 있듯이 학생들은 "글쓰기를 싫어하는 것이 아니라 고리타분한 강의실 또는 교실이라는 막힌 공간에서 교수자가 던져준 주제를 가지고 하는 글쓰기를 싫어하는 것"일 수 있다. 종이 텍스트를 읽기 어려워하는 학

---

* 이 글은 『사고와 표현』 12집 1호(2019)에 실린 내용을 수정·보완한 것이다.

습자들에게 영화와 같은 영상 매체는 "텍스트의 읽기 부담을 줄이면서 학생들로부터 특정 주제에 대한 관심이나 글쓰기의 동기를 이끌어 낼 수 있다."(한래희 2013:213)는 장점이 있다.[1]

그런데 영상 매체를 활용할 때 수업목표와 연관된 수업 설계를 적절하게 하지 못할 경우 영화내용에 대한 정서적인 반응 수준에 머물러 의미 있는 경험으로 내면화되지 못할 수 있다. 글쓰기는 영화의 정신 분산적 수용을 견제하고 보완하는 방법으로 적절하다. 영화에 대해 글을 쓰기 위해서는 영화에 대한 '정신 집중'이 필요하며, 한 걸음 거리를 두고 바라보는 성찰적 접근을 하게 되기 때문이다(박정하 2015:18-19). 특히 학생들이 스스로 질문을 만들고 영화 속에서 단서를 발견하여 대답을 만들어가는 글쓰기 방식은 정서적 반응을 깊이 있는 사유로 이어내는 방법이 될 수 있다. 또한 이러한 방법은 교수자가 던져 준 주제가 아니라 학생들 각자 자신의 마음에 생긴 의문점을 스스로 풀어가는 과정으로 학생들의 능동적 참여를 가능케 한다.

필자는 질문을 활용하기 위해 영화 〈가타카(Gattaca, 1997)〉를 선정하였다. 이 영화는 영화 속 인물의 행위가 정당한지 아닌지, 왜 그런 행동을 했는지 등을 추론할 수 있는 단서들이 효과적으로 배열되어 있어 사고 훈련에 적합하다. 또한 1997년도 작품이지만 영화 속 '가까운 미래'라는 설정이 현대 사회의 다양한 문제에 대한 사유를 촉발한다는 점에서 시의성도 갖추고 있다.[2]

영화를 활용한 사고와 표현 방법에 대한 연구는 매우 활발하게 진행되어 왔다. 특히 한국사고와표현학회에서 운영하는 '영글이'는 그동안의 활동 결과를 두 권의 책으로 출판하기도 했다.[3] 필자의 이번

연구는 학생들이 스스로 만든 질문으로 사고를 확장하고 표현하는 방식에 초점을 두고 있으므로 질문을 활용한 연구를 중심으로 살펴본다. 질문을 활용한 최근의 연구로 유영희(2016)와 손미란·배해진(2018)을 들 수 있다.[4] 유영희는 영화 감상문을 쓰기 전에 세 번의 다른 방법을 활용하고 각각의 방법이 갖는 효과와 한계점을 제시하였다. 예컨대 아무런 자료를 제시하지 않고 감상문을 쓰는 경우는 "학생이 평소 가지고 있는 사고 구조나 정서를 표현하는 데는 도움이 되지만, 영화를 독해하는 힘이 약했고, 참고자료를 먼저 보게 한 경우는 참고자료가 스키마를 형성하는 역할을 한다."(유영희 2016:169)는 것이다.

손미란·배혜진(2018)은 영화 텍스트를 보기 전에 학생들에게 질문지 가이드라인으로 제시하는 방법이 영화를 능동적으로 분석하고 지속적으로 사고할 수 있도록 한다고 하였다. 하지만 영화를 보기 전에 교수자가 미리 가이드라인을 제시하는 방법은 하나의 주제로 사고할 수 있도록 방향을 잡고 지속적으로 사고할 수 있는 데는 도움이 되지만 주어진 질문 이외의 다른 사고의 확장은 유보될 수 있다는 한계도 있다(유영희 2016:198-200). 특히 이러한 질문이 교수자에 의해 제시된 경우는 학생의 능동적 참여를 방해할 수도 있다는 것이 문제이다.

필자는 이러한 점을 고려하여 영화를 보기 전에 영화에 대한 어떠한 정보도 제시하지 않았으며, 영화 감상 후 마음속에 떠오르는 것을 질문으로 만들고 이를 토대로 글쓰기를 수행하도록 하였다. 영화에 대한 정보를 미리 알려주게 되면 학생들은 영화에 대한 정보를 찾아보게 되고, 그럴 경우 선입견이 개입될 소지가 있다. 하지만 어떤 정보도 없이 영화를 볼 경우에는 작품에 대한 독해가 부족하여 자신의 정서를 표현하는 데 그칠 수 있다(유영희 2016:169). 이러한 점을 보완하기 위해 영화 감상 후 학생 각자가 자신의 마음속에 떠오르는 정서적 반응을 질문 형식으로 만드는 방법으로 스스로 글감을 찾을 수 있도록 하였고, 글을 쓰는 과정에서 자신이 만든 질문에 답변을 한다는 생각으로 글의 흐름을 구성할 수 있도록 하였다.

2장에서는 질문의 효과에 대해 살펴보고 3장에서는 영화 〈가타카〉를 대상으로 학생들이 만든 질문을 몇 개의 유형으로 분류하여 수업에서 활용한 사례를 살펴보기로 한다.

2. 깊이 있는 이해로 이끄는 질문의 힘

영화 내용이 글감으로 활용되기 위해서는 영화에 대한 깊이 있는 이해가 전제되어야 한다. 영화 텍스트를 활용할 때 작품에 대한 이해가 깊지 못하면 하나의 문제에 천착하지 못하고 정서적 반응을 나열하는 선에 머무는 글을 쓰게 된다.

작품을 활용한 글쓰기가 의미 있는 작업으로 이어지기 위해서는 작품 자체로서 온전히 이해해야 할 뿐 아니라, 학습자가 살고 있는 지금, 여기의 삶과 연관된 사유로도 이끌어 낼 수 있어야 한다. 그러기 위해서는 섬세한 읽기를 통해 작품을 깊이 있게 이해할 수 있어야 하며, 작품에 작용하는 사회·문화적 맥락 뿐 아니라 학생 자신이 살고 있는 현대 사회의 맥락과도 연관시킬 수 있어야 한다.

질문은 이러한 읽기를 가능케 한다. 즉 질문을 통해 하나의 주제를 중심으로 깊이 있는 작품의 이해가 가능해진다는 것이다. 좋은 질문은 탐구(Inquiry)를 촉발하여 작품의 이해에 도움을 주며, 구체적인 질문은 학습자가 집중할 정보와 그렇지 않을 정보를 구분할 수 있도록 도와주며, 배경지식을 활성화시키기 때문이다(존 라머·존 머겐달러·수지 보스 2015/최선경·장밝음·김병식 2016:45 옮김). 자신의 생각을 논리정연하게 구성하기 위해 정보들을 조합하여 논리적 연결 관계를 만들게 되는데, 질문은 자신이 가지고 있는 배경지식을 활성화하여 이미 알고 있는 지식 이외에 논리적 연결 관계에 필요한 정보를 작품 속에서 적극적으로 찾도록 하는 것이다.

질문에 대한 답변을 구성하는 과정에서 학생들은 추론적 사고를 경험하게 된다. 추론적 사고는 '알고 있는 사실을 바탕으로 미루어 생각'하는 논리적 사고 방식으로 주어진 사실 정보들의 관계를 통해 다 보여 지지 않은 부분을 미루어 생각하는 사고를 의미한다. 즉 추론의 출발(근거)은 '이미 알고 있는 사실 정보'이다. 그래서 추론적 사고를 하기 위해서는 영화 속에서 명시적으로 보이는 것들, 즉 사실 정보를 발견해야 한다. 추론 능력은 대상과 대상의 관계를 파악하고 이들의 관계를 연결하여 전체적으로 통합적이고 유기적인, 즉 타당한 정보를 만들어내는 과정인 것이다. 우리가 통상적으로 작품을 이해하는 과정은 영화 속 장면이나 대사 등 보여 진 정보를 토대로 보여 지지 않은 정보, 즉 작가가 말하고 싶은바 핵심 내용을 발견해 내는 과정이다. 자신이 만든 질문에 답을 하기 위해서는 작품을 분석적으로 꼼꼼하게 읽어내야 하며 하나의 질문에 대해 지속적으로 질문을 확장해 감으로써 깊이 있게 이해하게 되는 것이다.

더 나아가 질문을 통해 성찰적 사고도 경험하게 된다. 성찰적 사고란 "대상을 통해 자기를 이해하는 일련의 사고 행위를 가리키는 것으로, 사물을 대상으로 그 의미를 탐색하는 과정 속에서 자신을 되돌아보고 새롭게 발견하고 이해함으로써 세계와 자신의 삶에 대한 가치와 태도를 정향(定向)하는 의식 활동이다."(최홍원 2012:64). 여기서 자신이란 단순히 한 사람의 개인을 의미하는 것이 아니라 지금, 여기의 삶을 사는 주체로서의 개인이며, 그 주체가 속한 지금 여기의 세계까지 확장된다고 할 수 있다. 그래서 어떤 작품을 통한 성찰적 사고란 "작품의 의미를 탐색하는 과정에서 자신과 지금 여기의 세계를 되돌아보고 새롭게 발견하고 이해함으로써 세계와 자신의 삶에 대한 가치와 태도를 정하는 일련의 의식 활동"이라고 다시 정의할 수 있을 것이다. 학생들은 영화 속 상황에 자신을 대입 시켜봄으로써 현대인의 삶에 대한 가치와 태도의 문제를 성찰할 기회를 가질 수 있다.

무엇보다도 질문은 사고를 촉발하기 때문에 자기 주도적이고 능동적 학습을 유도한다는 장점이 있다. 촉발한다는 것은 외부에서 무엇인가를 주입하는 것과 달리 학습자의 내부에서 일어나게 하는 것이다. 즉 내적 동기가 일어나게 하는 것이다. 사고교육, 표현교육과 같은 교양교육은 동기가 분명하지 않을 경우 학생들의 관심과 흥미를 유도하는 것이 매우 힘들다. 질문을 활용하는 방법은 내적 동기를 유발하여 작품에 대한 분석력을 높일 수 있는 장점이 있다.

3. 영화 〈가타카〉의 질문 유형과 사고와 표현 교육

학생들은 영화를 감상한 후 가장 인상 깊었던 장면과 그때 들었던 생각을 정리하였으며[5] 영화를 본 후 친구들과 함께 얘기하고 싶은 내용을 질문 형식으로 만들고 자신의 생각을 적는 과제(2개 이상)를 수행하였다.

교수는 학생들이 제출한 질문 과제를 분류하여 가장 많은 질문 유형을 대상으로 토론 수업을 준비하였고, 학생들은 자신이 만든 질문에 답을 한다는 생각으로 작품 속에서 단서를 발견하여 글을 쓸 수 있도록 하였다. 토론 전에 먼저 글을 쓰도록 한 이유는 토론 후에 글을 쓸 경우 글이 토론 내용을 정리하는 수준에 머물 가능성이 크기 때문이다. 그래서 각자 자신이 만든 질문을 활용하여 과제로 글을 쓴 후에 수업 중에 함께 읽고 자유로운 토론으로 이어지도록 하였다. 다만, 학생들은 토론 후 자신의 글을 다시 한번 수정할 기회를 가졌다.[6] 수정 글 대신 새로운 글을 쓰겠다는 학생들도 간혹 있었지만, 대부분은 토론을 통해 부족한 근거를 확보하거나 내용을 보완하여 완성본을 제출하였다.

학생들이 동료들과 함께 얘기하고 싶다고 한 주제로 많이 나온 것은, 빈센트의 빌린 사다리 행위가 정당한가, 유전자로 차별되는 사회가 정의로운가, 제롬은 왜 자살했는가 등이었다.

4. '빌린 사다리' 행위는 정당한가?

가장 많이 나온 주제는 빈센트의 '빌린 사다리' 행위에 대한 것이다. 다른 사람의 유전자를 사서 위장 취업하여 꿈을 이룬 빈센트의 행위가 정당한가에 대한 것이다. 많은 학생들이 유전자에 의한 차별이 옳지 않다고 보았지만 타인의 유전자를 빌려 취업을 한 빈센트의 '빌린 사다리' 행위에 대해서는 의견이 갈렸다. 예컨대 아무리 차별이 있어도 '빌린 사다리' 행위는 옳지 않다는 의견도 있었지만 영화 속 사회에서는 어쩔 수 없는 선택이라는 의견을 보이기도 하고, 심지어 빈센트의 행위가 사회를 변화시키는 원동력이 될 것이라는 주장도 있었다.

질문① 부적격자가 꿈을 이루기 위해 적격자의 몸을 빌려 쓰는 일은 비난 받아야 하는가?→만약 모두에게 기회의 평등이 주어졌다면 몸을 빌려 쓰는 행위는 비난 받아야 하지만, 영화 내에서는 태어날 때부터 계급이 정해져 있고, 개인의 가치를 사회가 정해 버린 사회이기 때문에 주인공의 이러한 행동을 비난할 수 없을 것 같다.

질문② 잘못된 사회에서 올바른 일을 위해 불법적 행위를 하는 것이 묵인 가능한가?(옳은가?)→가능하다고 생각한다. 이러한 행동들이 사회를 바꿔갈 수 있기 때문이다.

질문③ 주인공이 꿈을 위해 신분을 위조했다지만 이것은 엄연한 불법이다. 과연 주인공의 행동을 이해해야 하는가?(옳은가?)→주인공의 마음은 알지만 신분 위조는 잘못된 행동이다. 주인공이 한 행동으로 인해 다른 사람이 피해를 입을 수 있고 신분을 사고파는 사회를 조장할 수 있기 때문이다.

이 질문은 '정당하다'와 '그렇지 않다'로 의견이 갈려 찬반 토론을 진행할 수 있다. 학생들은 자신의 주장을 지지할 근거를 제시하고, 다른 관점의 주장과 근거를 귀담아 듣는 경험을 통해 논리적 사고 및 비판적 사고를 함양할 기회를 가질 수 있다.

필자는 학생들이 충분하게 토론을 할 수 있도록 시간을 할애한 후에, "'빌린 사다리'를 이용하여 자신의 꿈을 이룬 빈센트의 행위가 정당한가?"라는 질문을 던지고 토론을 이끌었다. 토론 과정에서 학생들의 토론이 더 이상 진전이 없거나 답보상태일 경우를 대비하여 교수는 준비된 발문[7]을 활용할 수 있을 것이다. 필자는 이 영화에서 빈센트의 행동을 영웅적 행동으로 보는 학생들이 많았다는 점을 고려하여 다음과 같은 질문을 던지고 이에 대한 근거를 제시해 보도록 하였다.

① '빌린 사다리'를 이용해 자신의 꿈을 이룬 빈센트는 영웅이다.
② '빌린 사다리'를 이용하여 취업을 한 빈센트는 범법자이다.

①이라고 주장하기 위해서는 영웅의 개념과 조건을 정의하고, 빈센트가 영웅의 조건에 부합하는 인물임을 입증해야 할 것이다. 영웅의 사전적 정의는 "지혜와 재능이 뛰어나고 용맹하여 보통 사람이 하기 어려운 일을 해내는 사람"이다. 빈센트는 엄청난 노력으로 열성 유

전자를 뛰어 넘어 우주 비행사로서의 능력을 입증했다는 점에서 영웅적 인물로 보인다. 정경남(2001:3)은 빈센트의 행적이 신화 속 영웅의 모험 단계와 유사하다는 점을 든 바 있다. 하지만 능력이 뛰어나다고 해서 모두 영웅이라고 할 수 없다. 서대석(2000:108)은 "그 능력을 개인적 권익보다 집단적 공약을 위하여 발휘하고 성공하여 집단으로부터 추앙을 획득해야 한다."고 말한다. 즉 영웅의 핵심은 능력의 유무라기보다 그 능력이 집단의 이익을 위해 쓰여 져야 하며, 이러한 점이 '집단의 추앙'이라는 평가로 이어져야 한다는 것이다. 즉 "영웅이 되려면 '자기 자신이 아닌 남을 위하여 일을 해야'는 것이다(서대석 2000:109). 우리가 일상적으로 영웅을 칭할 때 민족의 영웅, 부족의 영웅, 마을의 영웅이라고 하는 것이 이러한 점을 잘 보여준다는 것이다. 이러한 정의에 따르면 빈센트의 행위는 영웅적 행위라고 보기 어렵다. 그렇다면 영화 속 세계에서 취업은 불법적 행위가 된다.

그런데 우리는 영화를 보는 내내 빈센트의 '빌린 사다리' 행위에 대해 비난을 하기보다 오히려 응원과 지지를 보내게 된다. 학생들의 글에서도 이러한 태도를 찾을 수 있다.

> 영화 '가타카'에서 빈센트는 자신의 꿈을 이루기 위해서 가짜 신분(빌린 사다리)을 이용했는데 여기에 대해서 생각을 해보았다. 우선 자신의 꿈을 이루는 것은 합법이고 가짜 신분을 이용한 것은 불법이라고 볼 수 있다. 하지만 그 합법적으로 꿈을 이루는 것을 위한 관문에는 '유전자 검사를 통한 차별'이라는 불법의 벽이 막고 있다. 신분 위조를 하지 않으면 빈센트는 능력을 보여주기 전에 이

미 탈락하고 마는 것이다. 사회적 딜레마다. 빈센트는 제롬의 신분을 빌리고 그의 도움을 받기는 했지만 빈센트 자체가 우주 항공 회사에서 통했다. 세상을 바꾼 사람들은 어떠한 것에 불만족하는 사람들이며 그런 사람들이 있어야 고인물이 흘러가기 마련이다. 나는 잘못된 딜레마를 풀기 위해서 빈센트가 선택한 것은 불법행위가 아니라 정당한 길 혹은 혁명의 길이라고 생각한다.

-학생 글③

이에 대해서도 교수자는 질문을 던져 학생들의 깊이 있는 사고를 촉발할 수 있다. 필자는 우리는 왜 빈센트의 '빌린 사다리' 행위에 대해 비난을 하지 않는지를 묻고 학생들이 영화 속에서 그 근거를 찾아낼 수 있도록 하였다. 위의 학생은 '빌린 사다리'를 이용할 수밖에 없을 정도로 불법적 차별이 심한 사회라는 점과 빈센트 자체가 노력으로 자신의 능력을 키워 우주항공사에 진입하였음을 들고 있다. 더 나아가 이 학생은 사회의 부조리를 풀기 위한 행동이므로 빈센트의 행동은 정당하다는 결론에 도달하고 있다.

실제로 〈가타카〉에서 설정된 '멀지 않은 미래' 사회의 모습은 유전자 조합으로 2세를 갖는 것이 합법화된 사회이며, 대부분의 사람들이 유전자 조합으로 아이를 갖는 사회이다. 또한 자연 잉태자에 대한 차별을 법적으로 금지하고 있지만 현실은 다양한 방법으로 자연 잉태자를 배제하고 차별하는 일이 상존하는 사회라는 단서를 영화는 충분히 보여준다. 예컨대 영화 속 유치원에서는 빈센트가 다칠 수 있다는 이유를 들어 빈센트의 입학을 거부하며, 취업 현장에서는 악수나 컵에 묻은 침으로 지원자의 유전적 적합성을 판별하기도 한다. 즉 법적으로는 유전적 차별이 금지되어 있지만 다양한 차별이 만연한 사회인 것이다.

5. 유전자 정보에 의한 차별은 옳은가?

빈센트의 빌린 사다리 행위의 정당성 여부는 자연스럽게 영화 속 사회가 '정의로운 사회'인가라는 확장된 질문으로 이어질 수 있다.

㉠ 유전자 정보로 차별되는 사회(직업을 제한하는 사회), 과연 옳은가?
㉡ 유전자 조작이 상용화되어도 되는가?
㉢ 차별적인 세상, 차별이 당연한 사회, 나는 어떻게 살 것인가?
㉣ 유전자 조작으로 아이를 낳는 것이 옳은가?
㉤ 유전자 조작으로 원하는 아이를 낳을 수 있다면 나는 그렇게 할 것인가?
㉥ 유전자 조작으로 아이를 원하는 대로 바꿀 수 있다면? 아이의 미래를 위해 할 것 같다.
㉦ 차별적인 세상이지만 아무도 신경 쓰지 않는 사회, 그것이 당연한 사회에서 나는 어떻게 살 것인가?
㉧ 유전자로 계급을 나누고 직업을 제한하는 일이 발생하면 어떤 현상이 일어날까? 그런 사회에서 내가 빈센트처럼 태어났다면 그 상황을 이겨냈을 수 있을지에 대해 토론해 보고 싶다.

위의 질문은 작품 속 사회에서 이루어지고 있는 유전자 조작에 의한 차별이 옳은지를 묻는 사회에 대한 질문(㉠~㉣)과 이러한 유전자 조작 여부가 자신의 문제일 경우 어떤 선택을 할 것인지와 같은 자신의 선택을 묻는 질문(㉤~㉧)을 포함하고 있다.[8] 전자는 정당성 여부를 따지는 질문으로 작품 속에서 근거를 찾아야 하는 질문이며, 후자는 그런 사회 속에서 학생 자신이 어떤 선택을 할 것인지를 생각하도록 하는 질문이다.

> 영화를 보면서 우리는 주인공 빈센트의 행동이 법을 어기고 잘못을 어겼음에도 반감을 갖기가 애매한 부분이 있다. 그것은 빈센트가 처한 사회가 올바르지 못하다고 생각하기 때문이다. 유전으로 모든 것을 판단하고 단정 짓는 사회는 주인공이 법을 어긴 행동에 정당성을 부여하게 된다. 지금 우리 사회의 모습도 마찬가지이다. 누군가 사회의 부당함을 외치고 그런 외침에 힘을 실어주기도 한다. 이런 부당한 사회는 우리들도 다른 감정을 갖고 있으며 그의 행동이 전적으로 옳다고는 할 수 없지만 응원해 주게 한다.
>
> -학생 글④

아래의 학생은 빈센트의 행동이 법을 어긴 행동임에도 불구하고 우리가 왜 그를 응원하게 되는지를 드러내고 있다. 그는 빈센트가 자신의 노력으로 능력을 보여주기도 전에 모든 것을 차단하는 사회는 정당성을 갖기 어렵기 때문에 빈센트의 행동에 우리가 반감을 받기 어렵다고 말한다.

영화 속 세상이 옳은 사회인지를 논의하기 위해 롤즈의 '정의로운 사회를 위한 원칙'을 활용할 수 있을 것이다. 롤즈는 정의로운 사회를 위한 두 가치 원칙을 제안한 바 있다. 제1원칙은 "모든 사람은 다른 사람들과 유사한 자유와 양립할 수 있는 광범위한 기본적 자유에 대해 동등한 권리를 가져야 한다."는 것이고, 제2원칙은 두 가지의 원칙이 결합된 것이다. 하나는 '사회적·경제적 불평등은 최소의 수혜자에게 최대의 이익이 될 경우에만 허용한다는 차등의 원칙이고, 모든 사람에게 직위와 직책이 개방되어야 한다는 기회 균등의 원칙'이다(롤즈, 황경식 옮김 2016). 그리고 한 사회가 이러한 정의론에 입각하여 헌법을 만들고, 이러한 상위법에 근거하여 전 과정이 제대로 수행될 경우에만 정의로운 법이며 정책이라고 규정한다.

하지만 롤즈는 동시에 "정의롭고 효율적인 법체계가 제정될 것을 보장해 줄 절차를 구성할 수 없으며, 그래서 정의로운 헌법에서도 부정의한 법이 제정되고 정의롭지 못한 정책이 시행될 수 있음"을 지적한다. 그래서 "다수자의 입법이 어느 정도의 부정의를 넘어 버렸을 경우, 법 테두리에서 어떤 방법으로도 해결되지 않을 경우, 시민들은 시민 불복종을 고려"하게 된다는 것을 인정한다(롤즈, 황경식 외 번역 1988, 221-236).

여기서 우리는 두 가지를 검토할 필요가 있다. 먼저 '만약' 〈가타카〉의 사회가 부정의한 사회라면 빈센트의 '빌린 사다리'는 시민 불복종의 사례로 볼 수 있는가이다. 시민불복종(civil disobedience)이란 "정부의 정책이나 법률에 어떤 변화를 가져오려는 의도를 가지고 일반적으로 법에 반대해서 행해지는 공적이며 양심적인 행위"이다(롤즈, 황경식 외 번역 1988, 221-236). 즉 시민불복정은 "자유롭고 평등한 사람들 간에 합의된 사회 협동 체제의 원칙들이 존중되지 않고 있음을 공표하고 이의 시정을 공동체의 정의감에 호소하는 행위"로 소수자가 자신들의 의견을 동의하는 다수의 공동체 구성원에게 자신의 의견을 피력하는 법테두리 내의 행동인 것이다(롤즈, 황경식 외 번역 1988, 221-236). 그러므로 시민불복종으로 인정받기 위해서는 이러한 차별적 행위가 부정의함을 공동체 구성원들에게 공표하는 방식의 저항이 있어야 하는 것이다. 이러한 관점에서 볼 때 빈센트의 '빌린 사다리' 행위는 시민불복종의 행위로 보기는 어렵다.[9]

다음으로 법 테두리에서 소수자가 할 수 있는 저항인 시민불복종 행위로 보기 어렵다면, 〈가타카〉 속 사회가 애초의 정의로운 사회를 구성하는 원칙을 위배하는 것은 아닌지 검토할 수 있을 것이다. 그렇다면 위의 두 가지 원칙을 좀 더 꼼꼼하게 살펴봐야 한다.

제1원칙은 평등한 자유가 부여되어야 한다는 원칙이다. 예컨대 시민의 기본적 자유란 선거권, 피선거권과 같은 정치적 자유, 언론과 집회의 자유, 양심과 사유의 자유, 재산권과 더불어 신체의 자유, 부당한 체포 및 구금을 당하지 않을 자유 등이다. 이러한 자유들은 "제1원칙에 의해 모든 사람에게 균등할 것이 요구되는데, 그 이유는 정의로운 사회의 시민들은 동등한 기본적 자유를 가져야 하기 때문이다."(롤즈, 황경식 옮김 2016:82). 〈가타카〉 속 사회가 제1원칙을 위배하는 사회인지를 영화 속 제한된 정보로 입증하기는 어렵지만 보여 지는 정보만으로 볼 때 최소한 법적으로는 이러한 자유가 제한되는 것으로 보이지는 않는다.

제2원칙은 사회적, 경제적 이익이 배분될 때 공정하게 배분되어야 함을 언급한 것이다. 제2원칙은 소득 및 재산의 분배뿐 아니라 권한과 책임, 명령 계통 등에 있어 차별을 두지 않아야 함을 언급한 것이다.[10] 즉 재산과 소득의 분배가 꼭 균등할 필요는 없지만 소득과 분배가 모든 사람에게 이익이 되도록 해야 한다는 것,[11] 그리고 어떤 권한을 갖는 직위와 명령을 내릴 수 있는 직책은 누구에게나 열려 있어야 함을 명시한 것이다. 즉 "직위를 개방함으로써 두 번째 원칙을 적용하게 되며 이러한 조건 아래서 사회적 경제적 불평등을 모든 사람의 이익이 되도록 편성되어야 한다."는 것을 분명히 한 것이다(롤즈, 황경식 옮김 2016:82).

〈가타카〉 속 사회는 모든 이에게 직위를 개방한다는 기회균등의 원칙을 위반하고 있음을 알 수 있다. 롤즈는 만일 어떤 직위가 모든 이에게 공정한 기반 위에 개방되지 않을 경우에는 "제외된 자들이 비록 그 직위를 갖게 된 자들의 보다 큰 노력에 의해 이익을 보게 된다 할지라도 정의롭지 못하게 취급되었다고 느끼는 것이 당연할 것이라는 점"을 든다(롤즈, 황경식 옮김 2016:104). 이는 정의의 문제가 단순히 효율의 문제가 아니라는 점을 분명히 한 것이다. 특정한 직책에 적합한 능력을 가진 사람이 있을 수 있고 그럴 경우 사회 전체의 입장에서 볼 때 좀 더 생산적이고 효율적일 것일 것이다. 그럼에도 불구하고 모든 이에게 어떤 직위가 개방되어야 하는 이유를 분명히 한 것이다.

빈센트는 '빌린 사다리'라는 불법적 행위를 하기 전에 자신이 속한 사회가 정의로운 사회 구성의 제2원칙이 지켜지지 않는 사회임을 경험한다. 차별이 불법임에도 불구하고 빈센트에게 우주비행사가 될

기회가 주어지지 않는 것이다.[12]

이러한 설명을 통해 학생들은 논리적 근거를 들어 설명하는 것이 어떤 힘을 갖는지 체험할 수 있다. 특히 분명한 근거를 댈 수는 없었으나 왜 우리가 영화 속 빈센트의 위장 취업 행위에 심정적으로 동의하였는지를 다시 생각할 수 있게 된다.

한편 차별사회에 대한 질문은 현대 우리 사회의 다양한 차별 문제로 이어져 논의가 진행될 수 있을 것이다.

> 영화를 보고 영화 속 미래 사회가 우리의 현실과 비슷하다는 생각이 많이 들었다. '엄친아', '금수저' 등을 언급하며 현재 사회에서도 우리 자체의 한계를 만들어버리고 스스로 패배감에 절여져 우리는 겁쟁이가 되고 있다. 사랑은 외모와 재력이라는 우월한 조건만 챙기고 정작 감정에는 솔직해지지 않는다. 자신의 매력을 보여줄 생각은 하지 않고 성형수술 등을 통해 우월한 유전자로 인식되길 바란다. 사랑이라는 감정을 느끼기 위해 우월한 조건과 유전자가 필수가 돼버린 것이다.
>
> -학생 글⑤

> 이 영화의 배경은 '머지않은 미래'이다. 그리고 현재는 영화가 개봉한지 대략 20여 년이 흐른 뒤이니, 구태여 말하자면 〈가타카〉가 상상한 미래는 바로 지금이라고 할 수 있다. 그러나 다행스럽게도, 현재는 '유전자 변형 인간'이 거리를 활보하지도 않고, 당연히 유전자가 '진짜 이력서'가 되지도 않는다. 이렇게 생각해보면 영화

는 완전히 '헛다리'를 짚은 것처럼 느껴진다. 하지만 조금만 생각을 달리해보면 '정말 그럴까?'라는 의문을 느낄 수 있을 것이다.

우리의 몸에는 사회에서 부여된 '사회 DNA'가 흐르고 있다. 그 존재 자체로 어떤 사회적 편견이나 차별에 직면하는 요소들이 바로 그것이다. '출신대학', '성별', '나이'……. 우리를 평가하고, 정의하는 수많은 차별적 요소들을 찾는 건 너무나 손쉬운 일이다. '○○대학교' 출신은 필히 '○○대학교' 출신보다 유능할 것이며, '남성'은 '여성'보다 조직생활에 적합할 것이다. 우리 사회에 만연한 이런 생각들은 단순히 영화가 지나친 상상에 불과하다고 말하기 난처하게 만든다.

-학생 글⑥

태어나면서 선택할 수 없는 유전자로 차별받는 가타카 속 세상은 영화를 넘어 현실을 투영하여 보여준다. 암묵적으로 유전적 차별을 묵인하는 영화 속 사회처럼 우리 사회도 차별적 요소들을 생산해 내며 용인한다. 우리가 선택할 수 없는 성별, 장애, 국적, 인종과 같은 이유들로 가질 수 있는 선택지의 범위와 출발선이 정해진다. 현실은 더욱 참혹하며 다름의 요소가 차별의 기준과 권력이 되었다. 장애 아동의 부모들은 자녀가 장애를 가졌다는 이유로 무릎을 꿇었고, 성별을 이유로 종교는 여자는 목사나 교황이 될 수 없다고 규정한다. 이처럼 능력과 노력이 아닌 요소들이 꿈을 성취하는 데 매우 중요하게 작용하는 모습은 우리 사회에 너무 만연해 있는 모습이다. 영화를 보면서 빈센트를 이해하고 유전자로 차별하는 사회 구조를 비난하지만 정작 우리 사회의 빈센트들에게는 둔감하지 않았는지 고민해 볼 필요가 있다는 생각이 들었다.

-학생 글⑦

위의 학생들은 영화 속 세상을 통해 우리사회와 나를 포함한 '우리'의 문제를 사유하고 있다. 학생 ①은 엄친아, 금수저 등을 언급하며 우리가 스스로 한계를 만들고 있는 것은 아닌지 성찰하고 있으며, 학생 ②는 유전자로 차별되는 영화의 세계와 돈, 외모, 학력, 출신 대학, 나이 등에 차별 의식을 가지고 있는 우리 사회가 별반 다르지 않다고 보고 있다. 더 나아가 ③은 우리가 영화를 이해하고 빈센트를 지지하지만 현실 사회에는 우리 사회의 빈센트들인 약자들을 차별적으로 대하고 있는 것은 아닌지 성찰하고 있다.

6. 제롬 머로우는 왜 자살했는가?

학생들이 의문을 갖고 토론해 보고 싶다고 한 주제로 많이 나온 것 중 다른 하나는 제롬의 자살에 대한 것이었다. 제롬은 전직 수영선수로 우성 유전자를 가졌으나 교통사고로 하반신 마비로 살다가 빈센트에게 자신의 유전자 정보를 팔며 빈센트와 함께 산다. 여러 어려움이 있었으나 난관을 극복하고 비행 탑승을 위해 출근하는 빈센트에게 자신도 여행을 떠난다며 평생 필요한 만큼의 소변과 혈액을 준비해 두고 소각장에 들어가 자살한다.

㉠ 내가 제롬이라면 빈센트를 위해 죽어줄 수 있을까?
㉡ 제롬은 왜 자살을 택했는지?
㉢ 마지막에 제롬이 자살한 이유는?

제롬의 자살에 대해서는 영화 속에서 명시적인 이유를 찾을 수 없다. 즉 영화 속에서 보여 지는 사실 정보가 부족하여 추론이 다양할 수 있으나 대체로 두 가지 나타났다. 하나는 빈센트의 완벽한 삶을 위해 제롬이 자신을 희생한 것이라고 보는 관점이고, 하나는 제롬이 자신의 존재 이유를 상실한 것이라고 보는 관점이다.

㉠ 제롬은 완벽을 추구하는 사람이다. 빈센트가 완벽한 제롬이 되기 위해서는 제롬이 2명이어서는 안 되므로 빈센트에게 자신의 신분을 완전히 넘기기 위해 자살한 것 같다.
㉡ 빈센트에게 완벽히 자신의 피를 넘겨주고 싶어서, 증거를 없애려고.
㉢ 친구들과 얘기해 봤을 때, 다들 제롬이 빈센트에게 걸림돌이 되지 않기 위해서일 것 같다고 했다. 그러나 내 생각에는 그것이 아닌 것 같다. 여태 그래왔듯이 피부 각질이나 피, 소변, 머리카락 등을 제공해 주고, 빈센트가 위기에 처했을 때 도와주며, 도와주며 살아가는 것이 더 좋았을 수도 있다. 움직임이 자유롭지 못한 자신과 꿈을 향해 나아가는 또 다른 자신인 빈센트와의 괴리감 때문이 아니었을까? 과거에 모든 게 완벽했던 자신과 비교되어서가 아니었을까?

이 질문 역시 두 관점이 나뉘므로 각자가 그렇게 생각하는 이유를 근거를 들어 설명하도록 유도할 수 있다. 제롬의 자살은 빈센트가 우주비행사로 새로운 이름을 부여받은 시점과 일치한다. 그런 점에서 제롬의 자살은 새로운 기호의 탄생과 기의가 사라진 기호의 소멸로도 설명할 수 있을 것이다. 우주비행사로서 제롬의 탄생은 수영선수로서의 정체성을 가진 제롬과 공존하기 어렵다. 우주비행사의 탄생은 기표인 빈센트와 우성인자인 제롬의 기의가 결합된 것이기 때문이다.

물론 영화 속 상황으로 보면 빈센트는 1년의 여행 이후 돌아올 예정이고, 그러면 1년 후에도 제롬은 지금까지 자신이 살아온 방식대로 은둔 생활을 할 수도 있을 것이다. 제롬이 하나의 기호로 존재하기 위해서는 기표인 제롬과 버려진 자연잉태자인 부적합 유전자인 기의와 결합하는 방법이다. 하지만 영화 속 수영선수의 정체성을 가진 제롬은 자신이 우성 유전자를 가진 것이 존재의 이유인 사람이다. 이러한 점은 장애인이 된 자신을 검문하는 경찰에게 항의하는 모습에서 잘 드러난다. 즉 제롬의 자살은 자신의 의미이자 삶의 버팀목이었던 우성 유전자의 상실로 볼 수 있을 것이다.

사실 영화 속에 단서가 충분하지 않으므로 제롬의 자살 이유는 어떤 것도 가능하다. 학생들의 다양한 생각처럼 빈센트를 우주로 보냈으니 삶에 더 이상 미련이 없어졌을 수도 있고 다시 태어나겠다는 생각일 수도 있고, 여태까지의 삶에 지쳐 있어서일 수도 있고 빈센트에게 부담을 주지 않기 위한 것일 수도 있다.

두 번째로 죽음을 결심했다. 행복하지 않았다. 원하면 어디든

갈 수 있는 우수한 유전자, 미래가 기대되는 수영선수였어도 결국 그 중에서도 2등이었다.

처음에 차에 몸을 내던지며 시도했던 죽음은 실패했고, 그 대가로 휠체어에 다리가 묶여 버렸다. 빈센트를 만난 후에야 알 것 같았다. 운명은 유전자로 결정되는 것이 아니라는 걸, 유전자로 쓰여진 대로의 운명이라면 죽음마저도 언제일지 정해진다. 부정해야 했다. 내 운명은 내가 결정하는 거니까. 그래서 다시 죽음을 결심한 것이다.〈중략〉

진심이면 통한다는 말은 성립할 수 있나 보다. 그의 꿈은 내 꿈이 되었다. 그 꿈에 걸림돌이 되기가 싫었다. 제롬이 둘이면 후에 문제가 생기기 쉽다. 그래서 죽기로 결심했다. 대신 나로 살아가야 하는 그를 위해 내 유전자들을 남겨준 이후에. 다행이다. 나는 죽어도 될 만큼 큰 비밀을 죽기 전에 알게 되었으니 말이다. 완벽한 인간을 바라면 끝없이 불행하지만, 완전한 인간을 바라면 과정이 힘들어도 행복할 수 있다는 걸. (In -)Valid라는 말은 부적격자와 적격자로 나눠서는 안 되는 단어이고, 그저 우리 모두는 유효(Valid)하다는 걸 빈센트에게 배웠으니.

-학생 글 ⑧

위의 글은 제롬의 자살 이유를 제롬의 입장에서 쓴 글이다. 우성 유전자를 가졌으나 2등에 머물렀고, 완벽함이라는 굴레에서 벗어나지 못해 자살을 시도했으나 죽지 못하고 휠체어를 타게 되었다는 점, 빈센트의 성공을 보면서 자신의 꿈을 향해, 즉 완전함을 향해 노력하고 꿈을 이루어 내는 빈센트를 보며 자신의 운명을 스스로 정하는 방법으로 자살을 선택했다는 것이다.

제롬의 자살 이유에 대해서 명백한 근거를 찾기가 어렵다는 점이 오히려 어떤 관점이 더 설명력이 있는지를 경험함으로써 논리적 사고에 대해 다시 생각할 기회를 가질 수 있다. 학생들은 희생과 존재의 상실에 대한 다양한 의견을 공유함으로써 한 개인의 정체성, 삶의 의미, 삶의 방식 등에 대해 사유할 기회를 가질 수 있다. 실제로 다양한 의견이 있었지만, 학생들은 자유로운 토론을 하면서 삶의 문제에 대해 생각해 보았다는 의견이 많았다.

7. 사고의 확장을 위한 질문 수업의 의미

지금까지 영화를 활용하여 논리적 사고 및 성찰적 사고를 경험하고 표현하는 방법을 탐색해 보았다. 영화는 대학생들이 쉽고 재미있게 접할 수 있는 텍스트이나 매체의 정신 분산적 특성으로 인해 정서적 반응에 머물 위험이 있다. 그런데 글쓰기나 토론 활동을 통해 깊이 있는 사유를 함으로써 재미를 넘어 의미 있는 활동으로 이어질 수 있을 것이다.

〈가타카〉는 영화에서 설정하고 있는 가까운 미래가 요즈음 우리 사회의 다양한 차별 현상을 생각할 수 있도록 한다. 또한 영화 속에서 보여 지는 사실 정보를 단서로 추론을 할 수 있는 단단한 스토리 구조를 보이고 있어, 논리적 사고와 성찰적 사고를 경험할 수 있는 적절한 텍스트이다.

영화를 감상하고 학생 각자가 만든 질문을 활용한 방법은 학생들을 수업에 적극적으로 참여시킬 수 있는 장점이 있다. 또한 그러한 질문을 해결하는 과정에서 질문에 대한 답변, 답변 과정에서 확장된 다양한 질문을 해결하는 과정에서 자연스럽게 작품에 대한 심층적 이해를 도모할 수 있다.

이 논문에서는 주인공의 위장 취업에 대한 정당성에 대한 질문, 유전자 정보에 의한 차별 현상과 자신의 선택에 대한 질문, 제롬의 자살에 대한 질문 등을 통해 작품의 심층적 이해와 논리적이고 비판적으로 사고하고 표현할 수 있는 방법을 탐색하였다.

세상의 수많은 가치와 정보들을 비판적으로 수용하고 그 세상 속에서 자신의 삶의 가치와 방향을 정하고 살아가는 능력은 성인으로 살아가는 데 가장 필요한 능력이다. 영화를 통해 다양한 질문을 만들어 내고, 그러한 질문을 해결하는 과정에서 깊이 있는 사유로 이어진다면 단순한 재미를 넘어 자연스럽게 사고와 표현 능력 함양이라는 목표를 달성할 수 있을 것이다.

주석

1 종이 책 독서의 효용에도 불구하고 요즘 대학생들의 독서량은 매우 저조하다. 교육부와 한국교육학술정보원학술정보원(2016)의 조사에 따르면 "지난해에 전국 대학생 1명이 대출한 도서는 평균 7.2권에 그쳤다." 대학생 평균 대출 도서는 2011년에 10.3권에서 2012년에는 9.6권으로 나타났고, 2013년에는 8.7권 2014년에 7.8권, 2015년에는 7.4권으로 계속 줄어들고 있다. 이러한 상황에서 좋은 영화 작품을 선정하여 수업에 활용하는 것은 하나의 대안이 될 수 있을 것이다.

2 가타카는 주인공 빈센트가 들어가고 싶어하는 최고의 우주 항공 회사의 이름으로, DNA 염기 서열인 아네닌(A), 티민(T), 구아닌(G), 시이토신(C)의 머리글자를 따선 만들어진 것이다.(정경남 2001:3)

3 2015년에 "영화로 읽기 영화로 쓰기", 2018년에 "영화 로그인-사고와표현 교육"이 출판되었다.

4 〈가타카〉를 대상으로 한 학술 연구 중 영화 감상 후 쓴 감상문의 서사분석을 통한 문학치료의 가능성을 탐색한 김정애(2015)와 주인공 빈센트의 행적을 영웅 신화로 분석한 정경남(2001) 정도를 들 수 있지만 표현 교육에 초점이 있는 것은 아니다.

5 인상 깊게 본 장면은 다양했지만 가장 많이 나온 장면은 형제가 수영대결을 하여 자연잉태자인 빈센트가 동생 안톤을 이긴 장면이었고, 제롬이 소각장에서 자살하는 장면도 많았다.

6 학생들은 초고 상태에서 조원들의 댓글 피드백을 받았으며, 최종본을 완성한 후에 수강생들의 댓글 피드백을 받았다.

7 발문이란 "어떤 내용을 알고 있는 사람이 모르는 사람에게 질문을 하여 그에 대한 대답을 다양한 측면에서 생각해 보도록 함으로써 스스로 정답이나 깨달음을 얻게 하는 질문기법"을 말한다(교육심리학용어사전). 발문은 학습자의 능동적 참여와 사고를 촉발하기 위한 것이기 때문에 교수자는 충분한 경험과 지식을 토대로 발문에 대한 예상된 답을 미리 준비해야 한다.

8 사실 유전자 조작이 합법화 되는 것과 차별의 문제는 별개이지만 학생들은 사회의 문제를 유전자 정보로 차별되는 문제를 집중해서 보았으며, 그런 사회에서 자신은 어떤 선택을 할지 고민하였음을 보여준다.

9 시민불복종은 "개인이나 집단의 이해관계를 추구하는 것과는 다른 정치적 신념이며, 자신의 행위에 대해서 비밀이 없고 그 행위의 법적인 결과를 기꺼이 감수한다는 진지성을 보여 주어 정당성이 확보되어야"하며, 다음과 같은 세 가지 경우에 한한다는 점을 분명히 하고 있다. 첫째, 정상적인 저항들이 있었음에도 불구하고 상

당한 기간 동안 다소 고의적인 부정의가 행해질 경우이고, 둘째는 그 부정의가 시민의 자유에 대한 명백한 침해일 경우, 셋째, 그와 유사한 경우에 유사한 방식으로 저항하려는 성향이 일반화되어도 합당한 결과를 가지게 될 경우이다(롤즈, 황경식 외 번역 1988, 221-236쪽).

10 롤즈는 제2원칙으로 "사회적 불평등은 모든 이에게 이득이 되고, 모든 이에게 직책과 직위가 개방될 수 있게끔 배정되어야 한다."(롤즈, 황경식 2016:75)고 하였으나, "모든 이에게 이익이 되게" 그리고 "모든 사람에게 개방된다."는 것이 모호한 측면이 있다면서 충분한 논의 후 차등의 원칙과 공정한 기회 균등의 원칙을 결합한 민주주의적 평등과 차등의 원칙을 제안한다. 제2원칙에 대한 필자의 이해가 부족한 부분을 바로 잡아주신 익명의 심사위원께 감사의 말씀을 전하고 싶다.

11 다만 롤즈는 그 사회에서 가장 약자, 즉 최소 수혜자에게 가장 많은 이익이 돌아가는 경우에 한하여 불평등을 허용한다는 단서를 달고 있다.

12 유치원 입학 거부, 취업 현장에서의 유전자 검사를 위한 악수와 침의 수거, 꿈조차 꾸지 말라고 말하는 청소 감독원 등 다양한 정보를 찾을 수 있다. 또한 부모와 가족조차도, 영화 속 어떤 사람도 그 사회의 시스템에 문제를 제기하는 적극적인 행위를 하지 않는다. 다만 영화 속 조력자(라마드, 브로커, 아이린 등) 들을 통해 그 사회의 상당한 정도의 사람들이 사회구조의 부정의함을 인식하고 있다는 것이 보여진다.

참고문헌

김정애, 「영화 〈가타카〉의 서사분석을 통해 본 감상문 사례의 문학치료학적 의의」, 『문학치료연구』 35, 한국문학치료학회, 2015, 109-144쪽.

박정하, 「왜 영화로 글쓰기 교육을 해야 하는가」, 『영화로 읽기 영화로 쓰기』, 푸른사상, 2015, 15-27쪽.

서대석, 「동아시아 영웅신화의 비교연구」, 『구비문학연구』 11호, 한국구비문학회, 2000.

손미란·배혜진, 「'질문법'을 활용한 텍스트 읽기-쓰기 교육-텍스트로서의 '영화 읽기'를 활용한 읽기-쓰기 연계를 중심으로」, 『반교어문연구』 49, 반교어문연구, 2018, 253-290쪽.

유영희, 「영화 감상문을 쓰기 위한 세 가지 수업 모형 비교 연구-영화 〈다우트〉 감상문 사례를 중심으로」, 『사고와표현』 9집, 한국사고와표현학회, 2016, 169-206쪽.

이재현, 「영화 텍스트를 활용한 의사소통 교육 연구」, 『사고와표현』 10집 3호, 한국사고와표현학회, 2017, 293-316쪽.

이효범, 『논리적 사고, 비판적 사고, 창의적 사고』, 도서출판 보성, 2011.

정경남, 「영화 〈가타카〉 속의 신화」, 『프랑스문화예술연구』 5, 프랑스문화예술학회, 2001, 103-104쪽.

최홍원, 『성찰적 사고와 문학교육론』, 지식산업사, 2016.

한국사고와표현학회 영화와의사소통연구회, 『영화 로그인-사고와 표현 교육』, 한국학술정보, 2018.

______________________________, 『영화로 읽기 영화로 쓰기』, 푸른사상, 2015.

한래희, 「영화 텍스트를 활용한 비평문 쓰기 교육 연구」, 『대학작문』 6호, 한국작문학회, 2013, 213-247쪽.

L. 루비, 서정선 옮김, 『논리적으로 사고하는 기술』, 서광사, 1994.

앤드류 커크, 유강은 옮김, 『세계를 뒤흔든 시민불복종』, 그린비, 2004.

존 라머·존 머겐달러·수지 보스, 최선경·장밝음·김병식 옮김, 프로젝트 수업 어떻게 할 것인가?』, 지식프레임, 2016.

존 롤즈, 황경식 옮김, 『사회 정의론』, 서광사, 1977.

____________, 「시민불복종의 정당화」, 『사회윤리의 제 문제』, 서광사, 1988.

사회적 공감 능력 향상을 위한 사회성찰글쓰기 교육*

- 영화 〈나, 다니엘 블레이크〉 수업 사례 -

박현희

1. 무한경쟁 시대 두려움은 혐오를 낳는다

신자유주의 무한 경쟁 사회에서 대학생들은 두려움과 불안 심리를 안고, 학점 및 스펙 쌓기에 매몰되어 있다. 오찬호(2013; 2015)는 이러한 20대의 두려움과 불안 심리가 타자를 혐오하며 차별을 당연시하는 '괴물이 된 20대'를 양산하는 매커니즘이라고 설명한다. 입시교육이 낳은 학벌주의와 능력주의 가치가 대학생들의 차별적 인식에 깊게 스며있다는 것이다. 그는 대학 서열주의 시스템에서 어느 대학에 다니느냐는 노력과 능력을 반영하는 것이고 그 능력에 따른 차별적 보

* 이 글은 박현희, 「온라인 수업에서 대학생의 사회적 공감 능력 향상을 위한 단계별 사회성찰글쓰기 교육 -영화를 활용한 수업 사례를 중심으로」, 『사고와 표현』 13(3), 한국사고와표현학회, 2020, 7-46쪽을 수정·보완한 것이다.

상을 당연한 것으로 여기면서 자신들 스스로를 가해자이자 피해자로 만들어 버리는 기이한 현상을 포착한다(오찬호, 2013, 165-172).

누스 바움(Martha C. Nussbaum, 2020, 42) 역시 두려움은 감정적으로 분노, 혐오, 시기라는 세 가지 감정에 영향을 준다고 본다. 그에 의하면 미국인들은 실제적인 문제로 자신의 삶을 통제할 수 없다는 무력감을 느끼며 두려움을 갖는다. 이 "공포와 무력감은 이민자, 소수 인종, 여성들과 같은 외부집단을 향한 비난, 혹은 '타자화'로 쉽게 전환된다."(마사 누스바움, 2020, 27-28)는 것이다. 무엇보다 두려움은 이기적 개인주의를 촉발하여 다른 집단과의 연대보다는 구분과 타자를 혐오하는 데까지 나아간다고 설명한다(마사 누스바움, 2020, 32). 누스바움은 특히 일상적이고 기본적인 감정이 두려움이 되고, 이 두려움이 "분노와 혐오와 같은 감정으로 전염될 때 민주주의가 크게 위협당한다는 사실"을 일깨운다(마사 누스바움, 2020, 35).

우리 대학생들 역시 코로나 위기로 만연한 전염병에 대한 불안에 더하여 미래에 대한 불안과 경쟁 압박으로 인한 두려움 및 무력감의 심리가 최고조에 달한 세대라고 할 수 있다. 이 속에서 사회적 약자와 소외계층을 돌아보거나 그들을 둘러싼 사회구조적 문제에 관심을 두기란 쉽지 않다.

더욱이 비정규직과 같은 사회적 약자의 문제는 어디까지나 그들의 능력과 '노오력' 부족의 대가로 치부된다. 오히려 이들에게 보상이 주어지면 분노하고 혐오의 감정을 드러내기도 한다. 그 예로 얼마 전에 인천공항 보안검색대 비정규직의 정규직 전환[1]에 대한 부정적 반응을 들 수 있다. 여기에는 소위 정규직을 준비하는 취준생(소위 공시생)의 일자리를 능력 없는 비정규직들이 잠식한다는 논리가 기저에 깔려있다. 청년들은 무엇보다도 능력주의를 근간으로 공정의 가치를 중시하는 경향이 있다. 이때 능력주의는 대개 시험으로 검증되는 능력을 기반으로 한다. 입시 위주의 경쟁교육이 낳은 산물이라고 할 수 있다. 극심한 경쟁이 배태한 두려움이 시험을 치르지 않고 정규직을 차지하는 사람들에 대한 묻지마식 혐오와 분노로 분출된 사례라고 할 수 있다.

최근에 YTN뉴스(2020.10.10.)[2]에 따르면, "온라인 대학 커뮤니티, '혐오 글' 논란 대책은 없나?" 제하의 기사가 실렸다. 대학커뮤니티가 성소수자나 노인, 범죄 피해자 등을 혐오하는 내용을 담은 비상식적인 게시물로 몸살을 앓고 있다는 내용의 기사이다. "올해 초부터 지난달까지 국내 25개 대학의 커뮤니티 게시글을 분석해보니, 무려 600개 가까운 혐오 표현이 발견"되었고, "성별뿐만 아니라 성적 지향이나 심지어 인종을 이유로 소수자를 혐오하는 경향도" 나타났다는 보도는 대학가에 만연한 사회적 약자들에 대한 혐오가 얼마나 심각한지 보여준다.

이 사안들에서 알 수 있듯이 우리 대학생들에게 내면화된 두려움과 불안은 사회적 약자의 고통과 사회문제를 등한시할 뿐만 아니라 자신의 이해와 관련된 사안에서는 약자(혹은 자신과 다른 집단)를 타자화하고 심지어 그들에게 혐오의 감정을 분출하기 쉬운 상태로 내몰고 있다. 사회문제를 절감하고 약자의 고통에 공감하며 연대의 희망으로 미래를 건설적으로 만들어나가기 위한 비전과 상상력을 기대하기 힘든 현실이다.

이러한 현실과 코로나 팬더믹 위기의 한복판을 지나면서 우리는 무엇보다도 개인의 자유 못지않게 공동체의 협력과 연대의식의 소중함을 체감하고 있다.

코로나 시기 비대면 온라인 수업 환경에서는 수업 참여자 사이에 친밀감 형성과 상호교감의 역동을 기대하기 어렵다. 이른바 상호작용은 수업의 질과 학생 만족에 영향을 미치는 요소이기도 하다(신소영 권성연, 2018, 123-125). 특히 수업의 질과 관련하여 교수자는 수업에서 이뤄지는 일종의 학습 내용에 초점을 두는 반면에 학생들은 상호작용에 대해서도 중요하게 인식하고 있다(송충진, 2014, 182-195).

교육현장은 인격과 인격이 만나는 장소로, 상호존중과 상호이해에 도달하는 상호주관성을 경험하는 장이며, 소통과 배려로 공감과 연대감을 체득할 수 있는 실습 장소이다. 특히 교양교육으로서 사고와 표현 교육은 학생과 교수, 학생과 학생, 그리고 세상과의 소통과 상호작용을 중요한 모티브로 삼는다.

따라서 대학의 글쓰기 교육에서 사회적 약자에 대한 '사회적 공감'과 수업 구성원들과의 '상호작용'을 주안점으로, 영화 〈나, 다니엘 블레이크〉를 활용한 수업 사례를 소개하겠다. 이를 위해 '사회적 공감' 이론에 기반을 둔 기존의 사회적 공감 교육 모형을 비판적으로 검토한 후 단계별 학습모형을 모색하고, 이를 적용한 수업 사례[3]와 그 효과를 살펴보겠다.

2. 사회적 공감과 상호작용 중심의 수업 모형

1) 사회적 공감

일반적으로 공감은 "타인의 감정적 상태와 생각을 인지(perceiving), 이해(understanding), 경험(experiencing), 반응(responding)하는 행위"이다(Barker, 2003, 141; Segal, 2011, 267).

사회적 존재로서 인간에게 공감은 사회문화적 맥락 속에서 타인의 고통의 문제를 이해하지 않고서는 가질 수 없는 능력이다. 나와 개인적 친분이나 긴밀한 연고가 없는 타인의 고통에 공감한다는 것은 더욱 어려운 일이 아닐 수 없다. 타인이 처한 곤경과 고통을 이해하고 공감하는 것은 아주 각별한 노력이 필요하다.

특히 사회구조적인 맥락에서 형성된 고통받는 타인(혹은 다른 집단)에 대한 공감은 바로 그 사회적 맥락을 인지하고 이해하는 것을 요구한다. 이 경우에는 단순히 개인적 차원의 공감 이상의 노력이 필요하다. 시걸(Segal, 2011, 266-267)에 의하면 "사회적 공감은 구조적 불평등과 차별로부터 비롯한 문제들을 통찰한 결과로, 다른 사람들의 삶과 상황을 인식하고 경험함으로써 그들을 이해하는 능력"이다. 이처럼 사회적 공감이란 타인 혹은 타집단이 경험한 역사적 사건에서 그들이 직면한 장벽을 이해하고, 그들의 입장에 서서 현재의 상황과 행동에 영향을 미치는 일들을 이해하려고 노력하는 것이다(엘리자베스 시걸, 2019, 45).

타인의 고통을 개인화하지 않고 사회맥락적 관점에서 이해하고 공감하며 그 해결책을 모색하려는 일련의 감정과 행동들이 사회적 공감이라고 할 수 있다. 사회적 공감은 "개인적 공감과 불평등에 대한 맥락적 이해(contextual unnderstanding)의 결합"으로 사회적 책임감을 높이고 정의를 촉진하는 데에 주요한 능력이다(Segal, 2011, 268). 사회적 공감을 위한 태도로서 시걸(Segal, 2019, 47)은 "상황에 대한 거시적 관점을 수용하고 외부적 요인의 영향을 고려"하고, "인종, 젠더, 성적 취향, 능력, 연령, 계급 배경이나 다른 특성을 가진 다른 사람의 상황에 자신을 위치시키는 것"을 강조한다. 이처럼 맥락에 대한 이해를 통해 타인의 삶의 장애물과 난관에서 비롯한 고통을 공감하고 그들의 입장에 서서 거시적 관점을 수용함으로써 사회적 책임감과 연대감을 고양할 수 있는 것이다. 사회적 공감이 불러일으키는 통찰력은 민주적 과정과 사회적 포용과 시민 참여를 통해 긍정적인 사회적 변화를 불러일으키고 사회적 안녕을 촉진할 수 있도록 작용한다(Morrell, 2010).

특히 주변화된 집단에 대한 혐오와 차별은 그들을 양산한 사회구조적 맥락에 대한 이해를 기반으로 한 공감, 즉 사회적 공감 능력의 결여에서 비롯한 것이다. 대학교육에서 공감을 넘어 사회적 공감에 주목하는 이유이다. 사회적 공감은 쿠퍼(Cooper, 2011)의 심층적 공감에 해당한다. 심층적 공감은 사회적, 역사적, 관계적 맥락에서 타인에 대한 풍부한 이해를 포괄한다(한동균, 2020, 153).

사회적 공감은 개인적 공감을 바탕으로 불평등을 양산하는 사회구조적 원인을 검토하는 것이다. 개인적 공감만으로는 사회 정의를 이루는 것은 역부족이다(Segal, 2011, 268). 빈곤의 문제를 사회맥락적 이해 없이 개인의 게으름이나 무능력의 소산으로 여긴다면, 편견과 차별 및 혐오로 나아갈 수 있다. 이런 의미에서 무엇보다도 사회적 공감 능력이 요구된다.

사회적 공감은 불평등과 차별을 노정하는 사회 맥락에서 타인의 삶의 고통을 인지하고 이해하는 능력이며, 사회적 책임감과 함께 연대의식 및 자신의 역할에 대한 성찰을 수반한다(Segal, Wagaman & Gerdes, 2012; Wagaman, 2011, 284).

2) 사회적 공감 능력 향상을 위한 교육 방안 - 사회성찰글쓰기 교육

(1) 사회적 공감 교육 방안들: 성찰학습, 사회적 공감 학습

우리는 타인의 고통을 상상하며 정서적이고 인지적인 차원에서 공감적 반응을 한다. 공감은 인지적 요소와 정서적 요소로 이뤄진다. 인지적 요소는 다른 사람의 입장에 서서 타인의 태도와 행동을 이해하는 지적 요소이며, 정서적 요소는 다른 사람이 처한 상황에서 일어나는 정서적 상태이다(한동균, 2020, 152).

민문경 외(2015, 587-588)는 사회 정의 실천을 촉진할 수 있는 방안으로 정서적 측면에서는 사회적으로 소외된 집단에 대한 접촉 경험, 인지적 측면에서는 사회맥락적인 요소들에 대한 지식적인 측면이 중요하므로 양 측면을 다 아우를 수 있는 성찰(reflection)학습을 주장한다. 정서적으로는 사회적 소외 집단과의 지속적인 접촉 경험과 인지적으로는 사회맥락적 요소들에 대한 지식 습득을 통해 차별이 인종, 민족, 성 정체성 등과 복합적으로 교차하여 일어난다는 인식과 각 개인의 관점은 객관적이기보다는 각자가 처한 문화적 인지틀을 통해 형성된다는 것을 이해할 필요가 있다(Freedberg, 2007; 민문경외, 2015, 587)는 것이다. 성찰학습을 통해 사회적 이슈를 타자의 문제가 아니라 "사회적 맥락에서 자신과도 연결된 문제로 공감대를 형성"하게 되고, 이는 지속적이고 적극적인 사회정의의 실천동력이 될 것이라고 본다(민문경 외, 2015, 588).

이상의 논의를 통해 사회적 공감 능력을 도모하기 위해서는 무엇보다 성찰 학습이 중요함을 알 수 있다.

사회적 공감 교육에 대해 시걸(시걸 2019, 335)은 보다 구체적으로 '사회적 공감 학습을 위한 3단계'를 다음과 같이 제안하였다.

> 1단계 노출
>
> 다른 사람들과 접촉한다는 목적을 갖고 새로운 사람을 만난다. 다른 문화를 경험할 수 있는 새로운 장소를 방문한다. 새로운 사상이나 가치를 토론하고 생각한다,
>
> 2단계 설명
>
> 자신과 다른 사람 간의 차이가 발생한 이유에 대해 배운다. 역사적으로 무슨 일이 있었는가? 자신의 조상과 조상의 역사를 다른 집단과 비교할 때 무엇이 다른가? 기회나 장애물 중에 다른 집단과 다르거나 같은 것은 무엇인가? 다른 집단은 어떤 기회를 경험했는가? 기회와 장애물에 대한 당신의 이해를 사실적으로 뒷받침하는 신뢰할만한 자료를 반드시 찾아보라.
>
> 3단계 경험
>
> 다른 사람의 입장에서 바라보라. 당신이 계층, 인종, 문화, 젠더,

성 정체성, 연령, 출신 국가, 능력 면에서 다른 사람의 삶이 왜 어떻게 다른지 또는 비슷한지를 설명하는 2단계에서 배운 내용에 대해 생각해보라. 지난 역사에서 그 집단의 일원이 된다면 어떨까? 오늘날에는 어떨까? 현재적 상황은 역사의 산물인가? 역사에서 어떤 영향을 받았는가? 당신이 그 집단의 일원이라면 오늘날 당신의 삶은 어떻게 달라졌을까? 의미 있는 기간 동안 이런 차이를 실제로 직접 경험할 수 있는 방법을 찾아보라.

이 방법을 토대로 한동균(2020, 161)은 사회적 공감 기반 학습모형을 '문제인식'의 차원에서는 1. 공감적 만남(개인적 공감으로 나의 삶과 연결하기)을 '문제 이해'의 차원에서는 2. 공감적 탐구(사회적 공감 관점에서 차이에 대해 탐구하기), 3. 공감적 경험(다른 사람의 입장에서 경험하고 가치·태도 내면화하기-거시적 관점 수용)을, '문제해결' 차원에서는 4. 공감적 실천(사회적 책임감을 바탕으로 문제해결 방안 모색하고 실천하기)을 제시했다.

(2) 사회적 공감 교육 모형 및 방법

시걸(2019)과 한동균(2020)의 사회적 공감 교육방법은 사회적으로 자신과 다른 집단, 즉 주변화되고 소외된 집단에 속한 사람을 접촉의 대상으로 삼고 있다. 사회적 이슈의 한복판에서 고통받고 있는 사람들, 사회적 약자와의 접촉을 적극적으로 시도하는 것으로 공감 교육을 시작한다는 특징이 있다. 하지만 접촉 자체가 그들을 둘러싼 문제를 인식하는 것으로 이끌지는 못한다. 오히려 그들이 겪는 고통을 느끼고 경험하며 성찰하게 하는 전략이 필요하다. 상상력을 통해 공감적 경험을 유발할 수 있다. 아담 스미스(Adam Smith)에 의하면 "우리는 타인들이 느끼는 감정이 무엇인가를 직접적으로 경험하지는 못하기 때문에 그들과 동일한 상황에서 우리가 무엇을 느끼게 될 것인가를 상상하지 않으면 그들이 느끼는 방식에 관해서 어떤 관념도 형성할 수 없다."(아담 스미스, 2009, 88) 이에 따르면 공감은 상상력을 가지고 역지사지의 입장에서, 혹은 나와 타인과의 유사성의 입장에서 타인의 고통을 느끼고 이해하며 반응하는 것이다. 오히려 접촉은 경험에 해당한다. 직간접적 경험을 통해 그들이 처한 상황을 이해하고 함께 느끼는 공감이 발동한다.

그렇다면 어떻게 상상력을 통한 경험을 하게 할 것인가가 중요하다. 타인 혹은 다른 집단의 고통에 대한 공감은 상상력을 통해 인지적, 정서적 차원에서 촉발할 수 있다. 상상력을 자극할 수 있는 매체로서 문학작품이나 영화 등이 거론된다. 앨런 뷰캐넌(2011, 202)은 공감교육으로 홀로코스트와 같은 영화를 보여주는 방식으로 당사자들의 고통과 공포를 더욱 생생하게 전달하고 도덕적 상상력을 촉발할 수 있다고 보았다(양선이, 2017, 499). 영화나 문학 작품에 생생하게 재현된 사회적 약자의 삶에서의 고통 및 번민에 대해 인지 및 정서적 차원에서 감정이입이 일어나고 그들의 입장에 처해 보는 상상 및 경험을 할 수 있다. 이처럼 다른 집단에 속한 사람들을 다룬 글, 비디오 등을 보고 자기 경험과 연관 지어 해석함으로써 공감 능력을 증진할 수 있다(Gerdes & Jackson & Segal & Mullins, 2011; 민문경 외, 2015, 588).

단순히 타인의 고통을 상상함으로써 공감하는 것에 그치는 것이 아니라 그 고통의 근원 및 맥락을 인지하고 이해하며 거시적 관점을

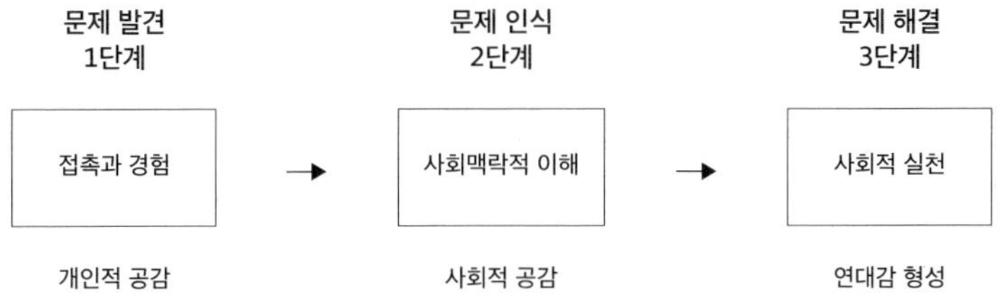

〈그림 1〉 사회적 공감 교육 모형

수용할 수 있는 성찰 과정이 수반되어야 한다. 영화에 나타난 등장인물들의 이야기를 좇아가는 경험은 정서적, 인지적 공감 반응을 일으키고 그들의 입장에서 문제의식을 갖게 된다. 1차적 공감과 문제의식은 문제를 발견하는 단계이다.

그러나 1차적 공감만으로는 공감적 실천으로까지 나아가기 어렵다. 여전히 반신반의하는 학생들이 존재한다. 영화 속 집단의 삶은 극적 재미를 위한 허구가 가미된 이야기라고 전제하고 있는 이상, 그 공감은 가상적이고 일순간에 일어나는 정서적 반응에 불과하다.

따라서 영화의 이야기가 현실의 문제라는 것을 인지할 수 있는 장치가 필요하다. 사회맥락적 이해 단계로서 현실에서의 사회구조적이고 맥락적인 장애물과 어려움을 조사하여 객관적 인지를 도모하는 것이 중요하다.

2단계는 사회맥락적 이해를 집중적으로 다룬다. 여기서는 자신이 속한 집단과의 비교를 통해 보다 약자의 처지를 이해할 수 있을 것이다. 또 영화 속에서 나타난 문제가 자신이 속한 집단에서도 나타나는지를 조사할 필요가 있다. 영화가 타문화권의 문제를 다룬 경우에 더욱 그렇다. 그들만의 문제가 아니라 우리 사회에서 드러난 문제를 살펴봄으로써 혹은 우리 사회와 연관지어 봄으로써 보다 거시적인 관점에 대한 고려가 일어난다.

사회맥락적 이해단계에서 약자들이 처한 문제 상황을 보다 객관적으로 조명하고 인지하면서 접촉 경험에서 일어난 공감수준에서 현실 맥락적이고 인지적 차원에서 진전된 2차적 수준의 공감이 일어난다. 이 단계에서 문제의 본질을 통찰할 수 있고, 그 문제가 나와 연관되어 있음을 깨닫게 된다.

공감교육의 마지막 단계는 사회적 '실천'을 모색하는 것이다. 공감을 바탕으로 한 문제 인식과 해결에의 의지가 해결 방향을 모색하는 단계로 나아간다. 이 문제를 해결하려면 어떤 노력이 요구되는지, 사회적 약자의 처지 속으로 들어가서 생각하고 그 해결책을 궁구하는 단계이다. 이 실천 단계는 시걸의 거시적 관점 수용의 단계이기도 하다. 다만 시걸과 다른 점은 사회적 약자의 처지를 이해하고 거시적 관점을 수용하여 그들의 삶 속으로 들어가는 경험에 머무는 것을 의미하지 않는다. 사회적 약자와의 연대감을 형성하고, 해결책을 구체적으로 모색하는 태도 변화까지를 목표로 하는 단계이다.

3단계는 성찰적 과정에서 전개된다. 학생들은 글쓰기로 성찰 과정을 밟는다. 정서적 인지적 차원에서 적극적인 공감 과정을 글로 표현한다. 실제 사회과학글쓰기 수업에서는 1단계부터 3단계의 원리를 사회성찰글쓰기에 고스란히 담아내도록 과제를 부여했다.

사회성찰글쓰기 활동과정에서 학생 참여자들 사이의 상호소통은 사회적 공감이 보다 촉진되고 확장되며 심화되어가는 데 주요한 역할을 한다. 사회적 공감은 상호작용을 통해 더욱 상승할 수 있다. 사회적 공감은 개인적 공감에 사회적 약자가 겪는 고통과 어려움의 사회구조적 맥락을 이해하는 과정이 뒤따른다. 이 과정에서 사람들 사이의 상호작용은 해당 대상에 대해 보다 긴밀한 사회적 공감 능력 함양에 시너지를 발휘할 수 있다. 사회맥락적 요소를 파악함에 있어 협력적 상호작용은 보다 더 공감 수준의 심화와 확대를 가져올 수 있다. 그럼에도 불구하고 그동안 공감교육에 대한 방법 및 모델에서는 공감교육에 있어 학습자들의 상호작용의 중요성을 상당히 간과해왔다.

이하에서는 사회성찰글쓰기 교육에서 상호소통을 통해 사회적 공감 능력을 향상시키는 방안을 제시하겠다. 사회적 공감 교육으로서 사회성찰글쓰기 교육의 의미와 상호작용을 통한 공감교육 과정의 진전을 발견할 것이다. 실제로 글쓰기 교과목에서 상호소통을 위한 상호작용 방안은 비대면 온라인 시기에 공감교육을 위해 보다 더 뒷받침될 필요가 있다.

3. 사회적 공감 기반 사회성찰글쓰기 수업 사례

1) 사회성찰글쓰기 교육 과정

'사회성찰글쓰기'는 사회비평(혹은 평론)과 자아성찰에세이와는 다르다. 사회평론(혹은 비평)은 특정 사회 문제 혹은 이슈에 대하여 전문적인 평가 및 비평을 가하는 글로 자기주장을 논리적이고 분석적으로 제시하는 글이다. '자아성찰에세이'는 주로 자신의 삶과 경험, 생각, 주장 등 자신과 관련하여 인문학적 반성과 성찰을 주요 기조로 삼는 글쓰기이다.

〈표 1〉 사회적 공감 기반 사회성찰글쓰기 교육 단계

단계	목표	방법	세부 내용
1	접촉과 경험	상상력	영화에 나타난 사회적 약자의 삶 접촉하기, 약자의 고통 경험하기
2	사회 맥락 이해	자료조사와 맥락 학습	사회구조적 맥락 이해, 사회적 약자의 고통을 둘러싼 사회문제 혹은 사회구조 발견하기(자료조사)
3	행동 및 실천	주장 제시-과제와 해결 방향	현실에서 관련 문제의 본질 및 과제 성찰하기 혹은 해결 방향 및 개선책 모색하기

사회성찰글쓰기는 사회문제 혹은 사회현상에 대하여 사회적 공감과 비판적 문제인식을 가지고 통찰적으로 성찰하는 에세이이다.

사회성찰글쓰기 교육을 위해 사회문제 및 사회적 약자의 삶이 지닌 고통을 통감하는 것에서부터 사회 및 공동체에 대한 관심을 촉발할 수 있다. 그러나 과연 사회문제와 약자들의 삶을 대상으로 다룬다는 것 자체가 아담 스미스가 말한 상상력에 의한 공감을 불러일으킬 수 있을 것인가?

버지니아 울프는 『3기니』에서 전쟁의 참혹한 사진을 보고도 "고통스러워하지 않는다거나, 몸서리치지 않는다거나, 이런 참사나 대량학살을 가져온 전쟁을 없애려 애쓰지 않는 것이야말로 도덕적 괴물의 반응"이며, 이것은 "교육받은 계급의 일원인 우리가 상상력의 실패,

공감의 실패"를 나타낸 것이라고 주장한다(수전 손택, 2004, 25).

수전 손택은 사진과 같은 시각 문화가 사람들로 하여금 타인의 고통을 공감하도록 이끌기 보다는 전쟁이나 폭력을 소비하는 관찰자로 전락시킴을 지적한다. 특히 그 전쟁 혹은 참사에 대해 아무것도 할 수 없다고 느끼게 되면 "사람들은 금방 자루해하고 냉소적이 되며, 무감각해지는"(수전 손택, 2004, 153)것으로 공감에 이르지 못한다는 것이다. 수전 손택은 "고통받고 있는 사람들에게 연민을 느끼는 한, 우리는 우리 자신이 그런 고통을 가져온 원인에 연루되어 있지는 않다고 느끼는 것이다. 우리가 보여주는 연민은 우리의 무능력함뿐만 아니라 우리의 무고함도 증명해 주는 셈이다. 따라서 연민은 어느 정도 뻔뻔한 우리의 반응일지도 모른다. 특권을 누리는 우리와 고통을 받는 그들이 똑같은 지도상에 존재하고 있으며 우리의 특권이 그들의 고통과 연결되어 있을지도 모른다는 사실을 숙고해 보는 것, 그래서 전쟁과 악랄한 정치에 둘러싸인 채 타인에게 연민만을 베풀기를 그만둔다는 것, 바로 이것이야말로 우리의 과제이다. 사람들의 마음을 휘저어 놓는 고통스런 이미지들은 최초의 자극만 제공할 뿐"(수전 손택, 2004, 154)이라는 것이다.

단순히 참상의 소비자로 그치거나 무력감에 일시적인 연민의 감정으로만 반응하지 않도록 하기 위해서 사회문제와 약자의 삶을 재현하는 영화를 텍스트로 삼았다. 영화는 사진에 비해 등장 인물의 삶과 처한 상황을 마음으로 생생하게 따라잡을 수 있고, 타인의 고통을 상상하는 데에 훨씬 더 직접적이고 능동적인 전달력을 갖추고 있기 때문이다.

이 수업에서는 단순히 연민의 감정만을 담기보다는 영화에 나타난 사회문제적 상황 및 구조에 대해 실제 자료조사를 통해 문제의 심각성을 객관화하도록 하면서 사회문제에 대한 적극적 관심을 유도했다. 왜냐하면 영화 속 참담한 타인의 고통을 픽션으로만 치부해버린다면 일시적인 연민과 동정의 반응으로 끝나버릴 것이기 때문이다. 실제 현실문제로 다시 말해 우리의 문제로 받아들일 수 있는 계기가 주어져야 한다. 외국의 현실을 반영한 영화라면 한국의 현실은 어떠한지를 자료조사를 통해 문제의 실체적 본질을 파악할 수 있다.

한편 인지한 사회문제에 대해 공동체의 일원으로 무력감에서 벗어나 해결책에 관해서도 적극적으로 검토하도록 동기 부여할 수 있다. 그리하여 수전 손택이 극복과제로 삼은 상상력에 의한 공감이 무력한 연민으로만 그치지 않고, 실제 사회문제에 대한 해결책 모색으로까지 나아가도록 역점을 두었다.

다소 감정적 차원의 연민이나 슬픔 등의 표현이 사회성찰글쓰기에 비중을 많이 차지하지 않더라도 그 문제의 심각성을 체감하고 문제의 본질을 간파하거나, 실존하는 사회문제를 감지하고 그 해결책을 궁구하는 방향의 사회성찰글쓰기를 지향한다. 그리하여 사회적 약자에 대한 배제가 일어나지 않도록, 타인의 고통을 일시적으로 소비하는 소비자가 되지 않도록 하는 것이 이 수업이 추구하는 방향이다. 오히려 우리의 문제로 떠안으며 지속적으로 해결책을 강구할 필요가 있음을 직시하도록 하는 것이 연민이 아닌 사회적 공감을 키우는 교육이다. 이를 통해 사회적 약자를 타자화하며 혐오하는 태도를 막을 수 있을 것이다.

2) 텍스트 - 영화 선정

상상력을 구체화하기 위해 영화 콘텐츠를 텍스트로 하였다. 타인의 삶을 내면화하는 데에는 우리의 시청각을 통해 생생하게 들어오는 영상 속 타인의 삶의 이야기와 그들이 느끼는 고통의 침투가 보다 다채롭고 직접적이다. 영화는 몰입도를 높이고, 흥미를 유발하기에 적합한 텍스트이다. 물론 소설도 몰입도와 흥미 유발 차원에서 권장할 만한 공감 교육의 텍스트이다. 다만 소설은 영화에 비해 상대적으로 독자의 인내와 능동적 상상력을 더 요구한다. 영상시대를 살아가는 학생들에게 영화가 좀 더 친화적이라고 할 수 있다.

사회적 공감 능력을 향상시키기 위해 '사회적 약자' 혹은 '사회문제'를 다루는 영화를 선정하여 감상하게 하였다. 교수자가 영화를 선정하는 방안은 훨씬 더 구조화된 공감 교육을 하고자 할 때 적합하다. 의도하는 사회문제와 목표로 하는 공감 대상이 있는 경우에 좀 더 초점을 좁혀 교육할 수 있는 이점이 있다. 전체 학생들이 하나의 주제에 대해 심층적으로 접근할 수 있다. 그러나 교수가 선정한 주제에 대해 반감을 갖는 학생이 있을 수도 있기에 학생들의 학습 의욕을 떨어트릴 수 있다.

다른 한편으로 학생 스스로 원하는 영화를 선정하는 방법은 다양한 사회문제와 사회적 약자에 대한 공감적 접근이 가능하다는 장점이 있다. 또 학생들 스스로 선택한 주제이므로 보다 능동적인 공감 교육이 가능하다. 그러나 학생들이 원하는 주제만을 다루다보니 그들이 편견을 가진 대상은 수업에서 제외될 우려가 있어서 중요한 약자 집단(혹은 사회문제)이 배제될 수 있다는 한계가 있다.

두 가지 방식의 장단점을 이해하고 교수자가 이를 보완하는 방안이 필요하다. 중요하지만 배제된 대상이나 사회문제에 대해서는 교수자가 연관된 이슈를 다룰 때 보완하는 방식을 취하면 될 것이다.

3) 상호작용을 통한 사회적 공감 능력 교육 방안

공감교육을 위해서는 상호작용을 강화할 때 공감의 시너지를 도모할 수 있다. 사회적 공감은 타자와의 소통, 즉 상호작용을 통해 더욱 상호이해에 도달할 수 있기 때문이다.

글쓰기 교육에서 상호작용은 간과할 수 없는 방식이다. 상호작용을 함으로써 타 집단에 대한 편협하고 닫힌 태도가 보다 열린 태도로 전환될 수 있을 것이다. 상호작용을 통해 공감의 수준이 높아지고 공감의 정도가 더 깊어질 수 있을 것이다. 한 개인으로서 느끼는 공감과 이해의 수준보다는 다수가 느끼는 공감과 이해의 수준이 훨씬 더 다층적이고 풍부할 것이다. 상호작용으로 다차원적 이해 혹은 다양한 감정 및 태도를 접할 수 있다. 이 수업에서는 사회성찰글쓰기 교육과정에서 3차에 걸친 상호작용 방법을 활용했다.

(1) 1차 상호작용 - 비동시 수업, 이티엘게시판 상호작용

학생들은 자신이 선정한 영화(사회적 약자와 사회문제)와의 접촉과 간접 경험의 상호작용을 하면서, 일차적인 감정(분노, 답답함, 연민, 동정, 슬픔 등)을 경험하여 개인적 공감에 이른다. 그 일차적 공감이 공동체

〈사회성찰글쓰기 교육 과정 - 상호작용〉

1차 상호작용(수업 외 과제 부여, 글쓰기로 소통)

사회성찰글쓰기(A4 2매)를 온라인 강의실 eTL 과제게시판에 올리기

⇨ 발표자 글에 모든 학생이 댓글 작성(이 글의 장점과 보완점 및 질문거리를 올바른 문장으로 세줄 이상 작성하기)

〈이티엘 게시판 활동(LMS) - 비동시 수업〉

2차 상호작용(수업 중 발표와 토의로 소통)

발표자는 자기 글에 달린 댓글을 모두 읽고 분석한 후 댓글에 대한 답변을 위주로 발표 자료 만들어 수업 중에 발표하기

⇨ 학생 청중의 질의와 발표자의 응답 및 토론, 교수자의 코멘트

〈실시간 화상(ZOOM 기반) - 동시 수업 혹은 대면 수업〉

3차 상호 작용(수업 외, 조교의 지면 피드백, 학생피드백, 교수자 피드백을 고려한 수정 글 제출), **조교의 지면 피드백**

⇨ 수업중 발표와 토의 및 교수의 코멘트 반영하여 수정 글 제출

〈이티엘 게시판 활동(LMS) - 비동시 수업〉

의식과 맞물려 타인의 고통에 대한 사회적 공감에 이르기 위해서 사회성찰글쓰기를 작성한다. 앞서 말한 대로 이 과정에는 정서적, 인지적인 차원에서 공감이 확장되어간다. 자료조사를 통해 영화 속 문제를 현실화하고 그 문제의 심각성과 본질을 간파함으로써 영화 속 허구의 문제가 아니라 바로 우리의 문제이자 우리 이웃이 겪는 고통으로 수용되는 것이다.

1차 상호작용은 학생들 사이에 이티엘 게시판에서 글쓰기로 이뤄진다. 영화 감상 후에 올린 과제(사회성찰글쓰기)를 읽은 후 학생들은 댓글로 상호작용한다. 댓글은 상대방의 글에 대한 장점(칭찬거리, 좋은 점)과 보완점을 위주로 쓴다. 이 부분에서 학생들의 댓글은 정서적, 인지적 차원 등에서 반응하면서 소통과 공감에 이른다. 무엇보다도 해당 글에 대한 이해와 공감에 기초한 보완점을 제시하는 것으로 상호작용이 일어난다.

(2) 2차 상호작용 과정- 동시 수업, 줌 화상 실시간 수업 중 발표와 토의 및 교수자 코멘트

2차 상호작용은 비대면 온라인 실시간 화상 수업의 현장에서 동시적으로 일어난다. 한 시간에 약 4명의 학생이 발표한다. 발표자는 자신의 글을 읽어나가거나 요약 발표를 하기보다는 그야말로 상호작용식 발표를 한다. 즉 자신의 글에 달린 댓글을 다 읽고 그 댓글을 분류하여 내용을 추리고 이에 대한 반응으로서 수용 및 반박이나 문제 제기와 부연 설명 등을 한다. 우리는 흔히 수업 중에 발표와 토의 과정이 있으면 그 자체가 상호작용이라고 생각한다. 그러나 모든 발표와 토의를 상호작용이라고 명명할 수는 없다. 의견과 의견이 교호하며, 충돌과 수용 그리고 절충 및 합의가 일어나는 역동적인 상호작용이 없다면 그것은 온전한 의미의 상호작용이라고 할 수 없다. 서로가 서로에게 영향을 주고받는 상호 소통이 실현되는 것이야말로 상호작용적 수업이라고 할 수 있다. 상호작용을 통해 공감의 수준이 깊어지고 확장될 수 있다.

〈나, 다니엘 블레이크〉 영화
- "복지제도와 보호받지 못하는 삶"에 대한 댓글 사례

장점, '시스템에 문제가 있을 때는 실체가 보이지 않고 애매모호하다.'라는 말이 제도적 문제로 인해 사회적 약자의 문제가 어떻게 방치되어 해결되지 못하는지, 현상의 핵심을 짚어주는 것 같았습니다. 보완점, "공적, 사적 관계에서 보호 받지 못하는 인간이 해야 하는 것은 시스템의 순응이 아닌 새로운 대안의 창조이다."라는 윌리엄 블레이크의 말을 인용한 것은 매우 좋았으나, 그 다음 글쓴이가 생각하는 대안이 무엇인지 짧게나마 설명이 이어졌으면 좋았을 것 같습니다.(학생1 2020-06-29 15,53)

글의 서두에 구체적 통계수치를 제시해줌으로써 영화에서 다루는 문제의 심각성에 쉽게 공감할 수 있어 좋았습니다. 영화에서 다루는 문제에 대하여 큰 틀에서의 대안을 짧게라도 제시해주신다면 더욱 좋은 글이 될 것 같습니다! (학생2 2020-06-29 16,26)

영화의 장면마다 그 상황이 시사하는 문제점을 자연스럽게 이어주어서 영화를 보지 않은 사람도 쉽게 영화 속 사회 문제를 이해할 수 있었습니다. 영화 속에 나온 문제점들이 실제로는 어떤 식으로 작용하고 있는지 구체적인 현실 사례를 언급해주신다면 문제의 심각성에 더욱 공감할 수 있을 것 같습니다. (학생3 2020-06-29 16,27)

영화의 장면마다 그 상황이 시사하는 문제점을 자연스럽게 이어주어서 영화를 보지 않은 사람도 쉽게 영화 속 사회 문제를 이해할 수 있었습니다. 영화 속에 나온 문제점들이 실제로는 어떤 식으로 작용하고 있는지 구체적인 현실 사례를 언급해주신다면 문제의 심각성에 더욱 공감할 수 있을 것 같습니다. (학생3 2020-06-29 16,27)

장점, 영국 복지 체계가 처음부터 영화와 같은 모습이라고 생각했는데, 그게

> 아니라 2010년에 구조조정이 있었다는 것을 에세이를 통해 알 수 있었습니다. 영화의 핵심적인 시사배경을 먼저 설명해 주셔서 영화 이해에 도움이 되었습니다. 보완점, 노동공동체라는 말이 처음에 무엇을 의미하는지 애매했습니다. 노조를 의미하는 건지, 사회 전체 공동체를 의미하는건지, 단어에 대한 설명을 더 해주셨으면 좋을 것 같습니다. +) 다니엘 블레이크를 지칭할 때 다니엘 하나로 통일을 해주면 더 좋을 것 같습니다! (학생 4 2020-06-29 16,39)
>
> 복지 제도가 원활히 작동하지 않는 문제에서 나아가, 복지가 필요한 사람들을 위해 탄생한 복지 시스템이 역설적으로 "복지 수혜의 장벽으로 작용하는" 문제를 짚어내신 것에서 깊은 통찰을 할 수 있었습니다. 글 후반부에 "시스템에의 순응이 아닌 새로운 대안의 창조"에는 어떤 것이 있을지 간단하게 방향성만 제시해주시면 좋을 것 같습니다. (학생 5)

상호작용을 통한 공론화야말로 무관심과 무력감으로부터 비롯한 타인을 배제하고 혐오하는 극단적 이기주의에서 벗어나게 하는 지름길이다. 상호작용에 의한 공론화를 통해 인지적, 정서적 차원에서 사회적 공감 의식이 형성되는 것이다.

(3) 3차 상호작용 - 수업외 이티엘 게시판 활동/ 조교 피드백, 학생들 피드백, 교수자의 피드백을 수렴하여 수정 글 작성

1,2차에 걸친 상호작용 결과와 조교의 지면 피드백을 추가로 고려하여 학생들은 글을 수정한다. 수정 사항을 글의 말미에 기록하고 수정 부분에 밑줄 글로 편집하여 제출한다. 다음은 학생 수정 글의 수정 사항 사례이다.

피드백을 받은 후 수정사항

* 글제목, 복지제도의 문턱에 걸려 넘어진 복지 수혜 대상자의 비극
(신00, 경제학부)

제목을 읽었을 때 글 전체적으로 어떠한 논의를 할 것인지가 더 선명하게 드러나고, 좀 더 강한 임팩트를 줄 수 있는 제목으로 수정했으면 좋겠다는 지적에 따라 제목을 복지제도의 문턱에 의해 걸려 넘어진 복지 수혜자의 비극으로 수정하였습니다.

글의 내용 중에 핵심적인 부분이 복지제도의 포괄적인 배려가 이루어지지 못하고 있는 상황과 "인간의 자존감"이라는 점을 반영하여 인간에게 자존감이 지니는 의미라는 내용을 보다 부각하여 추가하였습니다.

영국 복지제도의 내용을 보다 객관적인 데이터와 함께 제시해줬으면 좋겠다는 지적을 수용하여 관련되어 있는 참고문헌을 추가로 제시하고 정리하였습니다.

영어로만 표현된 부분이 한국어와 함께 제시되었으면 좋겠다는 지적을 수용하여 함께 작성하였습니다.

해결방안이 좀 더 구체적으로 제시되었으면 좋겠다는 지적을 받아들여 구체적 해결방안을 고안해서 추가하였습니다.

초고의 원제목은 "복지제도와 보호받지 못한 삶"이었다. 위 사례는 1, 2차에서 나온 모든 의견들을 자신이 소화가능한 정도에서 수정한 글로 초고에 비해 향상된 수정글이 되었다. 특히 사회적 공감의 차원에서 검토해보면, 초고의 제목이 "복제제도와 보호받지 못하는 삶"에서 "복지제도의 문턱에 걸려 넘어진 복지 수혜 대상자의 비극"으로

수정했는데, 초고 제목에 비해 더 사회적 공감을 포함한 제목이다. 물론 더 좋은 제목도 얼마든지 가능하다. 예를 들면 "복지 제도는 있으나 혜택은 저멀리에" 혹은 "복지제도 문턱에서 넘어진 인간 존엄." 등을 들 수 있다. 글 내용에서도 보면 초고에 없던 참조 문헌을 더 추가하여 사회맥락적 이해를 보다 체계적으로 구축하였다. 다만 이 사례 글은 동료 학생 댓글 내용 중 한국의 문제도 찾아서 부연했으면 좋겠다고 하는 부분은 충분히 반영하지 못했다. 이와 관련해서는 동일 영화를 대상으로 한 다른 학생의 글에 잘 나타났다.[4]

이하는 1,2,3차의 상호작용을 거쳐 위의 수정 사항을 제시한 학생 글 사례[5]이다. 사회적 공감 3단계에 의존하여 사례 글을 살펴보겠다. 다음은 글의 도입부이다. 영국의 복지체계의 제도변화의 맥락에 대하여 참고문헌과 자료를 제시함으로써, 현실 사회문제의 맥락을 제시하고 있다.

> 영화는 다니엘 블레이크와 의료 수당 지급 담당자의 답답한 대화로 시작한다. 의료 수당을 받는 자격을 심사하기 위해 '의료 전문가'가 "양 팔을 올려 혼자 모자를 쓸 수 있는지" 등 다니엘이 겪고 있는 심장 질환과는 관련이 없는 질문들이 5분 동안 이어진다. 이에 답답함을 느끼고 다니엘이 농담 섞인 항변을 하자 돌아온 것은 의료 수당 수급 부적격 판정이었다. 영국 복지 체계는 2010년 보수 연립 내각이 들어서면서 대규모 구조조정을 겪었다. 캐머론 총리를 중심으로 일하는 복지(Welfare that works)라는 구호 하에 복지 수혜자를 대상으로 근로능력평가를 실시하여 일할 수 있는 사람

> 들에게는 복지 혜택을 주어서는 안 된다는 정책을 추진하였다(권병희 2011). 이에 드는 비용을 최소화하기 위해 영국 정부는 '애토스(Atos)'라는 민간 기업에 위탁하여 근로능력평가를 실시하였다(신동면 2004). 대니엘에게 전화를 걸어 5분도 채 되지 않아 전화를 끊어버린 직원도 이 회사의 '의료 전문가'였다. 영국 노동연금부의 통계에 의하면 2011년 12월부터 2014년 2월까지 근로능력평가 과정에 놓인 사람들 중 2380여명이 적절한 복지 혜택을 받지 못하고 사망하였다. 이처럼 제도와 힘겨운 싸움을 하고 있던 블레이크의 삶을 통해 복지제도와 인간에게 자존감이 지니는 의미, 제도로부터 보호받지 못하는 삶에 대해 성찰해볼 수 있다.

이처럼 영국 복지정책 관련 자료를 제시함으로써 영화 속 다니엘 블레이크의 고통이 결코 허구적인 가상의 문제가 아님을 직시하고 있다. 학생 필자는 영화 속 가난한 등장인물들의 처지를 공감하여 가난은 곧 인간의 자존감에 깊은 손상을 준다는 문제를 드러낸다.

> 블레이크에게 국가와 사회는 머나먼 이야기이다. [중간생략]
>
> 빈곤으로부터 구제받지 못할 것이 예상되는 상황에서 사람들은 상이하게 반응한다. …블레이크는 공무원들과 대화해서는 해결되는 것이 없다는 것을 깨닫고 기관 벽에 낙서를 한다.
>
> 블레이크에게는 마지막 자존심이 있었다. 자존감은 인간을 구성하는 절대적 요소이다. 하지만 심각한 빈곤에서 벗어날 방법이 보이지 않을 때, 인간은 종종 자존감과 악마의 거래를 시도한다.

가난에 허덕일 때 옆집 청년의 제의를 받고 블레이크도 신발 밀수에 동참하지 않을까라는 생각이 들었다. 하지만 그는 지켜만 볼 뿐 참여하지 않는다. 그에게는 정직하게 살아왔다는 자존감, 목수로 40년간 일해온 자부심이 있었다. 연금 지급 기관에서 요구한 구직 노력 경력을 입증하기 위해 자필로 쓴 이력서를 돌리던 중 한 목공소 사장으로부터 연락을 받지만 블레이크는 자신이 병으로 아직 일하지 못하고, 질병 연금을 받기 위해 했다는 사실을 밝힌다. 그러자 사장은 블레이크가 일도 안 하고 연금을 타간다면서 질책한다. 짧은 순간이었지만 이 사건은 블레이크가 신뢰하던 노동자 유니언으로부터의 공적인 추방이었고, 그의 자존감이 붕괴되는 지점이었다.

무엇보다도 다니엘의 인간으로서 자존감이 무너지는 순간을 잘 포착하였다. 막연하고 피상적인 연민의 감정이 아니라 영화를 통해 다니엘의 처지에서 감정이입과 몰입을 통한 공감작용이 일어났다. 더욱이 질병과 실업과 가난은 인간에게 소중한 자존감을 손상시키는 치명적인 고통이라는 점을 통찰하고 있다. 단순히 개인의 고통 그 자체에 머무르지 않고 보다 거시적 관점에서 다니엘의 고통에 공감하고 있다. 이어 다니엘의 좌절과 분노는 현실을 극복하고자 하는 대항 정신으로 나타난다. 그러나 안정적이고 효율적인 관리시스템, 복지시스템은 대항하거나 하소연할 대상조차도 특정할 수 없게 함으로써 인간을 더욱 무력하게 만드는 상황을 감지하고 있다. 관료제도의 냉혹함과 주객전도의 정책의 문제를 거시적 관점에서 포착하고 있다. 복지

제도의 문제나 사각지대를 체계적인 연구로 보여주는 것 이상으로 맥락적 이해와 문제에 대한 통감이 전해진다.

> 이후 블레이크는 급격히 쇠약해지고 부조리한 현실을 타파하고자 대항한다. 그러나 누구에게 대항해야 하는지가 불확실하다. 연금 공단에 전화를 한 시간씩 걸어도 연결이 되지 않고, 끝내 연결이 되어도 우편으로 우선 연락을 받아야 한다는 장면이 반복된다. 시스템에 대항하는 개인이 느끼는 무력감이 처절하게 다가온다. 구체적 악이 존재하고, 악을 자행하는 주체가 보이면 그를 제거하면 된다. 하지만 현실에서는 대개 시스템에 문제가 있으면 그 실체가 보이지 않고, 애매모호하다. 대니얼이 연금 지급 중단의 부당함에 호소하며 항소를 위해 케이티와 찾아간 곳에서 서류에만 눈을 파묻고 자기들끼리 얘기하고 있는 이들을 보며 그는 "재밌어. 엘리트들의 손에 삶과 죽음이 결정된다니(It's funny. Life or death on the hand of those elites)"라는 말을 남긴다. 심사관이 예의상 건네는 몇 마디 말 뒤에는 국가 복지 제도가 숨어있다. 복지 제도의 존재 의의는 복지 수혜자로부터 기인한다. 복지 제도를 이행하는 심사관이 복지 수혜자 대니얼을 만났을 때 대하는 냉담한 태도는 역설적이다. 목적으로서의 인간이 앞에 있지만 심사관은 복지 시스템의 안정성을 운운하며 대니얼을 죽음의 문턱까지 내몰았다.

냉정한 관료주의적 복지제도가 안겨주는 부조리한 현실을 고발하고 복지제도의 가치를 재조명함으로써 복지제도가 추구할 방향에 대해 통찰하고 있다.

> 대니얼의 투쟁은 구체적 악에 해당하는 대상이 불명확하다는 점에서 암울하다. 빈곤자의 최소한의 삶을 보장하기 위해 복지제도가 탄생하였다. 그리고 복지제도는 효율성을 극대화한다는 목표 하에 여러 번 개정되었다. 그 과정에서 복지가 추구하는 궁극적인 목적인 빈곤자의 자존감을 지킬 수 있는 생활의 보장이라는 가치가 퇴색되었다. 대니얼은 전화 상담원과 복지 심사관에게 성을 내지만 돌아오는 답변은 공허하다. 복지 시스템을 준수하기 때문에 자신이 해줄 수 있는 것이 없다는 것이다. 대니얼은 심사관의 말을 듣고 나와 건물 벽에 '나는 다니엘 블레이크다!'라는 커다란 낙서를 한다. 벽에 한 낙서는 타파해야할 부조리의 대상이 애매모호할 때 인간이 빠지는 아포리아(aporia)이고, 허공에 외칠 수밖에 없는 처절한 외침이다. 그러면서 마지막까지 자신의 이름을 긍정하며 자존감을 찾으려는 투쟁이기도 하다.

이처럼 문제 인식과 문제 상황 속에서 다니엘의 고통을 공감하며 문제의 해결방향을 다음과 같이 서술한다. '시스템이 아닌 인간'을 중심에 놓는 제도 변화로 "복지수혜자의 자존감에 대한 이해"를 중심에 놓을 것을 강조하며 글을 맺는다.

> 쉘비(Shelby)는 헌법적 요체가 부정된 상황에서 그 부정을 실행하는 주체에 대한 필사적 항쟁은 법이 용인하는 테두리를 벗어나

> 도 긍정 가능하다고 말한다(Shelby, Tommie. 2007). 국가의 공적 보호를 받지 못하는 상황에서 노동자 공동체에서도 배제된 다니엘의 마지막 요구에 복지 시스템은 응답하지 않는다. 이럴 때 인간은 사회제도에 순응해야만 하는 존재인지에 대해 영화는 근원적 물음을 던진다. 영국의 시인 윌리엄 블레이크는 공적, 사적 관계에서 보호받지 못하는 인간이 해야 하는 것은 시스템의 순응이 아닌 새로운 대안의 창조(create)라고 말한다(Blake, William 1991). 그러나 새로운 대안의 창조는 갑자기 한 번에 등장하는 것이 아니라 역시 인간에 대한 이해에서 출발한다. 복지제도에서는 복지 수혜자의 자존감에 대한 이해가 선행되어야 한다. 자존감에 대한 이해에 근거하여 인간을 위하는 복지제도가 자리할 때 사회는 문턱에 걸려 넘어지는 복지 수혜자의 비극을 막을 수 있다.

위 사례 글은 등장인물에 대한 개인적 공감 반응에 머무르지 않고 사회적 공감으로 확장되어가는 과정에서 사회맥락적 이해와 거시적 관점 수용을 토대로 사회적 약자의 문제를 통찰하고, 그 해결 방향을 모색하였다.

영화 〈나, 다니엘 블레이크〉를 선택한 다른 학생들의 글에서는 좀 더 사회맥락적 이해가 구체적으로 다뤄지면서 영국만의 문제가 아니라 한국의 문제이기도 하다는 점을 직시하고 있다. “하지만 그렇다고 영국만의 문제는 아니다. 몇 시간에 걸쳐 인터넷으로 접수 신청을 하지만 그마저도 수차례 실패했던 다니엘의 모습, 정형화된 기준에 맞추어서 복지수당을 지급하는 관청의 모습은 한국에도 있는 현상이다. [중간 생략] 그러나 오늘날의 복지국가는 복지의 자격 또한 생산해 낸다."(정00 학생 글 중) 이 학생은 "자격을 증명하지 않아도 인간이라는 이유만으로 생계를 유지할 수 있을 정도의 보조금을 받는 정책, 기본 소득제가 답이 될 수 있다"고 해결책을 제안한다.

또 다른 학생(김00)은 "다니엘과 케이티의 사례를 보면서 2014년 우리나라에 있었던 '송파 세 모녀 사건'이 떠올랐다"고 언급하면서 "영화 〈나, 다니엘 블레이크〉에서 그리고 있는 현실과 크게 동떨어져 있지 않다. 스크린과 현실의 사회 보장 제도 모두 절박하게 도움이 필요한 이들이 손을 잡아주지 않았다."고 우리의 현실 문제임을 직시한다. "인간으로서 가지는 최소한의 권리조차 위협받고 있는 사회적 약자들, 그리고 그들을 충분히 보호해주지 못한 제도에 대한 지속적인 관심과 관찰이 필요"하다고 밝혔다.

김00학생 역시 "복지의 사각지대에 놓인 다니엘과 케이티의 모습은 우리나라의 복지 상황을 반추해 보게 한다."고 하면서 우리나라의 현실 복지문제를 자료조사를 바탕으로 "신청주의의 한계"와 "신청절차의 복잡성 문제"로 정부 복지 예산의 불가용 문제의 심각성을 다루었다. 이 학생의 경우에 발굴주의를 중심으로 한 2019년 정부의 복지대책에 대해 한계를 논하면서 약자의 '정서적 안녕' 역시 중요하게 고려해야 함을 강조하면서, 대안으로 돌봄서비스를 제시하면서 글을 맺고 있다.

> 그러나 이러한 노력들은 물질적 지원에 국한, 수혜과정에서 겪게 되는 수치심과 부정적 낙인, 사회 참여로의 유도로 이어지지 못

하는 한계로부터 자유롭지 못하다. 이러한 개선의 여지를 반영해 우리에게 필요한 복지 모델로 지역사회 돌봄 서비스를 생각해 보았다. 다만 이번 논의에서는 이러한 모델이 우리 사회에 안정적으로 정착, 유지되고 해당 서비스의 수요와 공급이 지속적으로 이루어지도록 하는 방안과 구상은 구체적으로 논하지 못했다는 한계가 있다. 추후 연구가 필요한 부분이라고 생각한다. 영화 속에서 수차례 수당 신청에 어려움을 겪으면서 '사람이 자존심을 잃으면 모든 것을 잃은 것이오.'라며 수당을 포기하는 다니엘의 모습은 복지 수혜자들의 정서적 안녕은 돌보지 못한 우리의 부족함을 되돌아보게 한다. 어려운 상황에서 사회로부터 도움을 받는 것이 당연한 '권리'로 느껴질 수 있도록, 또한 이들이 자신감과 안정을 회복해 사회의 일원으로 재 기능할 수 있도록 돕는 것이 우리의 복지가 나아가야 할 방향이라고 생각한다.(김00 학생, "복지, 혜택이 아닌 권리가 될 수 있도록")

이와 같이 사회적 공감 교육 모형을 담아 사회성찰글쓰기 지도를 함으로써 일석이조의 효과를 얻어냈다고 할 수 있다. 즉, 첫째는 사회적 약자에 대한 공감 능력과 사회문제에 대한 관심 제고이고, 둘째는 상호작용을 통한 수정과정을 거쳐 글쓰기의 향상을 경험했음을 알 수 있다.

4. 불안과 두려움에서 사회적 공감과 연대로: 공감 모형글쓰기 교육의 확산을 바라며

글쓰기 교육에서 사회적 공감 능력 향상의 필요성을 주장하고, 사회적 공감 기반의 상호작용을 통한 사회성찰글쓰기 교육방안을 제시하였다.

이 글은 무한 경쟁 신자유주의 시대에 불안과 두려움으로 각자도생의 삶에 내몰린 대학생들에게 시급한 교육적 가치가 무엇인지에 대한 고민에서 비롯되었다. 타인의 고통에 대한 무관심과 무지, 심지어 편견 및 차별적 의식과 혐오에 이르기까지 심각한 양상이 대학생들에게서 종종 발견된다. 이러한 현실에서 교양교육으로서 글쓰기 교육은 사회적 공감 능력을 향상시키는 방향으로 나아갈 필요가 있다. 코로나19 위기로 비대면 온라인 수업을 시행하는 상황에서 보다 공동체 성원의 연대와 공감과 배려를 강화하면서 상호작용을 촉진할만한 수업 방안 모색이 절실하다.

사회적 공감 능력 향상을 위한 사회성찰글쓰기의 단계별 수업 방안으로, 1단계: 접촉과 경험→2단계: 사회맥락적 이해→3단계: 실천 및 행동을 제시했다. 1단계 경험 단계에서는 사회적 약자를 소재로 한 영화를 감상하면서 사회적 약자가 처한 어려움과 곤경을 인지하고 고통을 느낀다. 사회성찰글쓰기에서 경험의 내용은 간단한 영화 소개와 함께 약자가 처한 어려움에 초점을 맞춰 줄거리를 서술한다. 글 속에 사회적 약자의 삶에 대한 고통을 공감하는 내용을 작성한다. 2단계 맥락적 이해단계에서는 현실 사회에서 약자집단이 처한 문제상황에 대해 자료조사를 하고 사회구조적인 문제를 파악하여 사회적 약자를 둘러싼 사회문제를 실재적으로 이해한다. 이 과정에서 우리 사회의 유사한 문제에 대해 직시하게 함으로써 단지 영화만의 허구적 이야기가 아니라는 점을 상기한다. 사회문제에 대한 실재감 및 현실성을 인식하는 부분이 사회성찰글쓰기에 반드시 포함되도록 하였다. 3단계는 사회문제에 대한 해결 방향이나 개선책을 제안하도록 하였다. 물론 해결방안을 모색하기 힘든 경우에는 사회적 약자의 어려움이나 사회문제를 맥락적으로 깊이 있게 설명하게 했다. 이를 통해 사회적 약자의 처지와 사회문제에 자신이 깊숙이 스며들게 하였다.

공감학습 과정에서 3차례에 걸쳐 상호작용을 했다. 서로의 글을 읽고 코멘트하고 발표와 토론으로 의견교환을 하면서, 피드백을 반영하여 수정 글을 작성하도록 지도했다. 사회성찰글쓰기 최종 수정본 사례를 살펴본 결과 이 수업이 목표로 한 사회적 약자에 대한 공감능력 향상과 상호 소통을 통한 사회성찰글쓰기 능력 제고를 경험할 수 있었다. 영화를 활용한 사회적 공감 교육의 장에서 사회적 약자 혹은 타자에 대해 공감하며, 문제를 인식하고 해결책을 함께 모색하면서, 무한경쟁이 낳은 두려움과 불안의 파생물, 즉 배제와 혐오는 공감과 연대로 변환될 수 있는 여지를 발견하였다.

주석

1 2020년 6월 21일 보안 검색 요원 정규직 전환 발표이후 상당수 취준생들의 반발(6월 24일 기준 15만 명이 청와대에 청원)이 있었고, 이 과정에서 가짜뉴스로 인한 파장에 대해 정부가 경고.

2 https,//www.ytn.co.kr/_ln/0103_202010101113478524 (검색일: 10월 10일)

3 서울대 2020년 1학기와 여름학기 〈사회과학글쓰기〉 수업 중 사회성찰글쓰기 교육 사례.

4 "정책의 실효성 미비로 인한 복지 사각지대는 우리나라 복지제도의 고질적인 문제로 지적되어 왔다. 2014년 기초생활보장제도의 까다로운 선발조건의 문턱을 넘지 못한 채 생활고로 자살한 송파 세 모녀 사건은 국민들에게 우리나라 복지제도 개선의 필요성을 각인시켰다. 지금도 계속해서 몸이 아픈데 일할 능력이 있다는 이유로 수급 대상에서 제외되는 사례, 지원이 절실한 상황임에도 소득이 있는 가족이 있다는 이유로 사각지대에 놓이는 사례 등을 접할 수 있다. 우리 사회에 적지 않은 복지 사각지대가 존재하는 이유를 두 가지로 생각해보았다."(김00학생 글 중)

5 신윤재(경제학부 학생), 복지제도의 문턱에 걸려 넘어진 복지 수혜 대상자의 비극, 2020년 여름학기 〈사회과학글쓰기〉 수업 사회성찰글쓰기 과제.

참고문헌

권성연, 「온라인 수업의 조별 상호작용에서 나타난 사회적 실재감의 양상, 메시지 분석을 중심으로」, 『교육정보미디어연구』 제18집 2호, 한국교육정보미디어학회, 2012, 147-175쪽.

민문경·이나빈·안현의, 「공감 능력이 사회 정의 실천에 미치는 영향」, 『한국심리학회지: 문화 및 사회문제』 제21집 4호, 한국심리학회, 2015, 575-594쪽.

박성희, 『공감학-어제와 오늘』, 2004, 학지사.

박현희, 「온라인 수업에서 대학생의 사회적 공감 능력 향상을 위한 단계별 사회성찰글쓰기 교육-영화를 활용한 수업 사례를 중심으로」, 『사고와 표현』 제13집 3호, 한국사고와표현학회, 2020, 7-46쪽.

손택, 수전, 이재원 역, 『타인의 고통』, 도서출판 이후, 2004.

송충진, 「대학에서의 교수·학습활동과 의사소통, 수업만족도에 관한 연구」, 『아시아교육연구』 제15집 2호, 서울대학교교육연구소, 2014, 171-200쪽.

스미스, 아담, 박세일·민경국 공역, 『도덕감정론』, 비봉출판사, 2009.

시걸, 엘리자베스, 안종희 역, 『사회적 공감』, 생각이음, 2019.

신소영·권성연, 「상호작용적 학습활동과 교수와의 상호작용 및 수업의 질, 대학생활만족 간의 관계 구조분석」, 『평생교육·HRD연구』 제14집 4호, 숭실대학교 한국평생교육·HRD연구소, 2018, 111-133쪽.

양선이, 「4차 산업혁명 시대에 요구되는 인성-상상력과 공감에 기반 한 감수성」, 『동서철학연구』 86집, 한국동서철학회, 2017, 495-517쪽.

오찬호, 『우리는 차별에 찬성합니다』, 개마고원, 2013.

______, 「이런 사회에서 대학생들이 어찌 차별을 하지 않을 수 있겠는가?」, 『교육비평』 36집, 교육비평, 2015, 182-209쪽.

이은아, 「대학생 공감능력 향상을 위한 공감교육 연구-이화여대 〈호모 엠파티쿠스 소통, 공감, 신뢰〉 교과목 사례를 중심으로」, 『교육문화연구』 제23집 5호, 인하대학교 교육연구소, 2017, 149-168쪽.

한동균, 「사회적 공감 능력 신장을 위한 사회과교육 방안 모색」, 『 사회과교육』 제59집 2호, 한국사회과교육연구학회, 2020, 149-168쪽.

Barker, R. L., *The Social Work Dictionary*. Washington, DC, NASW Press, 2008.

Fredberg, S., "Re-examining empathy, A relational-feminist point of view", *Social Work*, vol.52, no.3, 2007, 251-259.

Gerdes, K. E. & Lietz, C. A. & Segal, E. A., "Measuring empathy in the 21st century, Development of an empathy index rooted in social cognitive neuroscience and social justice.", *Social Work Research*, vol.35, no.2, 2011, 83-93.

Morrell, M. E., *Empathy and democracy, Feeling, thinking, and deliberation*, University Park, PA, Pennsylvania State University Press, 2010.

Segal, E. A. & Cimino, A. N. & Gerdes, K. E. & Harmon, J. K. & Wagaman, M. A., "A confirmatory factor analysis of the interpersonal and social empathy index", *Journal of the Society for Social Work and Research*, vol.4, no.3, 2013, 131-153.

Segal, E. A. & Wagaman M. A. & Gerdes K. E., "Developing the Social Empathy Index, An Exploratory Factor Analysis", *Advances in Social Work*, vol.13, no.10, 2012, 541-560.

Segal, E. A., "Social empathy, A model built on empathy, contextual understanding, and social responsibility that promotes social justice", *Journal of Social Service Research*, 37(3), 2011, 266-277.

Wagaman, M. A., "Social empathy as a framework for adolescent empowerment", *Journal of Social Service Research*, vol.37, no.3, 2011, 278-293.

고통 극복을 위한 일기 쓰기 방법*

- 영화 〈퍼스트 리폼드〉 -

유영희

1. 자기 성찰을 위한 일기 쓰기

대학의 교양 교육에 글쓰기 강좌가 있지만, 자신의 인식 과정을 성찰하는 글쓰기 기회는 많지 않다. 학문적 글쓰기를 강조하는 대학의 분위기에서 자기 성찰 글쓰기가 자리 잡기에는 어려움이 있기 때문이다. 그러나 교양 교육의 목표가 자신을 표현하는 능력을 키우고 세상과 소통하는 힘을 키우는 데 있다면(유영희, 2020, 107) 자기 성찰을 위한 노력을 소홀히하면 안 될 것이다.

자기 성찰을 위해 글쓰기가 매우 효과적이라는 것은 많이 보고되고 있다.[1] 본고에서는 글쓰기 중에서도 일기 쓰기를 주 소재로 다루는

* 이 글은 『리버럴아츠』 제2권 1호(동국대학교 다르마교양교육연구소, 2022)에 게재된 논문을 수정·보완한 것이다.

영화 「퍼스트 리폼드」(슈레이더, 2017.)를 중심으로 톨러의 선택에 어떤 인지적 오류가 있었는지 살펴보고 고통 극복을 위한 일기 쓰기 방법을 제안하고자 한다.

고통 극복이라는 목적으로 일기를 쓴다고 하면, 저널치료라는 분야가 있어서 일기보다는 저널이라는 단어를 쓰는 것이 좋지만, 저널 역시 하루라는 뜻인데다,[2] 저널이라는 용어가 잡지로 오해될 여지가 있어서 여기서는 일기라는 익숙한 단어로 쓰기로 한다.

글쓰기는 자신의 감정과 생각을 표현할 수 있다는 점에서 고통 극복에 도움이 된다. 일기 쓰기는 이를 위한 매우 효과적인 수단이다. 일기 쓰기는 심리치료를 위해 많이 활용되고 있는데, 그것은 자신의 감정과 생각을 자세히 표현할 때 자신에 대한 통찰이 일어나기 때문이다. 이런 통찰을 돕기 위해 여러 가지 일기 쓰기 방법이 개발되어 있다.[3]

본 논문에서는 일기에서 많이 사용하는 표현적 글쓰기보다 일기에서 발견되는 인지 과정을 중심으로 톨러 목사의 일기를 분석하고 그것이 톨러 목사의 자살 테러 선택과 어떤 관계가 있는지 살펴본 후에, 건강한 선택을 하기 위해서는 어떻게 일기를 쓰면 좋을지 CTFAR 방법을 중심으로 대안을 찾아보고자 한다. 톨러 목사가 처음에는 표현적 글쓰기를 하겠다고 시작했으나 다른 글쓰기로 나갔기 때문이다. 톨러 목사(이하 톨러)의 일기를 분석하기 위해서는 CTFAR 방법이 유효하다.

2. 톨러 목사의 일기 분석

1) 영화의 결말을 어떻게 이해할 것인가

영화 줄거리를 한 문장으로 요약하면, 퍼스트 리폼드 교회 목사인 톨러가 지구 온난화를 일으키는 환경 오염의 주범 바크 회장을 자살 테러로 응징하려다가 사정이 여의치 않아 혼자 죽기를 선택한다는 내용이다.

줄거리만 보면 복잡하지 않지만, 이 영화를 어떻게 볼 것인지를 결정하기 위해서는 두 가지 해결 과제가 있다. 하나는 톨러는 죽었는가? 아니면 메리에게 안기며 구원을 받았는가? 하는 것이다. 다른 하나는 톨러 목사의 테러 또는 자살은 순교인가? 아니면 하나님 뜻을 빙자한 폭력인가? 이 질문에 대한 답을 찾아가는 과정과 톨러 목사 일기를 분석하는 것은 긴밀한 관계가 있다.

톨러 목사는 뉴욕 스노우브릿지에 있는 '퍼스트 리폼드' 교회에서 사목을 하고 있다. 1767년에 첫 삽을 뜬 이 교회는 올버니 주에서 가장 오래된 교회인데, 그 옆에 있는 '풍요로운 교회'의 전신이다. 오래된 교회답게 스노우브릿지 전투 흔적이 남아있어서 관광객이 찾아오는 박물관[4] 같은 교회인데, 톨러는 기념품을 파는 곳이라고 한다. 일요일 예배에는 보통 다섯 명 정도가 참여한다.

그에 비해 '풍요로운 교회'는 기업 느낌이 들 정도로[5] 규모가 크다. 이 교회의 담임 목사 재퍼슨은 어려운 상황에 있는 톨러를 '퍼스트 리폼드' 교회의 담임 목사로 초빙한다. 부임 전 톨러는 아버지, 할 아버지 모두 군목이었던 가족의 전통을 이으려고 아들에게 입대를 권했다가 이라크 전투에서 아들을 잃고 아내와 이혼한 후 캔터키에서 글만 쓰고 있었다.[6]

'퍼스트 리폼드' 교회 250주년 재봉헌 기념일이 두어 달 남은 때, 메리라는 임신 20주 된 여자가 남편을 상담해달라며 찾아온다. 지구 온난화 때문에 아이가 살아갈 날을 염려하는 남편이 낙태를 종용한다면서 메리는 자기가 아이를 낳게 남편을 설득해달라고 요청한다. 그렇다고 마이클이 독실한 기독교 신자였던 것은 아니다. 마이클이 죽은 후 메리는 톨러에게 마이클의 신앙이 깊지 않았다고 말해준다.

마이클 자신도 환경 운동을 하다 구치소에서 수감되었다가 메리 임신 소식을 듣고 가석방을 신청하여 나왔는데, 환경 운동을 하다가 죽음을 당한 동료들에 대한 부채감으로 우울한 상태이다. 톨러는 마지못해 승낙하고 메리 집에 방문한다. 그때 마이클은 뱃속의 아이가 딸이라면서 딸을 이런 세상에서 살게 할 수 없다고 한다.[7] 그러나 마이클은 자살을 선택하고,[8] 톨러는 마이클의 유언대로 장례를 치러주면서 환경 오염에 관심을 갖게 된다.

드디어 톨러는 마이클이 남긴 환경 오염 자료와 폭탄 조끼를 보면서 마귀의 계략에 맞서 싸운다는 명분을 내세워 바크를 응징하기로 결심하고 그동안 쓴 일기를 찢어 버린다. 톨러는 마이클이 만든 자살 조끼를 입고 공장에 갔다가 사람이 많아 포기하고 다른 기회를 모색한다. 250주년 재봉헌식에 바크 대표가 올 때 자살 조끼를 입고 바크에게 달려들어 자폭하기로 한 것이다. 그러나 만삭의 메리가 참석한 것을 확인하고 혼자 죽기로 계획을 변경한다.

온몸에 가시철조망을 둘러 피를 내면서 변기를 닦는 세척제를 먹으려는 순간 메리가 사제관에 나타나고 둘은 열렬히 껴안으며 입을 맞춘다.(1:48:08) 여기서 메리와 만나는 장면은 톨러의 환상이다. 그 전에 이미 재퍼슨 목사가 들어오려다가 문이 잠겨 못 들어오는 장면으로 메리의 등장이 허구임을 보여준다. 게다가 이 순간 내내 '퍼스트 리폼드' 교회에서 부르는 에스더의 찬송가[9]가 영화가 끝날 때까지 들리는 것을 보면, 톨러는 죽었을 것으로 보인다.

다음에는 톨러의 일기를 분석하면서 파국으로 치달은 톨러의 선택에 어떤 인지적 문제가 있었는지 분석할 것이다.

2) 톨러 목사의 일기 쓰기 태도

영화는 톨러가 일기를 쓰기로 결심한 첫날부터 시작한다. 톨러는 일종의 실험을 위해서 쓴다고 한다. 1년 후에는 실험이 끝나면 태우기로 결심하고 수정하거나 지우지 않기 위해 펜으로 노트에 쓰기로 한다.

톨러가 일기라는 형식으로 기도하려는 이유가 무엇인지는 명확하지는 않다. 아들을 정당성 없는 죽음으로 내몰았다고 마이클에게 말하는 것을 보면, 아들의 죽음에 죄책감을 가지고 있었을까 짐작해 보지만 그럴 개연성은 적다. 톨러는 마이클에게 증조할아버지 때부터 군종 목사를 지낸 것을 자랑스럽게 말하고 있고, 일기에도 아들 이야기는 한 번도 나오지 않는다. 마이클이 톨러에게 아들을 전쟁터에서 잃었다는 사실을 알고 그것 때문에 존경한다고 고백할 때도 부정하지 않았다.

톨러가 일기 쓰기를 왜 선택했는지 우리가 알 수 있는 것은, 교회의 기도는 무겁고 답답한 데 일기는 단순하게 있는 그대로 '다른 이'에게 말을 거는 형식이어서 교회에서 하는 기도보다 진정성 있는 기도라고 생각하기 때문이라는 것이다. 여기서 '다른 이'란 당연히 하나님일 것이다. 톨러에게 일기 쓰기는 구원을 얻는 효과적인 수단인 셈이다.

여기서 구원은 아마도 마음의 안정이거나 건강의 회복일 것이라고 추측된다. 밤에 소리지르며 깨어나던 날 톨러는 몹시 힘들어했다. '첫 번째 경고를 느낀 후 5개월이 지났다. 새벽 3시에 울부짖으며 깨서 교회 벤치에서 잤다.'(47:30)는 일기를 보면, 확실히 톨러는 병에 대한 두려움이 크다는 것을 알 수 있다. 톨러는 자기가 큰병에 걸린 것을 직감하고 그 두려움에서 벗어나고 싶어서 일기를 쓰기로 한 것이다.

톨러가 처음 일기를 쓰기로 결심했을 때는 그것이 진정한 기도가 되려면 일상의 감정을 가감 없이 그대로 써야 한다고 생각했다. 실제로 이렇게 자신의 감정과 생각을 있는 그대로 쓰는 글쓰기를 표현적 글쓰기(페니베이커, 2017.)라고 하는데, 심리 치료에 효과가 있어서 글쓰기 치료 현장에서 많이 사용한다.

그러나 있는 그대로 쓰겠다는 처음 결심과는 달리, 톨러는 자기 감정 노출을 극도로 경계하고 있다. 예를 들어, 풍요로운 교회 청년부 모임에 다녀와서 '다른 사람 생각을 신경 쓰지 말아야겠다. 예수님께서 다른 이의 눈치를 봤던가?'라고 썼다가 바로 다시 '방금 쓴 문장이 수치스럽다'라고 쓰고, 뒤이어 '이 일기에는 진정성 대신 자만이 가득하다. 자만이라는 단어는 쓰면 안 되는데, 하지만 지울 수 없다. 그저

기도할 뿐이다.'(8:00)라고 쓴다. 다른 날 일기에는 '하찮은 병 때문에 심기가 불편하다. 머릿속에 떠오르는 대로 쓰지 않으려고 노력하는 중이다'(37:00)라고 쓰고 있다.

마이클이 죽은 날 일기에는, '눈을 감기 무섭게 황량함이 밀려왔다. 방아쇠를 당기기 전에 무슨 생각을 했을까? 미치겠네 했을까? 주님의 구원을 기대했을까? 이 일기는 찢어버리겠다. 이 일기는 내게 평안을 주지 않는다. 그저 자기연민으로 가득할 뿐이다.'(46:33)라고 쓴다. 이렇게 톨러는 구원을 위해 자신의 일기를 끊임없이 검열한다.

3) 톨러 목사의 일기와 행동의 관계

톨러는 자신의 감정을 검열하면서 자신의 행동은 잘 인식하지 못하고 있다. 영화의 처음에 마이클이 톨러에게 술을 권할 때 술은 절망을 이기는 데 도움이 안 된다고 하면서 사양했지만, 사실 자기는 이미 알콜 중독 상태이다.

일기를 쓰는 순간에도 술을 마시고 있고, 나중에는 아침 시리얼에도 술을 부어 먹는다. 심지어는 병원 약도 술에 타 먹는다. 그런데도 어느날 아침에는 술잔을 일기장 옆에 놓고 술을 마시면서 '아침 일찍 일어나서 맑은 정신으로 하루일과를 준비했다'고 쓰고 있다.(1:12:59) 자신이 무엇을 하는지 전혀 모르고 있는 것처럼 보인다.

'풍요로운 교회' 합창단 지도자 에스더가 건강을 걱정하며 다가올 때 톨러는 당신은 나의 부족함과 실패만 생각나게 한다면서 사소한 걱정이나 하는 방해물이라고 소리지른다.(1:12:32)[10] 마치 자기에게는 신성한 의무만이 주어진 것처럼 생각한다. 그러나 톨러는 메리가 출산을 위해 버펄로에 사는 언니 집에 간다고 할 때는 버펄로에 찾아가겠다(1:28:30)고 한다. 이런 행동은 에스더가 자신의 건강을 염려할 때 화냈던 모습과 상반된다. 그러나 톨러는 자신이 메리에게 사소한 걱정을 하고 있다는 것을 의식하지 못한다.

심지어 톨러는 교회에 알리지 않고 하루종일 메리와 시간을 보내기도 한다. 메리와 함께 자전거를 타고 기분이 좋아진 것을 주님이 주신 운동의 치유 효과라고 한다.(1:01:01) 그러나 톨러의 기분이 좋아진 것은 메리와 함께 보낸 시간이 즐거웠기 때문이다. 톨러는 20년 이상 자전거를 타지 않았고, 자전거 타는 것이 목적이었다면 교회에 알리지 않을 이유가 없다.

마이클의 유언대로 장례를 치른 후 톨러는 마이클의 노트북에 있는 자료를 보고 환경 오염을 일으키는 악덕 기업을 응징하기로 하고 '주님을 공경한 이들은 상을 받을 것이며, 땅을 어지럽히던 자들은 멸망할 것이다.'라고 일기를 쓴 날, 앞에 쓴 것을 다 찢어버리고(1:17:23) 이제부터 쓰는 일기만이 의미 있다고 한다.

사실 이런 태도 변화는 예견되는 것이었다. 톨러는 마이클을 상담할 때도 여전히 사명감에 압도되어 있었다. 예를 들어, 메리의 부탁으로 마이클을 처음 만난 날, 마이클이 절망만 남았다고 하자, '절망의 답은 용기입니다. 절망과 희망은 항상 같이 있습니다.'라고 답하면서 마이클의 얼굴은 살펴보지도 않고 마이클을 설득하는 데 급급했다. 그러고 나서 톨러는 그날 일기에 '밤새 천사와 씨름했던 야곱이 된 기분이다.'(16:24)[11]라면서 엎치락뒤치락하는 대화가 즐거웠다고 썼다. 이것을 보면, 톨러는 자신에게 사명에 헌신하는 것만을 허용한다는 것을 알 수 있다.

그러나 실제로 톨러의 일기를 보면, 톨러 목사의 겉으로 보이는 삶, 스스로 보여주고 싶은 삶은 헌신과 순교지만, 그 모습은 내면의 감정과 일치하지 않는 것을 알 수 있다. 예를 들어, 바크 기업에 테러를 위해 갔다가 실패하고 미소된장국과 회를 먹고 돌아와서 쓴 일기에는 그 식사가 즐거웠다고 쓰고 있다.(1:31:23) 이 글은 톨러의 인간적 감정이 슬쩍 새어 나온 사건이라는 점에서 의미 있다. 테러 실패에 대한 좌절감보다 맛있는 식사가 더 의미있었던 것이다. 그러나 톨러는 그것을 인식하지 못한다.

톨러는 단순하고 진정성 있는 대화를 위해 일기를 쓰겠다면서 조금이라도 감정적인 단어만 쓰고 나면 수치스러워하고 쓴 것을 지우고 싶어 한다. 이렇게 일기와 행동의 괴리가 일어난 이유는 톨러가 자신의 감정을 인식하지 못하고 환경 보호라는 명분에 압도되어 순교만을 추구했기 때문이다.

여기에 더해 톨러가 변기 닦는 장면을 보면 청결에 대해 강박적이기도 하다. 톨러가 잠자다가 깨어 토하는 장면이 나오는데(37:12), 이것을 능숙하게 처리하는 것을 보면 자주 토했던 것 같다. 이때 톨러는 토한 자국을 지우기 위해 변기를 청소하면서 세척제를 엄청나게 많이 쓴다. 변기에 세척제 한 통을 거의 다 들이 붓는다.(32:12)

이런 장면을 참고하면, 톨러가 오염을 대하는 이런 행동 방식은 매우 강박적으로 보인다. 이것은 그가 자살 방법을 선택하는 데 영향을 미쳤을 것이다. 톨러가 자살할 때 세척제를 먹는 것[12] 역시 단순한 우연이 아니라 환경 오염을 막으려는 의도와 연결된다.

그러나 톨러의 이런 선택이 지구 환경 개선에 도움이 되었을까? 자살의 명분이 되었던 환경 문제와는 상관없이 메리와의 결합을 상상하는 것으로 끝나는 것을 보면, 톨러의 자살 목적이 무엇이었는지 관객에게 혼란을 준다.

3. CTFAR 방법으로 일기 쓰기

1) CTFAR란 무엇인가

글쓰기가 고통 극복에 도움이 되는 것은 자신의 감정과 생각을 진실되게 표현하는 데서 일어난다. 글쓰기 치료 전문가 페니베이커(1997)는 『털어놓기와 건강』에서 표현하기가 얼마나 건강에 도움이 되는지 강조하고 있다. 쉬위(2019)는 『일기 여행. 여성 자신의 목소리를 찾아가는 신비한 여정』에서 여성들이 표현적 글쓰기로 일기를 쓰면서 치유되어 가는 과정을 소개하고 있다. 박미라도 『치유하는 글쓰기』(2008)와 『모든 날 모든 순간, 내 마음의 기록법』(2021)을 통해서 표현적 글쓰기가 어떻게 치유 효과를 발휘하는지 설명한다.

실제 사례뿐 아니라 표현적 글쓰기의 효과를 소재로 하는 문학작품도 있다. 워커(1992)의 『컬러 퍼플』은 어디에서도 안전하지 못했던 흑인 여성이 오직 일기 쓰기로 하느님에게 고백하는 과정을 통해 자신을 긍정하고 치유하는 과정을 담고 있다. 셀리는 일기를 쓰면서 현실의 고통과 마주하는 용기를 얻게 된다. 곽진아(2019, 106-110.)는 페니 베이커의 글쓰기 치료 이론을 참고하여 주인공 씰리(문학동네 번역에서는 셀리로 표기)의 트라우마 서술 방식을 표현적 글쓰기라고 설명한다.

이승우의 『오래된 일기』에도 털어놓기의 의미가 잘 표현되어 있다. 이 작품은 주인공이 아버지의 돈 훔친 것을 들킬까 봐 차라리 아버지가 죽었으면 바랐던 날 실제로 아버지가 교통사고로 돌아가신 사건을 다루고 있다. 박춘희(2013)는 이 작품을 분석하면서 주인공이 그 트라우마를 견디지 못하여 소설을 쓴다는 명분으로 일기를 쓰기 시작했다고 설명한다.

이들 사례는 일기 쓰기가 표현적 글쓰기의 대표적인 방법이고, 일기라는 표현적 글쓰기가 고통을 극복하는 데 도움이 된다는 것을 보여준다. 그러나 본 논문에서는 표현적 글쓰기보다 인지적 접근을 중심으로 톨러 목사의 일기를 분석하고자 한다. 톨러가 처음에는 표현적 글쓰기를 하겠다고 시작했으나 다른 글쓰기로 나갔기 때문이다. 이러한 톨러의 일기를 분석하기 위해서는 CTFAR 방법이 유효하다.

고통은 실제 물리적 심리적 자극에서 오지만, 같은 자극이라도 사람마다 느끼는 강도와 의미는 다르다. 그것은 사람마다 여러 가지 인지적 왜곡이 발생하여 자극에 대한 해석이 다르기 때문이다.

설기문이 『내 마음과 거리 두기』(2021, 57-66)에서 소개한 CTFAR은 Circumstance(환경), Thought(생각), Feeling(감정), Action(행동), Result(결과)의 머리글자를 딴 것이다. 브룩 가스띠요가 개발한 이 방법은 일기를 쓸 때 감정 이전의 사고를 파악하여 쓰는 것이다. 이때 사고는 핵심 믿음에서 영향을 받은 자동적 사고일 가능성이 많다.[13]

이렇게 사고와 감정을 연결하는 것이 새로운 것은 아니다. 이미 인지치료에서는 1950년대부터[14] 자동적 사고를 점검하고 수정하는 방식으로 마음의 고통을 해결하려는 시도를 해왔다. 여기서 자동적 사고란, 어떤 상황에서 미처 내가 통제할 틈 없이 바로 일어나는 생각을 말한다. 그런 자동적 사고가 강한 감정을 일으키고 그 감정이 잘못된 사고를 하는 데 영향을 미친다.(Wills, 2011, 4장) 이렇게 일어나는 자동적 사고는 대부분 왜곡된 사고이다.(Leahy, 2019, 36) 그러므로 이것을 인식하기 위해서는 생각과 감정을 구분하고, 생각이 감정을 어떻게 만들어내는지 추적하는 것이 중요하다.

예를 들어, '나는 실패할 것 같다'는 생각이 있어서 '불안'과 '좌절'이 생긴다.(Leahy, 2019, 23) 불안과 좌절이라는 감정은 나는 실패할 것 같다는 자동적 사고에서 발생한 것이다.

이런 왜곡된 자동적 사고는 핵심 믿음 때문에 일어난다. 자동적 사고의 기저에는 각자 자신이 가지고 있는 핵심 믿음과 중간 믿음(Beck, 2007, 153-208)이 있기 때문이다. 여기서 '나는 실패할 것 같다'는 자동적 사고는 '나는 무능하다'라는 핵심 믿음에서 나왔다고 추론할 수 있다. 이 추론은 내담자와 면담에서 확정된다.

이때 자신의 핵심 믿음을 인식하는 것만으로도 심리적 고통은 완화될 수 있다. 그 과정에서 감정을 수용하고 그 감정이 일어난 사고를 탐색하면, 감정에 변화가 일어나기 때문이다. 그 이후 행동도 달라진다. 브룩 가스띠요의 CTFAR은 이런 인지치료기법의 연장선에 있다.

이제 톨러 목사의 일기를 CTFAR이라는 다섯 가지 요소로 분석하여 톨러의 자동적 사고와 핵심 믿음을 확인할 것이다.

2) CTFAR로 톨러 목사의 일기 분석하기

이 장에서는 CTFAR로 톨러의 일기를 구성하여 톨러의 자동적 사고와 그 이후에 이루어지는 인지 과정을 분석해보고자 한다. 이런 분석을 통해 톨러 목사의 감정이 어떤 생각 때문에 일어났는지 알아보고, 그 감정을 부정한 이유는 무엇인지 탐색해보면, 톨러의 선택을 이해할 수 있다.

톨러는 일기에 어떤 상황에 대해서 생각과 감정을 다 썼는데, 두 가지를 언제나 다 쓴 것은 아니다. 그래도 비어 있는 부분은 앞뒤 맥락을 보고 추론으로 채울 수 있다.(Beck, 2007, 154) 상황, 행동, 결과 역시 영화 줄거리를 참고하여 보충해보면 어느 정도 구성이 가능하다.

보통 일기를 쓸 때는 감정을 중심으로 쓴다. 톨러의 일기에도 기쁘다, 두렵다 등의 감정이 먼저 나온다. 그런데 그런 감정과 사고는 연결되어 있어서 어떤 상황에서 느낀 감정은 그 감정이 일어나게 한 자동적 사고가 있다. 강렬한 감정은 부정적인 자동적 사고에서 일어나기 때문이다.(Wills, 2011, 90)

톨러는 일요일에 '풍요로운 교회' 청년부 모임에 참석하여 그들에게 환영을 받았다고 쓰고 나서 곧 후회한다.(8:00) 톨러는 자기도 모르게 남들의 인정과 환대를 기뻐하는 것에 죄책감을 가지고 있음을 알 수 있다. 이날의 일기를 구성해보면 다음과 같다.

C: 일요일, 청년부 모임에 참석하여 환영을 받았다.

T: (환영받은 것에 기뻐하는 것은 자만이다.)

F: 수치스럽다.

A: 자만이라는 단어를 지울 수 없으니 기도하기로 한다.

R: 12개월 동안 잘 쓸 수 있을지 의문을 품는다.

영화에서 T는 나오지 않는다. 실제로도 T는 포착하기 어려운 경우가 많다. 너무나 순간적으로 일어나기 때문이다. 그러나 톨러가 인식하고 있는 나머지 요소들을 통해 충분히 유추할 수 있다. 환영받았다고 쓴 것은 그것에 기뻐하는 마음이 있기 때문이다. 그런데 바로 수치스럽다고 쓰고 또 자만이라고 쓴다. 이것을 연결해보면, 환영받은 것을 기뻐하는 것은 자만이고 자만하는 자신이 수치스럽다는 것이다. 이렇게 톨러가 수치심을 느끼는 이유는 환영받는 것에 기뻐하는 자신의 모습을 부정적으로 생각했기 때문이다.[15]

누군가 나를 환영해줄 때 기분이 좋은 것은 인지상정이다. 그러나 톨러는 바로 스스로 자만이라고 평가하는 자동적 사고가 일어났고, 그 생각 때문에 수치스럽다는 감정이 일어났다. 이렇게 부정적인 감정이 자꾸 일어났기 때문에 12개월간 일기 쓰기를 잘할 수 있을까 의문을 품었던 것이다. 이런 인간적인 감정을 자만이라고 평가하고 비판하는 것이 톨러 사고의 핵심이다. 그 밑바닥에는 인간은 겸손해야 한다는 핵심 믿음이 자리잡고 있음을 추론할 수 있다.

이제 톨러가 자살 테러 조끼를 입은 행동까지 간 과정을 CTFAR 형식으로 압축해서 구성해보면 다음과 같다.

C: 환경 오염이 심각하다.

T: 하느님의 창조가 위협받는다.

F: 끔찍하다. 화난다. 책임감을 느낀다.

A: 환경 오염을 일으키는 바크 회장을 자살 폭탄 테러로 죽인다.

R: 자신도 죽고 교회도 파국을 맞는다.

이 과정을 인지 개념화 도표(Beck, 2007, 155-156)를 사용하여 정리하면 아래와 같다.[16] 이런 인지개념화 도표를 사용하면 톨러의 선택 과정이 잘 드러난다.

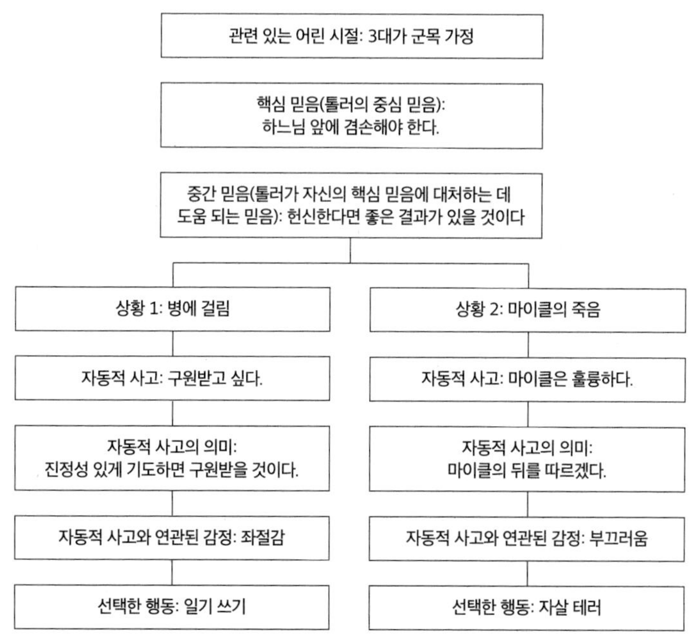

〈톨러의 인지 개념화 도표〉

처음 톨러가 일기 쓰기를 통해 구원을 받을 것이라고 생각한 것은 기독교 가정에서 자랐고 목사로 살아온 시간 동안 형성된 자동적 사고 때문이다. 이런 자동적 사고에는 하나님 앞에서 인간은 죄인이고 하나님 앞에 겸손해야 한다는 핵심 믿음이 자리잡고 있음을 추론할 수 있다. 그렇게 헌신하면 환경 문제가 개선될 것이라는 중간 믿음까지 추론이 가능하다.

이러한 톨러의 이런 인지 과정은 기독교를 믿지 않는 사람과는 다르다. 기독교를 믿지 않는 사람들은 큰 병에 걸렸다는 느낌이 들면 무슨 병인지 궁금해하고 병원에 간다.

톨러 가족이 할아버지 아버지 모두 군목이었다는 사실에서 짐작할 수 있듯이, 병원에 가지 않고 일기로 기도하겠다는 이런 일련의 사고 과정은 기독교 문화에서 형성된 자동적 사고에 의해 이루어졌다는 추론이 가능하다. 물론, 기독교 가정에서 자랐다고 누구나 이렇게 사고한다는 뜻은 아니다.

다음에는 톨러 목사가 일기를 쓸 때 건강한 선택을 위해서는 어떤 사고 과정이 필요한지 대안을 찾아볼 것이다.

3) 고통 극복을 위한 CTFAR 다시 쓰기

톨러가 처음 일기를 쓸 때 다짐했던 것은 진실함을 표현하는 것이었다. 그러나 평소 생각 습관대로 자신의 감정을 기독교 신앙이라는 기준으로 평가하고, 솔직한 감정을 쓴 일기는 찢어버렸다. 만약 이런 상황에서 톨러가 자신의 사고 과정을 알아챘다면, 그리고 그 사고의 합리성과 타당성을 점검했더라면, 다른 감정, 다른 행동, 다른 결과가 나왔을 것이다.

인지행동치료에서는 인지 과정에서 일어나는 왜곡된 사고를 교정하기 위해서 사고 기록지(Wills, 2011, 117)를 쓴다. 사고 기록지의 항목은 1) 촉발자(상황, 사건), 2) 감정, 3) 부정적인 자동적 사고, 4) 자동적 사고를 지지하는 증거, 5) 지지하지 않는 증거, 5) 대안적인 균형적 사고, 6) 대안적 사고를 유지했을 때 나타나는 결과로 이루어진다. 이 기록지가 CTFAR과 다른 점은 감정을 앞에 쓰고 나중에 자동적 사고를 쓰는 것인데, 이것은 일기를 쓰는 사람이 먼저 인식하는 순서대로 나열된 것이다. 실제로는 자동적 사고가 먼저 일어나서 감정이 일어난다.

여기서 부정적인 자동적 사고에는 낙인찍기, 파국화, 긍정성의 평가 절하, 이분법적 사고, 부정적 사고의 강조, 비난하기, 후회 성향 등 17가지 인지적 왜곡이 있다.(Leahy, 2019, 53) 톨러에게서는 무엇을 해야 한다는 당위적 사고가 강하게 보인다.

톨러의 부정적인 자동적 사고는 여러 대안적 사고를 통해서 교정될 수 있다. 예를 들면, 1) 문제 상황에 대한 다른 해석, 2) 실제 일어날 수 있는 결과 예측, 3) 기분을 바꾸는 데 쓸모 있는 생각, 4) 내 생각이 사실일 때 효과적인 대처 방식에 대한 고려 5) 다른 사람은 이 상황에서 어떻게 생각할까 하는 객관적 사고 등(Wills, 2011, 106)의 균형 있는 사고를 통해 건강하고 순기능적인 선택으로 나갈 수 있다. 예를 들어, 청년부 예배에 다녀온 날의 일기에서 생각을 수정하면 다음과 같이 감정과 행동과 결과가 달라질 수 있다.

C: 일요일, 청년부 모임에 참석하여 환영을 받았다.

T′: 청년부가 나를 인정해주는구나. 내가 하느님의 뜻을 잘 전하고 있구나.

F′: 기쁘다.

A′: 청년부와 적극적으로 대화를 나눈다.

R′: 행복감이 늘어난다. 청년에게 긍정적 영향을 준다.

여기서 톨러의 선택에 결정적인 영향을 준 것은 청년들의 환대에 기뻐하는 자신의 감정을 인정하고 수용하는지 여부이다. 수용하지 못했다면, 수용하지 못하게 하는 자동적 사고를 점검하고 그 사고의 타당성을 따져봐야 한다. 일기를 쓸 때 이런 작업을 수행하면 자기 성찰에 큰 도움이 된다. 여기서 톨러는 겸손해야 한다는 당위적 사고에 갇혀 진정성 있게 일기를 쓰겠다는 처음 결심과 모순되는 방향으로 나갔다.

결국 톨러는 철조망을 몸에 감고[17] 세척제를 먹는다. 그러나 그런다고 환경 오염이 개선되고 지구 온난화가 늦춰지지는 않는다. 지구가 위험하다는 내 생각이 사실이라면 그것을 해결하기 위한 현실적 대응을 찾는 것이 합리적 행동이다.

세상의 구원을 목적으로 폭력을 사용하겠다는 것은 다른 사람에게 공감을 받기도 어렵고 정당성을 갖기도 어렵다. 객관적으로 동의를 받을 수 있는 사고로 수정하여 CTFAR 원리로 재구성하면 다음과 같다.

C: 환경 오염이 심각하다.

T′: 앞으로 인류는 살아남기 어려울 것이다.

F′: 두렵다. 끔찍하다.

A′: 예배 때마다 환경 문제를 다룬다. 바크를 자주 만나 환경 오염 개선을 촉구한다.

R′: 환경 오염이 조금 개선된다.

톨러가 자신의 자동적 사고를 점검할 수 있었다면 자살이라는 파국은 막을 수 있었을 것이다. 인지 과정에 대한 성찰은 건강한 선택을 위해 필요한 활동이다.

4. 인지적 방법으로 일기 다시 쓰기의 의미

이상으로 톨러의 일기를 CTFAR이라는 다섯 가지 요소로 구성하여 톨러의 사고가 자살 행동으로 이어지는 일련의 과정을 살펴보고, 그가 어떻게 파국으로 치닫게 되었는지 확인해보았다. 톨러는 병에 걸리자 일기 쓰기라는 형식으로 기도하며 구원을 실험하려고 하다가 자살 테러라는 극단적인 방법으로 지구 온난화 문제를 해결하려고 한 것은 왜곡된 자동적 사고 때문임을 발견하였다.

이런 추적을 통해, 만족스러운 결과를 얻기 위해서는 일기를 쓰는 과정에서 감정을 촉발하는 사고가 무엇인지 명료화하고 그 사고의 타당성을 점검해야 한다는 것을 확인하였다. 톨러의 경우, 할아버지 대부터 이어져 온 군목 가정에서 자라면서 오랫동안 누적되어온 당위적 사고에서 나왔음을 추론할 수 있다. 아내의 반대를 무릅쓰고 아들을 전쟁터에 보낸 것도 당위적 사고에서 비롯된 것이다.

자신의 자동적 사고를 인식하기 위해서는 무엇보다 자신의 감정을 먼저 세밀하게 관찰해야 한다. 사고 기록지의 순서에서 보듯이 자동적 사고는 너무나 빨리 지나가지만 감정은 강하게 느껴지기 때문이다. 그래서 감정 관찰을 통해 역으로 자신의 자동적 사고를 역추적하여 CTFAR을 완성한다.

톨러는 일기를 쓰면서 수치스럽다, 자만으로 가득 차있다는 강한 감정을 느낀다. 그런 감정이 일어나는 이유는 '하나님 앞에서 겸손해야 한다'는 핵심 믿음이 있기 때문이다.

이렇게 감정을 일으키는 사고를 찾아가고 그 타당성을 숙고하는 일기를 쓰기는 쉽지 않다. 감정에 매몰되어 감정을 일으키는 사고가 있다는 것을 생각하기 어렵기 때문이다.

이때 생각과 감정을 구분하는 연습만으로도 마음의 고통이 완화되는 것을 경험할 수 있다.(Leahy, 2019, 48-49)[18] CTFAR 원리로 일기 쓰기는 자신의 자동적 사고를 파악하기 위한 한 가지 방법이다.

자기 인식이라는 자기 객관화 능력은 혼자서 얻기 어렵다. 공동체 속에서 꾸준히 학습하고 연습해야 얻어진다. 그러고 보면 톨러의 파국에는 공동체 친교가 없었던 것도 중요한 원인이 되었을 것이다.[19]

인간의 자동적 사고에 영향을 주는 요인은 많다. 그러나 그것을 모두 파헤치는 것은 불가능하다. 그래도 현재 자신의 사고가 얼마나 객관적이고 타당한지 검토하는 것만으로도 고통은 많이 완화되고 극복될 수 있다. 적절한 일기 쓰기 교육은 자기 성찰 능력을 키우는 데 도움이 된다.

주석

1 국립중앙도서관에서 '글쓰기 치료'로 검색하면, 도서 27권, 학위논문 39건 외 수십 건의 기사들이 나온다.

2 김춘경(2016, 1656-1657) 저널은 하루 또는 오늘을 뜻하는 프랑스어 'journée'에서 나온 말이다. 그러나 저널치료라고 하면 자신의 감정, 태도, 신체 감각 등 내적 이미지를 탐험하는 내면 여행이라는 의미를 띤다.

3 일기 쓰기의 여러 방법은 Adams(2006a)와 Adams(2006b)에 자세히 소개되어 있다.

4 '풍요로운 교회' 담임 목사 재퍼슨은 '퍼스트 리폼드'를 박물관이라고 표현한다.

5 마이클이 상담하러 왔을 때 톨러 목사가 '풍요로운 교회'에 상담 전문가가 많으니 거기로 가라고 하자, 마이클은 그 교회는 기업 같아서 싫다고 한다.

6 우혜경(2019, 70)은 톨러가 아들이 죽고 결혼 생활이 파탄 난 후 목사가 되었다고 한다. 하지만, 이것은 오해다. 톨러 집안은 대대로 군목이었다고 말하는 점, 결혼 전 에스더와 사귈 때도 이미 목사였다는 암시가 분명하게 나오기 때문이다. 뒤에 자세히 설명할 예정이다.

7 마이클이 무슨 근거로 뱃속의 아이가 딸이라고 말하는지 나와 있지 않다. 메리가 출산 직전 톨러에게 아이의 성별을 암시하는데 파란색이라고 알려주기 때문이다. 마이클의 예측이 옳지 않다는 증거로 이 대사를 넣었다고 해석할 수 있다.

8 마이클의 자살이 환경 오염 개선을 촉구하기 위한 것이 아닐 수도 있다. 마이클 시신을 수거하러 온 청소부는 마이클의 아버지가 매우 지독한 사람이었다고 하는데, 마이클의 성장 과정의 문제가 마이클의 우울감과 자살에 큰 영향을 끼쳤을 것이라고 암시하는 대목이다.

9 찬송가 405장 '주의 친절한 팔에 안기세'이다. (1) 주의 친절한 팔에 안기세 / 우리 맘이 평안하리니 / 항상 기쁘고 복이 되겠네 / 영원하신 팔에 안기세 / 후렴: 주의 팔에 그 크신 팔에 안기세 / 주의 팔에 영원하신 팔에 안기세 (2) 날이 갈수록 주의 사랑이 / 두루광명하게 비치고 / 천성 가는 길 편히 가리니 / 영원하신 팔에 안기세 (3) 주의 보좌로 나아 갈 때에 / 기뻐 찬미 소리 외치고 / 겁과 두려움 없어지리니 / 영원하신 팔에 안기세 (https://hoibin.tistory.com/entry/405%EC%9E%A5-%EC%83%88%EC%B0%AC%EC%86%A1%EA%B0%80%EC%95%85%EB%B3%B4PPT%EA%B0%80%EC%82%AC)

10 에스더는 아마도 그들이 청춘인 시절에 서로 호감을 가지고 데이트를 했던 사이였을 것이다. 에스더는 톨러에게 우리의 창창했던 시절을 기억하는지 묻기도 하고

(27:24), 에스더가 톨러에게 그들의 오래전 관계가 선을 넘은 것이라고 생각하냐고 묻는 장면도 있다(32:39). 한 관광객이 톨러에게 합창단 지도자가 목사의 오르간 연주에 반해서 좋아했다는 소문이 알고 있느냐고 물을 때 처음 듣는 말이라면서도 당황하는 모습을 보면, 둘은 확실히 깊이 사귄 사이임이 틀림 없다.

11 창세기 32장에 나오는 내용이다. 야곱은 어머니의 조언대로 쌍둥이 형 이삭에게 주는 아버지의 축복을 팥죽 한 그릇으로 빼앗고 형의 분노를 피하기 위해 도망가다가 천사를 만난다. 야곱은 천사의 축복을 받기 위해 천사와 씨름해서 이기고 천사에게서 이스라엘이라는 새 이름을 얻고 축복도 받는다. 톨러가 자신을 야곱에 비유한 것에서 자신의 역할에 자부심을 가지고 있음을 알 수 있다.

12 영화에는 메리가 등장하여 컵을 떨어트리는 것으로 나오지만 메리가 사제관 안으로 들어오는 것은 불가능하므로 먹었다고 볼 수밖에 없다.

13 인터넷에서 혼자 점검해볼 수 있는 CTFAR 워크시트를 찾을 수 있다. https://s3.amazonaws.com/kajabi-storefronts-production/sites/63814/themes/2193141/downloads/4rGUGYgbQYGDZ8CeI3df_Coaching_Models_Stephanie_Starr.pdf

14 앨리스가 1950년대 중반 인지행동치료(CBT)를 크게 일으켰는데(번스, 2007, 7.), 현재는 합리적 정서치료이론(REBT)으로 자신의 이론을 발전시켰다. (Ellis·MacLaren, 2007)

15 그린버그(2021, 90-99)가 주창한 정서중심치료에서는 1차 정서, 2차 정서, 도구적 정서 등 세 가지로 감정을 구분한다. 감정을 촉발시키는 사건을 만났을 때 바로 드는 순간적인 감정을 1차 정서라 하고, 그 감정을 회피하면서 생각이 개입하여 생기는 감정을 2차 정서라고 하며, 남에게 영향을 주기 위해 표현되는 조작적 감정을 도구적 정서라고 한다. 이 일기에서 톨러의 1차 정서는 기쁨이고 2차 정서는 수치심이다. 일기라서 도구적 정서까지는 표현되고 있지 않다. 이렇게 정서를 중심으로 톨러를 이해할 수도 있다.

16 참고문헌에는 중간 믿음 아래에 보상 전략 항목이 있는데 여기서는 생략하였다.

17 자기 몸에 철조망을 두르는 것은 앞서 토끼가 철조망에 걸려 죽은 장면과 관련이 있다. 동물이 인간 때문에 억울하게 죽었으니 자신도 속죄의 의미로 철조망을 두른 것이다. 그것은 순교자의 고난을 스스로 겪겠다는 상징적 의미이기도 하다.

18 어떻게 생각이 감정을 만드는가, A(사건)-B(사고)-C(감정) 기법을 연습하는 양식을 채우다 보면 자신의 자동적 사고를 알게 된다.

19 풍요로운 교회 담임 목사인 재퍼슨은 톨러에게 재활원에 가거나 봉사 활동을 하라고 조언하지만, 톨러는 이를 무시한다. (1:37:35)

참고문헌

곽진아, 「『컬러 퍼플』(The color purple): 자기 고백적 글쓰기를 통한 치유의 서사」, 『영어권문화연구』 제12권 1호, 영어권문화연구소, 2019, 105-127쪽.

그린버그, 레슬리 S., 윤명희·정은미·천성문 옮김, 『정서중심치료』, 학지사, 2021.

김춘경, 『상담학 사전』 3권, 학지사, 2016.

박춘희, 「고백의 서사와 이야기하기의 욕망-이승우의 「오래된 일기」와 「전기수 이야기」를 중심으로」, 『한국문예창작』 제12권 제2호, 한국문예창작학회, 2013, 115-138쪽.

번스, 데이비드, 차익종·이미옥 옮김, 『필링 굿』, 아름드리미디어, 2007.

설기문, 『내 마음과 거리 두기』, 좋은습관연구소, 2021.

슈레이더, 폴, 「퍼스트 리폼드」, 113분, 미국, 2017.

쉬위, 말린, 김창호 옮김, 『일기 여행, 여성 자신의 목소리를 찾아가는 신비한 여정』, 산지니, 2019.

우혜경, 「우혜경 평론가의 〈퍼스트 리폼드〉, 공존 불가능한 두 세계 사이에 선 영화」, 『씨네21』 1202호, 2019, 70-71쪽.

워커, 앨리스, 고정아 옮김, 『컬러 퍼플』, 문학동네, 1992.

유영희, 「시민성 함양에 필요한 '묘사 글쓰기'」, 『교양교육과 시민』 제2호, 숙명여자대학교 교양교육연구소, 2020, 105-130쪽.

이승우, 『오래된 일기』, 창비, 2009.

이경란, 「서평: 일기 여행, 자기 긍정의 글쓰기」, 『독서치료연구』 제12권, 한국독서치료학회, 2020, 129-134쪽.

페니베이커, 제임스 W., 김종한 역, 『털어놓기와 건강』, 학지사, 1999.

__________________, 이봉희 역, 『글쓰기 치료』, 학지사, 2007.

페니베이커, 제임스 W., & 에반스, 존 F., 이봉희 역, 『표현적 글쓰기』, 엑스북스, 2017.

허문영, 「절멸을 우회한 사랑」, 『FILO』 NO.8, 2019, 56-67쪽.

Adams, Kathleen, 강은주·이봉희 역, 『저널치료』, 학지사, 2006a.

_____________ 강은주·이봉희·이영식 역, 『저널치료의 실제』, 학지사, 2006b.

Beck, Judith S. 최영희·이정흠 역, 『인지 치료: 이론과 실제』, 하나의학사, 2007.

Ellis, Albert & MacLaren, Catharine , 서수균·김윤희 공역, 『합리적 정서행동 치료』, 학지사, 2007.

Leahy, L. Robert, 박경애·조현주·김종남·김희수·최승미·백지은 역, 『인지치료기법 제2판』, 시그마프레스, 2019.

Wills, Frank, 박의순·이동숙 옮김, 『인지행동 상담과 심리치료 기법』, 시그마프레스, 2011.

인지행동치료 역사 https://namu.wiki/w/%EC%9D%B8%EC%A7%80%ED%96%89%EB%8F%99%EC%B9%98%EB%A3%8C (검색일: 2022.6.20.)

CTFAR 방법 안내 https://amytwiggs.com/ctfar-the-magic-method/ (검색일: 2021.11.4.)

CTFAR 워크시트 https://s3.amazonaws.com/kajabi-store fronts-production/sites/63814/themes/2193141/downloads/4rGUGYgbQYGDZ8CeI3df_Coaching_Models_Stephanie_Starr.pdf (검색일: 2022.6.20)

필자 소개

황영미 숙명여자대학교 기초교양학부 부교수. 숙명여자대학교 국어국문학과를 졸업하고 같은 대학원에서 문학 석사와 및 박사학위를 취득하였다. 숙명여대 교양교육연구소 소장, 한국영화평론가협회 회장, 대학교양교육연구소협의회 회장, 국제영화비평가연맹 한국본부 회장과 한국사고와표현학회 회장 등을 역임하였다. 칸, 베를린, 부산국제영화제 등의 국제영화비평가연맹상 심사위원 및 백상예술대상, 춘사영화상 등의 심사위원을 지냈다. 1992년 『문학사상』으로 소설 등단, 소설집 『구보 씨의 더블린 산책』(제26회 숙명문학상 수상), 저서 『봉준호를 읽다』(2020), 『필름 리터러시』(2018), 『영화와 글쓰기』(2009), 공저로 『영화로 읽기, 영화로 쓰기』(2015), 『영화로그인: 사고와표현교육』(2018) 등이 있다.

김미경 숙명여자대학교 기초교양학부 부교수. 광주여자대학교 패션디자인학과 교수를 역임했으며, 한국경제신문 Hi, CEO 과정에서 〈이미지 리더십〉 강의를 담당했다. 저서와 주요 논문으로는 리처드 슈서터만 교수와의 공저 『스타일의 미학』(2013), 『CEO의 이미지가 브랜드 가치에 미치는 영향』, 『리더의 스타일에 표현된 권력이미지』, 『인재육성을 위한 리더십교육의 효과분석』 등이 있다.

김응교 시인, 문학·영화평론가. 도쿄대학원에서 비교문학을 공부하고, 와세다대학 객원교수로 임용되어 10년간 강의하였다. 현재 숙명여자대학교 기초교양학부 부교수. 국제영화비평가연맹 한국본부 소속 영화평론가. 시집 『씨앗/통조림』, 『부러진 나무에 귀를 대면』, 평론집 『시네마 에피파니』, 『처럼-시로 만나는 윤동주』, 『김수영, 시로 쓴 자서전』, 일본에서 『韓國現代詩の魅惑』(東京: 新幹社, 2007) 등을 냈다.

하병학 독일 에어랑엔-뉘른베르그 대학에서 철학/독어학/사회학으로 석사학위를, 동 대학에서 철학으로 박사학위를 받았다. 한국사고와표현학회, 한국수사학회 회장과 가톨릭대학교 교양교육원 원장, 교수학습개발원 원장을 역임하였으며 현재 가톨릭대학교 교수로 재직 중이다. 저서로는 『토론과 설득을 위한 우리들의 논리』 등, 역서로는 『논리-의미론적 예비학』 등, 논문으로는 「거짓말의 현상학」, 「글을 쓰는 인간존재(homo scribens)」 등이 있다.

김중철 안양대학교 아리교양대학 부교수. 한양대학교 국문학과를 졸업하고 동 대학원에서 박사학위를 받았다. 한국언어문화학회, 문학과영상학회 등에서 이사를 역임했으며 현재 한국사고와표현학회 부회장으로 활동하고 있다. 『영화에서 글쓰기를 보다』, 『소설과 영화』, 『소설을 찾는 영화, 영화를 찾는 소설』 등의 저서와 「소설과 영화의 서사전달 방식 비교」, 「영화를 통해 본 '쓰기'의 의미」, 「공간 읽기와 성찰적 글쓰기」 등의 논문이 있다.

신희선 숙명여자대학교 기초교양학부 부교수. 숙명여대에서 정치학 박사학위를 취득하였고, 미국 버클리대학과 사우스캐롤라이나대학에서 박사후과정을 밟았다. 한국사고와표현학회와 한국교양교육학회에서 총무이사와 부회장을 역임하였고, 한국교양기초교육원 컨설턴트로 활동하고 있다. 저서로 『비판적 사고력과 의사소통』, 『토론과 논증』, 『아카데미토론 배틀』, 『논리적 말하기』 등이 있다.

이진숙 고려대학교 강사. 고려대학교에서 현대독문학으로 박사학위를 취득하였다. 독일어권 현대 여성 작가들을 비롯하여 교양교육에 관심을 갖고 연구를 수행하고 있으며 논문으로는 「엘프리데 옐리네크의 연극 텍스트 『상인의 계약』에서 희극적인 것」, 「문학과 영화의 상호연관성을 활용한 비판적 사고 교육 사례 연구」 등이 있다.

김경애 목원대학교 국어교육과 조교수. 한양대학교 국어국문과를 졸업하고, 숙명여자대학교에서 문학석사, 문학박사 학위를 취득하였다. 〈열린 문학〉 소설 부문 신인상을 받았으며, 『문학의 오늘』, 『월간문학』에 문학평론을 발표하였다. 현대의 서사체에 관심이 많아서 이에 대한 연구를 꾸준히 해오고 있다. 논문으로 〈로맨스 웹소설의 갈등구조와 생산과 수용의 미의식 연구〉(2020), 저서로 『로맨스 웹소설』(2017) 등이 있다.

남진숙 동국대학교 다르마칼리지 부교수. 문학박사. 국가경쟁력강화위원회 교육부문 자문위원, 동국대학교 교수학습개발센터 전임연구원을 역임하였고, 한국교양교육학회 정책대응위원, 문학과환경학회 연구이사 등으로 활동하고 있다. 공저로 『전국해양문화학자대회 10년, 진단과 전망』, 『섬 공간의 탈경계성과 문화교류』, 주요 논문으로 「융복합을 통한 생태교육 방법론」, 「영화, "i can speak"에 나타난 생태여성주의적 특징 및 확장」, 「PBL 수업계획 및 문제개발 연구」 등이 있다.

나은미 한성대학교 교양대학 교수/언어교육센터장. 한국작문학회 부회장과 한국화법학회 편집위원장, 한국사고와표현학회 학술이사로 활동하고 있다. 주요 저서 및 공저로 『취업과 업무를 위한 표현 교육』, 『대학 글쓰기 연구와 텍스트 해석』, 『영화 로그인-사고와 표현 교육』, 『글쓰기 교육과 교수 방법』 등이 있고, 최근 연구로는 「동료 피드백을 활용한 소통과 협력을 위한 글쓰기 교육 방안 연구」, 「대학생의 정체성을 고려한 교양교육으로서 화법 교육의 설계」, 「질문을 통한 〈사고와 표현〉 교육 - 영화 〈가타카〉를 대상으로」 등이 있다.

박현희 서울대학교 기초교육원 강의교수. 저서로 『사회과학 리포트 작성법』(서울대 글쓰기 교실 연구노트), 공저로 『영화로 읽기, 영화로 쓰기』, 『영화 로그인- 사고와 표현 교육』이 있다. 주요 논문으로 「대학의 학술적 글쓰기에서 저자성 교육 방안」, 「대학의 학술적 글쓰기 교육의 과정적 다면피드백의 기능과 효과」, 「인성함양을 위한 고전활용 강좌의 운영 특성과 효과」, 「민주적 시민성 함양을 위한 토론대회 토론모형의 구성 방안」 등이 있다.

유영희 중앙대학교 심리학과를 졸업하고 고려대학교에서 『백호 윤휴 사상 연구』로 박사 학위를 받았다. 조선 시대 유학 사상과 토론과 글쓰기 관련 논문을 여러 편 썼다. 『한문이란 무엇인가』(공저), 『불교철학개론』(번역), 글쓰기 강의록 『나를 발견하는 관찰 글쓰기』 등을 출간하였다. 고려대학교 등 여러 대학에서 강의하였고, 현재는 독립연구자로 인문 글쓰기를 강의하면서 〈경북매일신문〉에 매주 칼럼을 쓰고 있다.

영화를 읽다, 영화로 잇다

초판1쇄 인쇄 2022년 8월 17일
초판1쇄 발행 2022년 8월 24일

책임편집 황영미 신희선
지은이 황영미 김미경 김응교 하병학 김중철 신희선
이진숙 김경애 남진숙 나은미 박현희 유영희
펴낸이 이대현

편집 이태곤 권분옥 임애정 강윤경
디자인 안혜진 최선주 이경진
마케팅 박태훈 안현진

펴낸곳 도서출판 역락
출판등록 1999년 4월 19일 제303-2002-000014호
주소 서울시 서초구 동광로 46길 6-6 문창빌딩 2층 (우06589)
전화 02-3409-2060 팩스 02-3409-2059
이메일 youkrack@hanmail.net
홈페이지 www.youkrackbooks.com

ISBN 979-11-6742-368-9 93680

* 정가는 뒤표지에 있습니다.
* 잘못된 책은 바꿔 드립니다.